Todos los libros de Linkgua Ediciones cuentan con modelos de Inteligencia Artificial entrenados por hispanistas. Pregúntale al chat de tu libro lo que desees acerca de la obra o su autor/a.

Para **ebooks**: Accede a nuestro modelo de IA a través de este enlace.

Para **libros impresos**: Escanea el código QR de la portada con tu dispositivo móvil.

Obtén análisis detallados de nuestros libros, resúmenes, respuestas a tus preguntas y accede a nuestras ediciones críticas generativas para una experiencia de lectura más enriquecedora.
La transparencia y el respeto hacia la autoría de las fuentes utilizadas son distintivos básicos de nuestro proyecto. Por ello, las respuestas ofrecen, mediante un sistema de citas, las fuentes con las que han sido elaboradas.

José de la Luz y Caballero

Obras

Tomo V

Barcelona **2024**
Linkgua-ediciones.com

Créditos

Título original: Obras.

© 2024, Red ediciones S.L.

 e-mail: info@linkgua.com

Diseño de cubierta: Mario Eskenazi.

ISBN rústica: 978-84-9007-788-7.
ISBN ebook: 978-84-9007-486-2.

Sumario

Brevísima presentación

La vida

José de la Luz y Caballero nació el 11 de julio de 1800, La Habana, Cuba y murió el 22 de junio de 1862. Fue considerado maestro por excelencia y formador de conciencias, pues engrandeció el sentido de la nacionalidad cubana. El pensamiento de José de la Luz y Caballero se centra en la importancia de ahondar en el conocimiento y la comunicación para fusionar en el hombre la verdad científica con el sentimiento de patriotismo.

Sus obras aparecieron en diarios y revistas. Alfredo Zayas se encargó de recoger, en 1890, algunas de sus obras en dos tomos bajo el título de Obras de José de la Luz y Caballero.

La presente edición contiene notas provenientes de las ediciones de Alfredo Zayas, Roberto Agramonte y Alicia Conde.

La mejor síntesis de su vida está resumida en este breve aforismo: «Instruir puede cualquiera, educar solo quien sea un evangelio vivo».

I. Juventud y optimismo 1824. 1832

1. A Félix Varela

[Habana, entre septiembre y marzo de 1824.]

Por Cirilo Ponce he sabido que usted no ha recibido ninguna de las dos larguísimas que le he escrito, una con fecha de 16 de septiembre y otra de mediados de octubre, en las que me ofrecía a su disposición y le suplicaba me auxiliase con sus luces para el desempeño de una clase de que por tantos títulos debe usted ser el director perpetuo. Con este motivo, hacía a usted algunas reflexiones sobre ciertos[1] puntos ideológicos y entre otros sobre esta proposición de los Apuntes.[2]

«La idea que no puede definirse es la más exacta.» Para demostrar esto, se funda usted en que o la idea es simple, o compuesta; y siendo simple, es claro que no puede dársele más claridad con la definición; si es compuesta, dice usted, mientras más detenido sea nuestro análisis, que es decir, mientras más le conozcamos, más difícil es la definición.

Reflexionando yo sobre los fundamentos en que descansa la proposición, discurro así: hablando en rigor según manifiesta usted mismo en su nueva edición, no se dan ideas simples pues la idea es una representación del objeto, y todo objeto es un grupo de propiedades. En cuanto a las compuestas, que son las verdaderas ideas, advierto que hay casos en que la exactitud de la idea se opone a la definición, como por ejemplo, si yo tratara de definir el oro, me vería en la imposibilidad de hacerlo, pues teniendo el oro muchas propiedades que le son[3] peculiares, no sabría yo cuál de entre ellas escogería para asignarle la diferencia específica, como exigen los escolásticos en toda definición, motivo porque se burlaba Destutt-Tracy de esta decantada regla de las escuelas: esta observación favorece al modo de pensar de usted; mas pueden presentarse otros casos en que la exactitud de la idea facilite su definición. Supongamos que se intenta definir el imán: yo hallo que tiene una propiedad característica, que lo distingue de las otras piedras y lo

---

1   Iba a escribir «ciertas materias».

2   Ver Apuntes filosóficos para la dirección del espíritu humano en *Miscelánea Filosófica de Varela*, B. A. C. págs. 151-185. (Roberto Agramonte.)

3   «características», tachado.

definiría diciendo que es una piedra que tiene la propiedad de dirigirse a los polos del mundo. En este caso, es evidente que por ser la idea más exacta, he podido definirla, atento a que si yo no hubiera conocido dicha propiedad (cuyo conocimiento hace la idea más exacta) no hubiera podido asignarle la diferencia específica. Luego no siempre sucede que por ser una idea más exacta se resiste a la definición. Por supuesto que yo convengo con usted en que ninguna definición es exacta; pero usted habla de las definiciones en el sentido de los escolásticos, y entonces tiene lugar mi duda. Quisiera extenderme algo más para dar mayor claridad a mis pensamientos; pero eso sería molestar a usted y *intelligenti pauca*. Espero de la bondad de usted se sirva ilustrarme con sus reflexiones sobre este particular. En otra ocasión manifestaré a usted mis dudas sobre otros puntos.

Quiero hablarle a usted de la clase, pues estoy persuadido que en eso tendrá un gusto particular: ésta se compone de 150 estudiantes, entre los cuales hay muchos muy buenos que han hecho excelentes discursos, pues conformándome al método de usted, les he[4] propuesto programas que han desempeñado perfectamente.[5]

A mediados del que viene se presentarán al público 24 a ser examinados acerca de las materias ideológicas contenidas en los apuntes.

Quisiera que usted me comunicara todo aquello que creyese útil para el mejor desempeño de la clase, pues yo me glorio de ser su discípulo y no tengo otro deseo que el aprovechamiento de los que están a mi cargo,[6] aun cuando sea por tan poco tiempo, pues creo que para marzo a más tardar estará ya la cátedra provista en propiedad: los opositores son el padre don Joaquín Valdés, el padre Andréu, que era fraile dominico, y el pedagogo Collazo; yo también pensé en oponerme, contando siempre con las luces de

---

4   «dado», tachado.

5   «Para el 13», tachado.

6   Alude Luz a la sustitución interina en la clase de filosofía del Seminario de San Carlos. Varela salió para España como diputado en 1822. Lo suple Saco. Éste abandona el país en 1824 y la cátedra queda vacante. José de la Luz es designado para explicar la clase de filosofía y comienza sus lecciones el 4 de septiembre de 1824. (José I. Rodríguez, *Vida de don José de la Luz y Caballero*, pág. 18). Parece ésta la carta más antigua que se conserva de Luz. (Roberto Agramonte.)

usted para el desempeño; pero no pude por ser necesario estar ordenado in [sacris].

Por Cirilo he sabido que está usted bueno y fuerte como nunca; me alegraré que continúe lo mismo. Y sepa usted que no le olvida un momento, ni en el cuarto ni en la clase, su siempre afecto amigo y discípulo q.b.s.m.

[José de la Luz][7]

Pedro me ha regalado en nombre de usted seis ejemplares de la nueva edición, por lo cual doy a usted un millón de gracias.

Si usted piensa aún, según me han dicho, imprimir una traducción de la obra de química aplicada a la agricultura de Davy,[8] yo puedo proporcionar aquí un gran número de suscriptores.

Por no fastidiar más a usted de lo que lo estará con esta larguísima carta, he encargado a Pedro escriba a usted sobre otros particulares que le he comunicado.

¡Qué diera yo por aparecerme por allá en marzo! Pero, amigo mío, tengo una madre afectuosísima que solo con hablarle de esto, se altera en términos que es menester desechar la idea de viajar.

---

7   La contestación a esta carta aparece en *El Habanero*, B. A. C., tomo 4, págs. 91-95. (Roberto Agramonte.)

8   Obra traducida por Varela. (Roberto Agramonte.)

2. A Francisco Alonso y Nicolás Gutiérrez

Señores don Francisco Alonso y Fernández,
y Nicolás Gutiérrez.

Habana, 12 de enero de 1826.[9]

Animado por los mismos sentimientos que dirigen a vuestras mercedes en el proyecto de fundar una Academia de Ciencias Médicas, en las que se incluyen también sus auxiliares, no puedo menos que acceder a la honrosa invitación que se me hace, pudiéndome contar desde luego como un miembro de tan importante establecimiento; en cuyo obsequio procuraré hacer hasta donde alcancen mis conocimientos, para corresponder de algún modo al honor que vuestras mercedes se han dignado dispensarme.

Con lo cual contesto al oficio de ustedes de lo del presente. Dios guarde a vuestras mercedes muchos años.

José de la Luz

---

9   Vid. además Anales de la Academia de Ciencias Médicas, Físicas y Naturales de La Habana, 1910, tomo XLVII, pág. 228. Cit. por Figarola-Caneda. (Roberto Agramonte.)

3. A Manuela Teresa Caballero

New York, julio 2 de 1828.

Queridísima mamaíta:

Hace tres días que escribí a su merced muy largo, y ahora lo vuelvo a hacer con Leoncito, que se nos apareció aquí en el mismo buque en que regresaba. Por fin, después de haberle caído Varela, don Justo y yo hemos logrado que se vuelva, pues estaba muy metido en irse a España. Le encargo a su merced que tome el mayor empeño en ver cómo se corta este negocio con el padre Presidente, pues su merced sabe lo indiscreto que es León y que fray Martín tiene paño por donde cortar para perderlo. Nos ha llenado de lástima, a pesar de sus majaderías, y por lo mismo don Justo le ha dado cuatro cartas de recomendación: una para Castañeda, otra para O'Gavan y otra para el mismo fray Martín y al padre, a quien también escribo yo a ver si éstos cooperan a terminar el asunto.

Yo, además, le he dado treinta pesos para ayudarle a pagar el pasaje, los mismos que me ha dicho abonará a su merced; pero aunque no lo haga, ésta es una obra de caridad porque, si no, se hubiera ido, iba a perecer y a empeorar su causa.

Lleva los siguientes efectos, que forman en lista una factura de comerciante:

3 tijeras para su merced, las grandes con este letrero: «M. Caballero»; las de uñas, con éste: «M. Teresa»; y unas muy finas, en su vainita, tienen por fuera: «Pepe», esto es, en la vaina; y dentro: «A mamá».

1,000 agujas escogidas y surtidas por la mujer de Gener, que tiene mil atenciones conmigo y le manda memorias a su madrina Rosita Acosta.

14 papeles de alfileres, de 5 tamaños diferentes.

500 papeles de días, con lámina.

Una tabaquera que va junto con las tijeras, para Juan.

5 ridículas de carey para las muchachas. Estas son las que están aquí de última.

Un sombrero blanco para Joaquín.

La vida de Colón, en inglés: 3 tomos en pasta, para el padre Agustín. Dos papeles de alfileres dorados, para las muchachas; que repartan.

Memorias sobre lo interior del palacio de Napoleón: 2 tomos a la rústica, en francés, para la *Napoleonista*.

Dos pares de tirantes de seda con resortes de la última invención: un par para Tomás y el otro para Pepe Berrio.

Un cortaplumas de dos cuchillas, para Pancho: lleva su nombre.

Un cortaplumas con cuchilla más grande, y lleva el nombre de Chila, que es el último mono; y Una peinetica de carey para la Chiquitita.

Junto van dos papelitos de tafetán inglés, para su merced. Lo mando por ser muy bueno.

Yo quisiera mandarles cosas mejores y en más número, pero me reservo para cuando esté en Europa. Dígame su merced qué tal parecen las tijeras y agujas para remitir más.

Repito mis memorias a todos y muy particularmente a Terriles. A fray Luis le doy un millón de enhorabuenas. Don Justo me contó cuán completa había sido la victoria. Mil abrazos a todos mis hermanos. Un adiós de su amantísimo hijo

Pepe

4. A Manuela Teresa Caballero

New York, julio 12 de 1828.

Queridísima mamaíta:

Hace ya muchos días que no hay barco de ésa, lo que sentimos infinito, porque es un gusto tener cartas de su merced a cada momento, como ha sucedido hasta aquí. Pasado mañana, lunes, sin falta, salimos a nuestra correría al norte, y creo estar aquí de vuelta dentro de mes y medio. Escribo solamente a su merced porque, además de que el buque sale mañana para ésa, tengo que hacer algunas diligencitas antes de partir.

Ayer nos acordamos mucho de nuestra tierra, pues la mujer de Gener nos obsequió con arroz blanco y olla, que aunque carecía de plátano, boniato, etc., al fin era olla.

Dígale su merced a Monsa que ya conozco a José Bonaparte: se parece mucho a su hermano, aunque tiene aquella expresión en los ojos; es trigueño, pero no mucho; algo colorado; más alto que yo, envuelto en carnes y algo barrigoncito; en suma, en las carnes y cuerpo es muy semejante a Napoleón. Representa como ci[ncuenta años], aunque ya cuenta sesenta y dos. Es muy ágil y fuerte. Lo encontramos a pie en la calle, y Gener nos presentó a él.

También he estado hoy conversando más de dos horas con el general Bernard. Me ha gustado mucho, mucho; sabe y es modesto. Si fuera a escribir todo lo que me dijo sobre el *Emperador*, sería nunca acabar. Otra ocasión tocaremos esta tecla.

A Pancho, que por acá llueve mucho y a menudo; tanto que las gentes del país aseguran que nunca han visto un año tan lluvioso. ¡Quién pudiera mandar el agua para allá! También le acompaño esas dos gacetas para que las lean todos.

El mensaje de Bolívar[10] está muy «anapoleonado»: es un regaño universal para sacar en consecuencia que él solo ha hecho bien... Mucho siento esta conducta. Es preciso ante todo decir la verdad.

Sin embargo, aunque ha enseñado las uñas, no ha podido ni podrá hacer nada.

---

10   Vid. pág. 32 y el elogio de Gener donde habla de Bolívar (Roberto Agramonte.)

A Chila, que hoy he visto un buey que, sin ponderación, parece un rinoceronte en longitud, latitud y profundidad. Pesa sobre 4 mil libras, tiene de la nariz al rabo once pies; de altura, 5 con 10 pulgadas; de vuelo, 11 pies, 6 pulgadas; del hombro a la paletilla, 4 con [6];[11] y de la punta de un tarro a la del otro, 3 con 3. Lo más gracioso era el contraste que formaba con una [vaca en]ana de solo 2 pies, 10 pulgadas de alto y 4 de largo.

A Tomás, que entre las infinitas anécdotas que conservo del celebérrimo Leoncito, ninguna es más a propósito para hacer su retrato en la tertulia del pariente que ésta: habiéndole [yo di]cho que don Justo vivía en casa de una señora americana nombrada *Mrs. Pearcy*, y sabiendo él por otra parte que allí mismo vivía Layseca con su mujer, le ocurrió (solo a él le hubiera ocurrido) traducir el apellido de la señora americana diciéndome, con aquel tonito suyo tan reverendo: «¿De modo que *Mrs. Pearcy*, traducido al castellano, quiere decir la señora de *Layseca*, Pepillo?» Cuento más original no puede darse, y apoyado en mi certificato [sic], será bien admitido en la Alameda.

Se me olvidaba que a Leoncito le he suplido diez pesos más para el pasaje.

A todos mis hermanos un millón de abrazos. Mil cosas a los Berrios, Cirilo y demás amigos.

A mi ahijado José María, que tampoco lo olvido.

Adiós de su amantísimo hijo que suspira por su mamá.

Pepe

[Queridísima mamaí]ta mía: Por la de Pepe verá que continuamos sin novedad y Pepe sigue bien y ha echado su poco de barriga.

A mi Pancho, que no le escribo porque no hay lugar, pues sale el barco mañana.

Mil cosas a todos mis hermanos, a Acosta, Nené y a todos, todos un abrazo, a Pancho [sic]. Y su merced reciba el corazón de su amante hijo

Antonio

Julio, 14. Por fin no salimos hasta mañana, por tal de ir en una famosa barca de seguridad. Ha llegado un buque de Europa con noticias hasta el

---

11   [2]? Dudoso.

30 de mayo. En España, nada de particular; ya el rey debe estar en Madrid. En Inglaterra, tres de los ministros han renunciado, pero aún queda Peely Wellington. En Francia se ha votado ya el empréstito de los 80 millones de francos, con el objeto de estar prevenidos para lo que pueda suceder en la guerra de turcos y rusos. Estos pasaron el Pruth y el Danubio el 7 de mayo, y han cruzado por Valaquia y Moldavia sin oposición.

Por momentos llegarán a Bu.[12]

---

12 Posiblemente Budapest o Buda.

5. A Manuela Teresa Caballero

A mi señora doña Manuela Teresa Caballero.

Al cuidado del señor don Alejandro Morales.

Habana.

New York, julio 15 de 1828.

Queridísima mamaíta: Hoy debíamos haber salido, como le digo en la mía de ayer, pero nos detuvimos por haber sabido anoche que había llegado de La Habana el bergantín *Alfred* en once días, y creímos tener carta. Ni una nos han escrito, y le confieso a su merced que lo sentimos muchísimo, pues estábamos con ganas vehementísimas de leer una docena de ellas; pero yo, que la conozco tanto a su merced, atribuyo la falta a que no se anunciaría allá ese barco.

Esta queda aquí en poder de Suárez (cada vez más fino con nosotros) para que la remita cuando haya ocasión. Y desde cualquier punto en que estemos le escribiré a él acompañándole cartas para su merced. Y caso que se proporcione aquí buque que vaya a ésa en circunstancias en que no tenga ninguna mía, como puede suceder, queda encargado de dar siempre razón de nosotros, de suerte que tengo cogidas todas las avenidas para evitar un mal rato a mi mamá.

Como pensamos estar aquí hasta principios de noviembre, por ser el mejor tiempo para la navegación a Europa, según me he informado; como además [nos] hemos hecho ropa y, finalmente, como es costumbre pagar aquí el pasaje para Europa, bueno sería, según opina el precavido Ñoñito, solo por precaución, poder disponer de algún dinerillo más, para lo cual pedirá Joaquín a Murdoch una cartica de crédito de veinte onzas y me la remitirá su merced. Con esto hay de sobra porque yo aquí soy un gran ahorrador.

También nos hemos tranquilizado mucho al saber que ni Varela, Gener, Suárez, ni ninguno de los amigos han tenido cartas.

Mil abrazos afectuosos a todos nuestros hermanos, de sus amantísimos hijos

Pepe

Antonio

6. A Manuela Teresa Caballero

A mi señora doña Manuela Teresa Caballero.

Al cuidado del señor don Alejandro Morales.

Habana.

Utica, 21 de julio de 1828.

Queridísima mamaíta: Ayer tarde llegamos a este pueblo precioso, que está a orillas del canal y a ochenta leguas de New York.

Seguimos sin novedad y hoy continuaremos nuestro viaje hasta Auburn, donde se halla la mejor cárcel penitenciaria de estos estados.

A la vuelta del Niágara pasaremos algunos días en Saratoga. Ninguno de estos viajes se hace por vapor sino en los comodísimos botes del canal o en coche, o bien, como hacemos nosotros, alternando para no fastidiarnos.

Durante este mes de viaje no tendremos el gusto de leer tan a menudo cartas de su merced, pues para que no se extravíen, por estar nosotros un día en un paraje y al siguiente en otro, quedó Suárez encargado de recogerlas todas hasta nuestro regreso a New York.

No hay lugar para más, pues ahora mismo salimos.

Mil afectos a todos nuestros hermanos. A mi Chila, que lleve en paciencia, porque no puede ser de otro modo, los micos de carta que le juego. A Monsa Y Pancho, id.

Sus amantísimos hijos

Pepe

Antonio

P. D. Dígale su merced a Pancho y a Monsa que no les escribo porque no tengo lugar ahora. Mil cosas a todos mis hermanos: a Acosta y a Nené. Y adiós de su hijo

Antonio

A Ñoñito siempre le hago escribir un parrafito porque la conozco mucho a su merced, esto es, para que vea letra suya.

7. A Manuela Teresa Caballero

A mi señora doña Manuela Teresa Caballero.

Al cuidado del señor don Alejandro Morales.

Habana.

Buffalo (122 leguas de New York), julio 28 de 1828.

Queridísima mamaíta: Seguimos sin novedad, solo con el disgusto de que hasta que volvamos a New York, no leeremos las cartas de su merced, que debemos tener allí. Ayer y anteayer lo pasamos en Niágara contemplando las sublimes caídas. Dígale su merced a Cecilio que ni un instante he podido olvidarlo observando esta maravilla.

Esta tarde vamos a cruzar el lago Ontario para continuar nuestro viaje al Canadá.

No hay lugar para escribir más. Mis tiernos afectos a mis hermanos y amigos, y adiós de sus amantísimos hijos

Pepe

Antonio

8. A Manuela Teresa Caballero

A mi señora doña Manuela Teresa Caballero.

Al cuidado del señor don Alejandro Morales.

Habana.

New Lebanon, agosto 13, 1828.

Queridísima mamaíta: Lo mismo que en Saratoga, acabado de escribir a su merced, recibo dos suyas y de Monsa, fechas 30 de julio y 19 del corriente, y una de 27, de Cirilo. Supongo que aún no habrá llegado el barco en que vienen las otras de que su merced y Monsa, me hablan. Estoy ansioso por leerlas. ¡Como que serán más largas! El cajoncito de tabacos está en New York.

Me alegro mucho de que se haya compuesto tan bien el asunto de Leoncito.

Ya habrá llegado la expedición. ¡Dios les dé salud y riquezas para pagar...! A Juan, que será fielmente cumplido su encargo, o en Boston o de vuelta a New York.

De sus amantísimos hijos

Pepe

Antonio

A Alejandro, que quedo enterado de sus muchas ocupaciones; pero que en otra ocasión espero carta suya.

9. A José Cecilio Silvera

Señor Cecilio Silvera, esquire. Habana.

Boston, septiembre 1.º, 828.

A las 4 de la tarde.

¿Cómo, teniendo un momento desocupado, no he de escribir a mi Cecilio? En la carta de Tomás te pongo de vuelta y media, consecuente con los informes suyos.

Camarada, los viajeros prometemos mucho y podemos cumplir muy poco. Dígolo porque aún no he tenido tiempo de principiar la relacioncita de mi viaje, que será para todos, e iré remitiendo por partes. En ella irá incluida la por ti tan ansiada descripción del Niágara.

Tengo el gusto de decirte que ya empecé a recoger el fruto de mi viaje: la palpitación va desapareciendo; ya los objetos a veces me fijan la atención en términos que me hacen olvidar a ratos mis penas. Así que me apresuro a comunicártelo, amigo de mi corazón, porque sé lo que es Pepe para su Cecilio. Esta mejoría moral la debo en gran parte a mi espíritu observador, que está ahora en pleno ejercicio.

A tu padre, Diego y las muchachas, un millón de expresiones. Memorias a Grillo, Nenninger, etc.

Adiós que no alcanza para más.

Tu

Pepe

¿Qué es del padre fray León de la Merced, etc., etc.? Esas dos muestrecitas de minerales que te remito dentro de una de las cajitas de tinta de marcar, para Juan Rodríguez; las cogí en Ticonderoga: una es mica preciosa y la larguita es [...] arbertus.

10. A José Cecilio Silvera

Señor Cecilio Silvera, esquire. Habana.

New York, septiembre 27 de 1828.

«¡Albricias, Chilita, que ya Balbateca llegó a la Meca con felicidad!», dándotelas yo de mí mismo, cosa única en su género; pero me ha puesto usted tan hueco con la celebración de mis anteriores, participándome el succès que han obtenido de haber sido honradas con tan lucido auditorio encerrado en el baño del Cerro como para gozar más (esto huele a orientalismo). Y amén de todo ello, la sed que te quema por leer y leerles mis toscos renglones, que no puedo menos de congratularme contigo de que ya voy a dar principio a la relación de mi tour, y atención, noble auditorio, que la bandurria he templado. Pero ahora me ocurre que tengo que hacerte un encargo, nada menos que de nuestros Varela y Saco, y así, vamos a esto, que es de necesidad, que luego iremos a lo de lujo.

Pues señor, ya vuestras mercedes habrán visto por allá un papel titulado el «Mensajero semanal», que es redactado por ellos: esto basta para que sea bueno. Por supuesto que no tiene nada de contrabando, pues el objeto es publicar un periódico que pueda circular libremente por toda la Isla de Cuba. Así que en los asuntos políticos no acompañan reflexiones ningunas, sino que refieren imparcialmente las noticias de todas partes, cuando están bien comprobadas. En los demás ramos útiles a la agricultura e industria del país, ya eso es otra cosa: entonces sí disertan, como es regular y conveniente. A propos, don Saco (à mon insu)[13] insertó en un número aquel artículo sobre el cacao que traduje yo para Pancho. Me alegro, por lo útil que es; pero hubiera querido darle su limazo antes de publicarlo. Pero vamos al caso. ¿Qué será que cuando te escribo a ti tengo un babil intarissable?[14] pero it cannot be otherwise for I miss every momento our sabroso chit-chat.[15] Si no te has olvidado enteramente de ciertas antiguas relaciones que tuviste con ciertos sujetos, nada menos que de Edimburgo, aunque dichos señores y el hijo de su madre le debamos a su merced algunos malos ratos, creo que podrá usted seguir leyendo en romance delante del auditorio esas dos

---

13 «sin yo saberlo.»
14 «irreprimible charlatanería.»
15 «no puede ser de otra manera, porque extraño a cada momento nuestro sabroso palique.»

líneas de la vuelta sin tropezón ninguno y sin que conozcan, por supuesto, que hay nada de gringo y herético en la epístola de tan buen cristiano. Pero iterum aud rem.[16] Pues lo que quiero es que se muevan todos los resortes a la mayor brevedad para lograrles una buena suscripción. Excusado es indicarte que lo participarás a Pancho, a Tomás, a Cirilo, a Domingo Herrera, a Pablillo Entralgo, etc., etc. En suma, como yo acostumbro, pasar la voz a toda nuestra gentecita. Cuantas noticias necesites acerca de condiciones de la suscripción, entrega allí del papel, etc., te las suministrará Pancho Suárez (en la botica de San Feliú), a quien verás y darás muy finas memorias mías.

Ahora que me acuerdo, me preguntas en una de las tuyas si una sal que tengo entre mis trastos es ácido oxálico. Creo que debo tenerla, aunque en muy corta cantidad, como también algunas otras sales. Así, pues, para evitar una descripción de la sal dicha, a fin de que no te equivocarás, pídele al mismo Pancho Suárez o a Estévez, por conducto de Pablillo, cuantas, hayas menester.

En cuanto al otro papel de Varela solo (el Compendiador), ése, como tú sabes, ya le dejé yo tu suscripción hecha. Por las infinitas atenciones que le han rodeado, ha demorado Varela su publicación, pero dentro de quince días saldrá a luz el primer número. No puede ser antes porque lleva algunas láminas y se trata de que sean litográficas.

Tanto con respecto a el un papel como al otro, que se lo lleven a su casa a cada suscriptor porque tú bien conoces a muchos de nuestra gente, que no van a buscarlo aunque crujan las prensas anunciando que se despacha en 40 puestos.

Lo acabo a usted a encargos, camarada: los míos propios y los apropiados. Pero no hay más que paciencia y barajar, y soltar algunos ratos los autos y el parladorio, Van-Espen, el maestro López, aliosque ejusdem furfuris,[17] que en sentir de nuestro Tomás, son los que más te cuadran ¡Qué panzadas te darás ahora con el libro, descansado en el hueso sacro, las piernas en la mesa republicana, la siniestra en la mejilla y su correspondiente codo en el taburete (porque has de estar como zampado) y la diestra quitando y poniendo en la boca un rico habano de la fábrica de Panchín o de Cabañas!

16 «volvamos al asunto.»
17 «y otros por el estilo.»

34

Y luego, en lo más sabroso, se aparece, proh dolor!,[18] cierto bulto, quien después de haberte hecho su cuarto con tu padre, te quita la papa de las manos, te hace poner la más matemática corbata, etc. y entrar en la volantica y ¡arrea para allá fuera!... y ¡adiós de mi dinero!...

Pero vamos, por fin, a mi viaje, que te iré remitiendo su relación por partes numeradas, y sea éste el

Número 1

Salimos de New York para Albany el día 17 de julio a las 7 de la mañana en el mejor vapor que cruza el Hudson, nombrado North American, pues aunque nuestro objeto era hacer la travesía en barca de seguridad, como éstas no corren sino un día sí y otro no, dio la casualidad que no le tocaba en el de nuestra salida. Sentilo, no porque tuviésemos el más leve recelo en cuanto a la seguridad de nuestro steamboat, sino porque deseábamos disfrutar de las comodidades de las barcas, que no solo consisten en quitar el miedo a los miedosos, sino también en lo más suave del movimiento y en la mayor esplendidez con que están puestas y servidas.

Llegamos a Albany, distante 145 millas, a las 7 y 20 de la tarde del mismo día, habiendo hecho ocho paradas en otros tantos pueblos en ambas márgenes del Hudson para tomar pasajeros, cuya maniobra se hace en un pestañear porque estas gentes son aún más avaras del tiempo que del dinero.

Entre los pueblos que se encuentran en este tránsito, descuella, a la margen oriental del río y llevando su mismo nombre, uno que ya puede llamarse ciudad, pues cuenta más de ocho mil almas y es paraje de tanto movimiento, que se considera la 3.ª del estado en manufacturas y la 4.ª en comercio. También merece citarse el paraje que llaman West-Point que, como lo dice el nombre, se halla a la banda occidental, distante 50 millas de New York, célebre por la famosa escuela militar establecida allí y también por la defensa que hizo Washington contra las fuerzas inglesas, debida en gran parte a la situación del lugar, que está naturalmente fortificado por unos murallones elevados más de 300 pies.

Antes de llegar a West-Point, como a 20 millas de New York, se descubre en la misma margen una cordillera notable de precipicios amurallados, ma-

18 «¡qué dolor!»

terialmente tan lisos a veces como unas paredes bruñidas, de un color entre amarillo de barro y herrumbre bien enmohecida: las llaman las Palisadoes y se extienden como 5 [o 6] leguas, aunque los libros de geografía del país, que en general son excelentísimos, les dan de 7 a 8 leguas (de 20 a 24 millas) ¡pero esta gente, en esto de millas, sea dicho en passant, las echan a millares. Su elevación, desde 15 hasta 550 pies.

Siguen varios fuertes, unos aún existentes, pero sin guarnición, otros arruinados y [de] algunos de los cuales no queda más que el nombre y el área; pero todos a cual más memorables en la historia de la Independencia por las hazañas militares. Apenas se dará un paso en el estado de New York sin que se tropiece con ruinas que recuerden a los americanos las glorias de su patria. En una palabra, es terreno clásico para ellos. Este motivo y el de abultar el volumen del libro, para que valga más money, hacen sin duda que los autores de Guías de viajeros, itinerarios, etc., le acaben a uno la paciencia interrumpiendo a la [sic] del tiempo (porque, eso es aparte, saben describir con exactitud) la descripción geográfica, que es lo primero que le interesa al viajero, particularmente si es extranjero: como que en tal caso no leerá con el mismo interés que un nacional una simple escaramuza o la importante batalla de Bunker Hill. Después, si quiere interesarse en la historia del país, se leerá cuantos anales haya y la obra de Botta y todo cuanto haya; pero encajarle a uno guerras cuando tiene su mente en otra cosa es una honrada majadería.

Y aquí me veo precisado a interrumpir yo también mi descripción, que no sé si es geográfica o lo que es; aunque me parece que, con su disertación al canto, tiene su pedacito de todo y no es nada.

Vuestras mercedes se diviertan y ya está lleno mi objeto.

Y la interrumpo porque ya éste es el pliego 3°, porque mañana sale el barco y son ya las 2 de la tarde, porque aún me quedan dos por escribir y porque... quiero hablarte de otra cosa.

A Domingo Herrera es excusado renovarle mis afectuosos recuerdos: él sabe mejor que nadie lo que siempre, siempre lo debo querer. Dile que aun cuando no entrara en mi plan, que sí entra, el recoger algunas luces sobre mejorar la elaboración del azúcar, bastaría su insinuación para que yo lo hiciera objeto de mi estudio.

Camarada, ahora me acuerdo que se me iba pasando darle a usted la enhorabuena por el aumento de clientela, digo, como que ya tiene usted a su cargo, además de los asuntos de Domingo, que tanto por la persona como por las cosas te proporcionará relaciones, los de Nenninger, etc., que no serán tan proficuos, pero al cabo todo es empezar. Dígame usted si ya estás dispuesto para ser asesor el año entrante; en ese caso, habla con mamá para su oportunidad.

A Nenninger, mil memorias mías y que para diciembre a más tardar voy a Baltimore; que me mande una carta para su hermano residente allí.

Mis finas memorias a tu padre, Diego y hermanas. Y tu, el corazón de
Pepe

Licenciadito: Aunque no te escribo, no ha sido por falta de ganas sino porque no he tenido lugar; pero en otra ocasión será.

Cuidado con todos los pasos que des pués allá hay un tapado que nos da exacta cuenta de tu vida y milagros.

Mis memorias a tu padre y demás familia, y adiós de tu
Antonio

11. A Manuela Teresa Caballero

New York, octubre 11 de 1828.

Mamaíta mía: No es menor nuestra ansiedad cuando se pasan días sin llegar barcos de por allá, pero a bien que ya ahora empiezan las navegaciones largas.

Tienen razón Acosta y Nené en creer que Noñito está muy buen mozo y facístor pues, en cuanto a lo primero, muchas veces me han dicho algunos de este país, así mujeres como hombres, que ignoraban que fuese mi hermano: —¡Qué bien parecido es ese caballero! y ¡qué interesante es su fisonomía! —¡Pero si es muy trigueñito!, les contesto yo.

—Mejor que mejor, me replican ellos, lo que prueba cuán amigos son de este color. Por lo tocante a currutaco, Varela, Saco y yo le hemos dado la primacía de dandy en nuestra partida de ellos, que son Leonardo, Adolfo, Alfonso, etc.

Es menester todo lo que hace Leonardo con nosotros, para formar una idea de lo que nos aprecia. ¡Qué cariño! ¡Qué extremos! ¡Qué puntualidad! A Gener también y esposa, cada vez les debemos más atenciones. Gener particularmente no solo está pendiente de nosotros, sino que proporciona siempre cuantas noticias necesito sobre el país. Se conoce que me quiere mucho. De Varela no hay que decir: como unas pascuas está porque pasamos aquí el invierno. Siempre que puedo me voy a pasar con él el rato de la noche, y Ñoñito también, como que allí vive su amigo Alfonso y Adolfo, que nunca falla, y se toca el violín, etc.

En cuanto al buey, buscaré la descripción, pues no la tengo, y la remitiré en otra oportunidad.

La muerte de Zuazo es aún más sensible por la circunstancia que su merced me dice.

Considero los malos ratos que va a pasar Domingo en ese cabildo porque estoy muy seguro que hallará cosas insoportables. Supongo que en ninguno de su familia hay novedad.

El cajón de tabacos remitido por Alejandro está en nuestro poder días ha, mas no así el otro ni el cajoncito de azúcar remitidos por la casa de Arcos y Samá, pues he preguntado por ellos a su corresponsal aquí, que es un tal García, y me dice que no sabe de tales encargos.

Al señor Cura del Sagrario, que aprecio mucho sus memorias y que efectivamente creo que se divertiría mucho recorriendo países, porque él, lo mismo que nuestro amigo don Justo, que está en Filadelfia, y yo, tenemos genio de viajeros porque somos curiosos y preguntones.

Me alegraré de hallar a mi vuelta a nuestro Chila con buchaca, según lo que su merced me dice. A Merced, Rosa y Rita, que nunca las olvido. A Tula, tía Rosa y Anita, mil cosas. A Xenes.

12. A Manuela Teresa Caballero

A mi señora doña Manuela Teresa Caballero. Al cuidado del señor don Alejandro Morales. (Brig Orion of New York.) Habana.

New York, octubre 11 de 1828.

Mamaíta mía queridísima: Salen tres buques casi a la vez, y así quiero que su merced tenga carta en todos ellos. Esta va por el bergantín Orión; otras dos, fechas 4 y 7, en el Catherine, que se ha detenido esta mañana; y las que llevará Vicentico Rodrigo, que sale pasado mañana en el bergantín Victoria. Este le llevará al padre Marianito, no solamente el reglamento de la casa de [aquí], sino una porción de papeles interesantes en el particular. Con todo, aún no me con[formo] con eso, pues queriendo yo contribuir también por mi parte a la mejora de nuestro [nue]vo establecimiento, he entablado relaciones [con] el facultativo residente en la casa de [aquí] con el fin de lograr cuantos datos prácticos me pueda él proporcionar. En cuanto a cárceles, le remito con el mismo portador tres «informes», dos de los cuales conocen ya en ésa y creo paran en poder de Pizarro, que me parecen es lo mejor que hay en la materia porque no hay nada de bellas palabras sino cosas sugeridas por la experiencia. Que busque quien las traduzca, aunque yo trato de que aquí se vayan publicando en español en el «Mensajero semanal», aunque sea poco a poco, en compendio; pero peor es nada. Encargo formalmente a Chila, in solidum con Tomás, que así que el padre Marianito y don Vicente María Rodrigo no los necesiten, me recojan los [tres] informes sobre cárceles, porque son preciosos.

He recibido con el gusto de siempre todas las de su merced hasta el 17 de septiembre por el Romulus, junto con la carta de crédito de 320 pesos.

Ya es de considerar cuánto celebraré lo mucho que llueva allá.

He recibido la negra compañerita. ¿Cómo le ha de faltar a mi madre ese golpe, pensando en que los hijos de sus entrañas habían de embarcarse [? Debo] de advertir que su merced tiene su patrón o patrona [para cada] cosa, aunque no le falte su factotum, que es el viejecito de Paula.

No crea su merced, mamaíta mía, que yo estudio de noche. Es increíble lo mucho que aquí han variado mis hábitos, y cabalmente eso es debido a mi deseo de informarme de todo. Esto me hace estudiar más la sociedad que los libros. Rara es la noche que no voy al teatro y raro es el día que no salgo a ver algo, a conversar con esta gente, porque quiero conocer bien el país.

Abrace su merced tiernamente a todos mis hermanos. Siempre mis expresiones particulares a los P.P. Díaz, a Nicolás de Cárdenas y fray Luis, a Cirilo y Pancho Ruiz, que no tengo ahora lugar de contestarles, que lo haré cuanto antes. A Rosita Acosta, mil afectos; a Antonia María, que nunca me olvido de ella. Memorias a Félix y a Grillo.

Adiós, mamaíta, de sus amantísimos hijos

Pepe

Antonio

Mil cosas a Acosta y Nené; a Pancho y Monsa [que] por Vicentico Rodrigo les escribiré, pues sale pasado [mañana].

13. A José Cecilio Silvera

Señor Cecilio Silvera, esquire. Habana.

New York, octubre 11, 828. Cecilio mío: Estoy tan de carrera, que sin más ni más continúo la relación del viaje, aunque no tan minuciosamente como lo emprendí, porque entonces sería escribir un volumen.

Número 2

Es muy divertida la navegación por el Hudson, pues sus riberas o son montañas hermosas, algunas hasta de 1 200 pies de altura, o campos cultivados, o poblaciones de trecho en trecho o casitas de pescadores; además, la multitud de barquichuelos y goletas cargadas que afluyen al gran mercado de New York por el majestuoso y apacible río, contribuyen a llevar al viajero entretenido en toda la travesía. Por otra parte, sus aguas son cristalinas y su curso es casi recto en una extensión de más de 100 millas.

A las 7 de la tarde llegamos a Albany (distante 147 millas de New York), capital del estado de New York, y notable por ser de aquí donde parte el Gran Canal del Erie, que va a parar hasta Buffalo, a la entrada del lago de aquel nombre, en una distancia de 362 millas! No es lo más notable la extensión de esta obra, la más honorífica a los americanos, sino las dificultades que ha habido que vencer en varias partes para cortarlo, como irás viendo según se me vaya presentando la ocasión.

Es de notarse igualmente en Albany la famosa dársena, que puede contener más de 300 botes con comodidad, y que costó bastante trabajo, como que está formada por una calzada de más de una milla sobre el río. Como capital del estado, se halla en Albany la Casa de Estado, donde se reúne anualmente la legislatura. Este edificio tiene lo que se necesita para su objeto y una librería de algunos 3 000 volúmenes. Población, sobre 20 000, sobre 20 escuelas, una lancasteriana para mujeres y otra para hombres, que son propiamente unas academias. Imprentas —se publican 3 diarios y 4 papeles semanales—, 4 bancos, teatro, librería pública de más de 4 000 volúmenes y 5 tiendas de libros. Olvidábaseme decir que aquí fue donde primero vi los puentes giratorios que se usan como un equivalente a los levadizos y son muy cómodos y económicos. En dando vueltas a una máquina que ahí [sic] por debajo, por medio de dos palancas fijas en el piso del puente (que es de madera) se divide éste en dos partes de corte oblicuo y queda franco el paso para las goletas del Canal, que a diferencia de los botes, llevan palos y velas: en cuanto pasa el barco, se sueltan ambos lados y queda cerrado formando un todo.

De Albany salimos al día siguiente (18 de julio).

Paremos aquí hasta otra ocasión porque quiero, aunque brevemente, contestar a las 2 tuyas de 6 y 13 del pasado. ¿Quién duda que tú eres la fuente de mis noticias? Y la prueba de ello es que a ti es a quien hago esta relación.

Al padre Leoncito, que le doy la enhorabuena y que otra vez le contestaré. Ñoño promete escribirte en otra ocasión y cumplirá su palabra. A nuestro Tomás, que en la presente there is no chance for him, pero que ésta es suya. A bien que él me tiene más lástima que don Cirilo, pues este señorito se queja siempre de falta de cartas y hasta dice sus mentirillas, como se lo probaré en escribiéndole.

Es mucho el cariño que me tiene esa niña (la Chiquita); dile que yo la quiero con ternura y que le contestaré su cartita.

¡Qué microscopio solar tan famoso he visto! Baste decir que aumenta 3.000.000 de veces. Otra ocasión s...ta[19] describiré todos los objetos que vi.

Adiós, Cecilio mío, tu

Pepe

---

19   Roto.

14. A José Cecilio Silvera

New York, octubre 23 de 1828.

Cecilio mío: ¡Qué gusto me das con la noticia circunstanciada de la casa de Herrera! Tú sabes mejor que nadie que todos ellos están muy vivos en mi corazón y muy particularmente nuestro Domingo por tantos, tantos títulos. Así que cada vez me alegro más de que estreche relaciones contigo.

Aunque pienso en diciembre o en enero dar una vuelta a Filadelfia por asistir a las lecciones de química de Hare, esto será más bien por formar una idea del estado de la enseñanza de la ciencia en este país, que por dedicarme a ella formalmente, pues esto lo reservo para París muy particularmente.

También tengo por más acertado publicar allí mi traducción.[20]

En general puedo decirte que, ya que voy a permanecer en los Estados Unidos más de lo que yo pensé, quiero prepararme más para el viaje por Europa, para hacer más en menos tiempo, pues aunque mamá me conceda prórrogas, siempre resulta menos, proporcionalmente, el que destine a aquellos países.

Camarada, ¿cómo conociéndome usted puede figurarse que guarde yo copia de la relacioncita que te mando? Lo que yo sí conservo es un cuadernito de apuntes que hice, y al momento de escribirte, a la hora aviada, lo suelo abrir para ayudar la memoria. Así, aunque se pierdan mis cartas, el índice está aquí y las ideas en la cabeza. No hay cuidado.

¿Conque don Tomás enteramente extraviado? Dile que esta vez no le escribo porque teniendo que contestar a gentes tan formales como el padre Caballero y Pancho Ruiz, no me alcanza el tiempo, o no quiero que me alcance para tan vagabundo e informal hombre, como diría enérgicamente nuestro Langelé, de quien, entre paréntesis, nadie me da razón tiempo ha. Que te enseñe mi carta, que así lo quiero by all means.[21]

Ayer tarde voló Robertson con su mujer muy felizmente. Por supuesto que lo fui a ver.

Pero vamos ya con nuestra relación.

Número 3

---

20   Debe referirse a su traducción de Volney, Viaje por Egipto y Siria. (Roberto Agramonte.)
21   «de todos modos.»

A las 4 de la tarde del 18 de julio salimos para Schenectady, distante 14 ½ millas de Albany en derechura, pero preferimos hacer el rodeo de otras 14 por el camino del Gran Canal, a fin de ver varios objetos interesantes, como son la confluencia de los dos canales occidental (que es el grande) y septentrional, que va a parar al lago Champlain; el activo pueblo de Troya en la margen oriental del Hudson; el famoso almacén de municiones de guerra (arsenal llaman en inglés), que se halla en frente, en la mejor situación imaginable, pues desde allí se puede atender con indecible celeridad así a las urgencias del Norte como a las del Sur en caso de hostilidades; y últimamente, a 11 millas de Albany, lo que más llama la atención, sobre todo para uno como yo, que hasta entonces no había visto cascada mayor que la de Taburete, en San Juan de Contreras, es la caída que hace el río Mohawck, llamada de Cohoes. Su altura es de 62 pies; su ancho, como de 2 cuadras. Las márgenes son unos murallones de piedras enterizos, altos a veces hasta 140 pies. El agua se precipita con bastante estrépito, y en razón de las innumerables rocas que encuentra en el plano de su descenso, presenta una superficie, no diré espumosa, sino más bien blanquecina y erizada por todas partes. Así que propiamente no hay capa de agua como en el Niágara. Pero este nombre ni debiera pronunciarse tratándose de la caída de Cohoes porque todo es miniatura para aquel portento.

Tomando después al oeste se va dejando oír el ruido de la caída muy gradualmente, y se entra en un camino adornado a uno y otro lado con campos de trigo, centeno, maíz, avena y en más abundancia, heno, que es el alimento que se da más comúnmente a las bestias.

Debo advertir en este lugar que esas haciendas de que hablo están tan divididas y subdivididas con cercas, que el campo parece una sucesión de conucos, de manera que se puede decir que cuantas tablas de maíz, v.g siembran, hacen otros tantos acotamientos. Esta práctica es constante en la Unión.

Últimamente, antes de llegar a Schenectady, se encuentran algunos pinares a derecha e izquierda; y hacia el norte el colegio llamado Unión, que es uno de los primeros del país en cuanto a estudios teológicos, en lo que se comprende, por supuesto, la enseñanza de la historia eclesiástica y la de las lenguas orientales. Pertenece a los Presbiterianos. Tendrá sobre 200 alumnos y algunos 12 profesores.

Antes de pasar adelante, por tal de que no se me olvide, advierto que, aunque estos habitantes se quejan, como ya lo hacemos nosotros, de la excesiva tala de sus bosques, sin embargo no hay comparación con lo que pasa por allá, pues aquí no hay finca, por miserable que sea, que le falte su pedacito de monte claro y su más que pedacito de espeso.

Estando en Schenectady el 19 por la mañana, se nos proporcionó ver un disforme monstruo marino, empajado, por de contado. Como esto es cosa que interesará a todos y muy particularmente a mi Chila y a mi Pancho, voy a describirlo, aunque sea con perjuicio de la relación del viaje. Pero ¿para qué es la relación? Para entretener a ustedes. Pues bien, ésa también se consigue con el sea-monster, con cuyo nombre tan genérico me lo han bautizado. Cuando esté más desocupado veré qué nombre dan los naturalistas a esta especie de ballena, porque lo es.

Tenía 28 pies de largo, 16 de vuelo hacia el centro y 20 toneladas de peso. Empieza su figura de menor a mayor desde la punta de la cara, que es tal una punta de yunque, hasta el medio, teniendo aquí una aleta de más de vara prominente en el lomo; luego va disminuyendo su grueso, y antes de llegar a la cola, que nada tiene de particular, le salen dos patas en forma de aletas guarnecidas con una pezuña encorvada, idéntica al marfil o a los dientes de los animales. La piel es sumamente áspera y dura, y la de las aletas delanteras tiene la particularidad de deshilacharse, siendo cada hebra exactamente como una cuerda de violín. La historia de su pesca es la prueba mayor de la resistencia de su piel. Efectivamente, después de haberse clavado el arpón, hubieron menester dispararle sobre 40 balazos de fusil para rendirlo de una vez. Fue cogido cerca de Portland en el estado de Maine.

Basta por hoy.

Mil caricias a la Chiquita. Mis finas memorias a tu cliente Nenninger, a tu padre, Diego y hermanas. Mis enhorabuenas al padre Leoncito y que se desdecore un poco o haz tú que lo haga.

Dice Ñoño que en estando menos haragán para escribir (que en honor de la verdad no lo está para el inglés) te dirá cuatro frescas y otras mil cosas que cala tu

Pepe

15. A Manuela Teresa Caballero

Para mamá.

New York, octubre 25, 1828.

Mamaíta queridísima: Volvemos a escribir por haberse detenido Adolfo, a quien encargo que dedique ratos en dar cuenta circunstanciada de nosotros.

Recibimos también la que su merced remitió por Filadelfia, aunque tres días más atrasada que las otras.

Dígale su merced a Rosita Acosta que su ahijada está embarazada, como de seis meses, a mi parecer. Le manda mil memorias.

Repito mis afectuosísimos recuerdos a todos mis hermanos, pues de ninguno de ellos me olvido ni un instante.

Retórnelas su merced a Torrecito, Joaquín de la Torre y el padre Antonio.

Adiós, mamaíta mía, de sus hijos

Pepe

Antonio

Reencargo a Pancho y a todos mis amigos busquen suscripciones para el «Mensajero semanal», pues yo creo que ese papel debe sostenerse no solamente por sus redactores, sino por ser el más a propósito para el público habanero; se entiende de la clase de no prohibido.

P. D. Memorias a Acosta y Nené.

16. A José Cecilio Silvera

New York, noviembre 7 de 1828. Cecilio mío: Por esta vez no hay narración porque no ha habido ni hay tiempo para ello; no lo ha habido porque estos días he estado de Herodes a Pilatos ora visitando ora yendo a oír inaugurales de varias clases médicas, ora viendo las elecciones, y para remate hoy nuestro Saco llegó de Filadelfia. Había más de 4 meses que no nos veíamos; considérate como nos fajaríamos a charlar, pues él es lengua de desempeño y yo de cuando en cuando soy tentado de la víbora.

Estas poderosísimas razones de non scribendo[22] las comunicarás a los amigos, y supuesto que es usted la fuente de las noticias, te participaré para todos las más interesantes.

Y ya que una de mis apologies (excusas) son las elecciones, vaya una idea de ellas. ¡Qué contraste el que presentan las de aquí con las de todos los países! Anteayer se han concluido las de esta ciudad, que han durado tres días, y a decir verdad, nada tienen que ver porque, a pesar de haber tanto entusiasmo, se hacen con tal cordura y tranquilidad (as matters of course, como cosas de cajón), que jamás ocurre cosa particular, y eso que aquí podría haber algo por ser esta ciudad donde la población es más numerosa y heterogénea de toda la Unión. En una palabra, New York nadie ignora que es una olla podrida.[23]

¿Y se deberá esto último al carácter quieto de estas gentes? Algo influirá, aunque al contemplar cuán borrascosas son en Inglaterra (hombres de la misma sangre), ve uno que ha de obrar otro motivo. Efectivamente, lo hay y es este sabio sistema de elegir que cada día lo van simplificando más: hoy está reducido a llegar el votante con su papelito, y una vez reconocido por los inspectores del barrio (que son los presidentes del acto) como vecino y ciudadano (pues hoy no es menester más requisito), pone su voto en la jarra en forma de alcancía, que ellos llaman poll,[24] y asunto concluido. Además todas las elecciones, sea de diputados, elecciones para Presidente, senadores, regidores, etc., se hacen de una vez. ¡Qué modo tan seguro, tan expeditivo! ¡Aquí han votado 25 500 personas en 3 días! ¡Qué contraste tan triste con

---

22   «para no escribir.»
23   melting pot: «un puchero», o población heterogénea.
24   «Urna electoral», decimos ahora.

lo que pasaba en La Habana antaño! ¡Y todo hijo del sistema y solo del sistema! En Francia cada día ganan más terreno los liberales. Se me había olvidado escribir a vuestras mercedes que aquí estuvo el joven Duque de Montebello (hijo del Mariscal Lannes) y pensaba ir a pasear también por La Habana, mas se halla hoy en Washington con dirección a México por haberlo agregado su gobierno a una comisión (no porque sea el muchacho gran cosa, sino por sus ideas liberales siendo ennoblecido) que pasa a aquel país para examinar si estará en estado de reconocerse su independencia. ¡Dios quiera que tal les parezca! Por fin la isla de la Madera se rindió a las fuerzas enviadas por don Miguel en un navío y dos fragatas. El gobernador y muchas otras personas abandonaron la isla: algunas familias han llegado a esta ciudad, refugio de todos los náufragos políticos. Había llegado a Inglaterra la niña María de la Gloria, fiancée de don Miguel y ha sido recibida como tal reina de Portugal. Esta conducta pugna diametralmente con los fines de don Miguel, pues acaba de enviar una embajada al Papa para que le dispense de la promesa solemne de esponsales que hizo a la María de la Gloria. Pero así que eso se decida, el héroe de Waterloo y pandilla hallarán medio de adobar esos candiles.

Lo que sin duda tendrá más inquieto al noble Lord son las cosas del Levante. Sin embargo, él aparece muy tranquilo y quizás se lisojea de arreglar el negocio en este invierno por estar en el ínterin necesariamente suspensas las operaciones de los rusos. ¡Qué tal se carteará con el zorrocloco de Metternich! Mas, si no lo logra, como puede ser muy bien, entonces la Gran Bretaña tiene de juro que prepararse a la pelea porque la Rusia ha dado a conocer bien patentemente que no ha menester ni aliados ni andadores, ni cosa que se le parezca para marchar. Y para aparejarse al combate exterior. ¿Qué es lo primero? Sin duda componer las cosas de casa. Tan persuadidos están de ello en el gabinete de St. James, que se asegura que últimamente estaban menudeando las juntas de ministros con el fin de declarar la emancipación irlandesa. Es muy probable que ahora les llegue su vez de veras a esta gente. Por otra parte, en Irlanda ha habido sus movimientos populares. ¿Y la expedición francesa a la Morea? ¿Y el bloqueo de los Dardanelos? Ya sobre esto se ha explicado Wellington en términos hostiles, como era de esperar. ¿Cuál será la suerte de España en estas circunstancias, porque de esta hecha todo se conmueve, hasta los satélites? ¡Qué de consecuencias va a producir la guerra de los turcos! El 28 de agosto se firmó por fin la paz entre los brasileros y los argentinos (Buenos Aires), cediendo aquéllos la tan disputada Banda oriental y dando éstos dinero en compensación. El cuanto, así como los demás pormenores, se ignoran. Los ingleses responden de las garantías: aquí de Ricardo con sus ingleses.

A Tomás, que queda en mi poder la suya de 11 de octubre, y que le contestaré muy despacio cuando haya lugar y ventura.

Frío aún no le hay, pero aunque [lo hubiera] ya usted sabe que no soy friolero como cierto bulto.

Por cierto que nuestro Domingo pasará muy malos ratos en ese cabildo de... ¡Dios nos tenga de su mano! Si tienes tal hambre de la obra de Botta, solo por la buena cara y nombre del plato, si probaras su contenido como yo lo he hecho aquí, creo que hasta te empacharías. Hablando en oro, como decía el ínclito Pepe Rafael, además de estar escrita como él sabe, dice siempre la pura verdad, donde diere y favorezca a quien favoreciere.

La Chiquita ya estará más que reconciliada con su papaíto; como que le mandé una sortijita y le escribí una cartita! ¡Qué par de varitas mágicas para ella! Mucho la quiero.

Tienes razón en esperar mucho del Mensajero y aun más de lo que crees, pues quizás alguna que otra vez meterá en él su cucharada tu

Pepe

Memorias a tu padre, Diego, hermanos. A los Berrios, al padre Diego, a don Manuel Arrieta, Cirilo, etc., Torrecito, Juan Xenes, Grillo, etc., etc., etc. Y no cabe más. Valverde.

17. A Manuela Teresa Caballero

A mi señora doña Manuela Teresa Caballero.

Al cuidado del señor don Alejandro Morales.

New York, diciembre 8 de 1828. Mamaíta queridísima: Ocasiones a docenas. Acabo de escribir a su merced por conducto de Filadelfia, de cuya carta será portador don Justo. También escribí anteayer por Matanzas, como ahora mismo; ya al oscurecer, me avisan que hay otro barco para ésa; no quiero que se vaya sin mi competente.

Decir que seguimos sin mocedad es decir poco, pues estamos engordando mucho y nos va a las mil maravillas o muy lindamente, como decía el maestro Agapito. A [...] que se ría y comente sobre este recuerdo.

Mil memorias de Leonardo, que como ya está acostumbrado a que su merced le dé noticias de sus hermanos en mis cartas, se ha quedado maguado porque en la última nada dice de ellos.

Esa Gaceta para el padre Agustinillo. Se ha confirmado la noticia de la paz entre Buenos Aires y el Brasil.

Mil cariños a nuestros hermanos. A la Chiquitica, sus besitos. Y adiós de sus amantísimos hijos que nunca, ni un instante, dejan de tener presente a su mamá.

Memorias a Ac[osta y a] Nené.

18. A José Cecilio Silvera

Pepe Antonio New York, diciembre 12 de 1828.

Chileno querido: ¡Qué tal extraño tus cartas! Te confieso que me haces acordar muchísimo de ti con su falta, mas no sin ninguna pena porque, como has sido tan puntual en escribirme, me has enseñado of course[25] a echar de menos tes nouvelles.[26] Bien es verdad que hace algunos días que no hay ocasiones directas de ésa para ésta, y aun mamá me ha escrito de carrera por Filadelfia y Boston.

Mas, vamos con el número 6, que ya deseo concluir la tal relación, de la que quizás estarás cansado. Pero queda algo de interés.

Número 6[27]

De aquí, esto es, Auburn, salimos a las 11 de la mañana y comimos en Geneva (Ginebra)—distancia, 23 millas—. Tropiézase con varios pueblecillos en la travesía, pero el más notable es el de Cayuga, a 9 millas, por estar situado en el lago de su nombre. Atraviésase dicho lago en su anchura por un puente (de madera, se entiende, que es de lo que son aquí) de milla y media. Es malísima el agua y hay vastos pantanos en los alrededores. Sigue el pueblecito de Waterloo, solo célebre por su nombre. No sé si anteriormente he hecho o habrás hecho la observación que esta gente se despacha a su gusto bautizando los lugarejos con nombres clásicos antiguos y modernos. Entre este pueblo y Geneva se está construyendo un canal para unirse con el grande. La situación de Geneva es de las más bonitas, sobre el lago Séneca, cuyas aguas son clarísimas y tan sumamente frías, que apenas hay pesca, pues es de notar que en todos estos lagos abunda, y particularmente, la delicada trucha. En este lago presenta el agua el particular fenómeno de subir y bajar periódicamente cada siete años. No sé yo que lo haya explicado nadie satisfactoriamente. Algunas conjeturas pueden aventurarse, pero esto solo quizás se llevaría una carta. Me contentaré, pues, con indicar que, hecho cargo de la situación y demás circunstancias locales de magnitud, etc., me parece debido a semejantes revoluciones periódicas que pasan en los

---

25   «por supuesto.»
26   «tus noticias.»
27   Nos falta la relación número 4 y la número 5.

manantiales o grandes surtidores de estos lagos, en las mismas entrañas de la tierra; pero esto es explicar un hecho con otro hecho, pues así es cabalmente la física, y no hay más que eso.

El día 24 salimos para Rochester, distante 30 millas. Es un prodigio el que presenta este pueblo: el año de 1811 se repartieron los solares, ¡y ya hoy cuenta con 12 000 vecinos! Excusado es decir que se halla a orillas del Gran Canal, a que se agrega que tiene a la derecha el río Genesee.

¡Qué actividad la de este pueblo! Están fabricando más de cien casas a la vez y desmontando mucho para extenderse más: ya abarca como dos millas. Hay un gran número de molinos de trigo, de ellos vimos el más en grande, en el cual está todo tan bien dispuesto por la maquinaria, que se suspende[28] el trigo desde el bote, se pesa después, pasa luego al molino, sube a ser escogido y vuelve a bajar separado el salvado, todo por sí mismo.

También visitamos una fábrica de algodón muy preciosa, con 30 telares manejados todos por muchachas, además una de paño y otra muy particular, de hacer marcos de vidrieras. Todas las máquinas son movidas por agua, y se calcula que la fuerza de este agente en Rochester será como 38 000 caballos. Solo el molino de trigo de que te hablé poco ha despacha 200 000 barriles de harina al año. Se asierran más de 9 000 000 de pies de tablas. Hay además fábricas de clavos, fundiciones, etc., etc. Todo indica la extraordinaria actividad y espíritu de empresa que aquí reinan. Los solares se venden comúnmente en $500 y algunos hasta en 700. Cuentan ya 8 imprentas, 2 diarios y 12 periódicos semanales, y además de varias escuelas menores, una como academia, muy grande (high-school). Hay seis iglesias, cárcel y Casa Consistorial.

Otra particularidad de Rochester es el acueducto, de diez arcos, el mayor que hay en el Canal: tiene en éste, para comodidad de los botes, ocho dársenas y porción de muelles.

Hay unas caiditas de agua, que también visitamos.

Este aspecto de adelanto y de prosperidad fue un estímulo muy poderoso para que yo indagara con alguna escrupulosidad lo que producen las manufacturas aquí, y confieso que, aunque me esperaba mucho, me quedé sorprendido cuando me cercioré que por término medio rinden hasta el 27

28   Entre líneas, sobre «carga», tachado.

54

%. ¡Después de sabido que en un pueblecito del estado de New York (Patterson) hay un empresario en fabricas de algodón que saca hasta el 50 %!! Pero este caso no hace regla.

¡Qué tal se regocijaba mi espíritu al contemplar estas conquistas de la industria humana! Y aunque al principio se ve uno casi como arrebatado a atribuir todos estos bienes casi exclusivamente a las excelentes instituciones del país, después, con más calma, reconoce que no son menos deudores de tantos dones a la naturaleza, que prodigándoles el agua por doquiera, les ha proporcionado en ella la mayor y menos dispendiosa fuerza motriz, y la suma facilidad en el transporte. Sin embargo, continuando en reflexionar, volvemos a parar en el gobierno: con efecto, Rochester debe mucho al río, pero ¿cuánto más no debe al Canal? Excusado es decir que el último término de la comparación, esto es, «lo que somos y lo que podríamos ser», nada puede tener de halagüeño para un habanero. Y cuidado que prescindo aquí de la cuestión de independencia y solo me limito a cotejar los diversos efectos que produce el distinto espíritu de los gobiernos. Pero ad rem,[29] que aun esto es meterse en camisas de once varas para un pobre relator.

El 25 dimos la estampida [sic] de Rochester y fuimos a parar a Lockport, distante 65 millas. Hasta no llegar a este punto no se puede concebir toda la magnitud de la empresa del Canal: efectivamente, las cinco famosas esclusas dobles que fue necesario construir aquí para abrirle paso al Canal nos llaman la atención desde cierta distancia. Y cuando al llegar a ellas en medio de las rocas, consideramos el inmenso trabajo que debió costar el haber tenido que tallar la piedra hasta la profundidad de 60 pies, y haber que surtir[30] toda el agua de un solo abastecedor (el riachuelo Tomawantas), nos hacemos cargo de lo grandioso de la obra, no podemos menos que rendir un tributo[31] de admiración a la memoria del gobernador Clinton, que a despecho de la murmuración de algunos, de los reparos aparentemente fundados de otros y de la envidia de muchos, tuvo ánimo para llevarla a cabo en el corto período de 5 años.

---

29 «al grano.»
30 Entre líneas, sobre «sacar» tachado.
31 Entre líneas, sobre «testimonio», tachado.

A las diez de la mañana del 26 llegamos al Niágara. Y ya he llegado a la parte de mi descripción que usted más desea; pero razón será que lo dejemos para otro número, tanto por el objeto en sí, como porque ya hoy ha escrito mucho tu

Pepe

19. A Manuela Teresa Caballero

New York, diciembre 20 de 1828.

Mamaíta queridísima: Sale mañana sin falta el Comet y no hay tiempo más que para escribir a su merced. Al día siguiente de haber salido los Alderetes, aparecieron las otras cartas, esto es, la del padre Agustín, que con el cajoncito de tabacos he recibido, y dice Ñoñito que están excelentes; otra de su merced y de Monsa; y otra de Chila.

También he recibido los almanaques, acerca de cuyas notas cronológicas diré algo otra vez. A todos contestaré.

A Vicentillo Rodrigo, que siento infinito la casualidad que ha ocurrido con los mapas, que trasunto de una carta de Saco que acabo de recibir. Dice así: «¡Qué chasco! Pues el caso es que no van los mapas porque el mapero me ha engañado como a un niño. Como yo había visto los mapas desde que usted me los encargó la vez primera, fuime a donde el mapero y le dije que tomaría un juego completo de los grandes. Para remover toda duda, le reiteré que los quería del tamaño de los de Asia y África, que cabalmente estaban sobre el mostrador. Respondiome: —"Sí", y que los tendría a mi disposición cuando quisiese. Como don Justo se va mañana, fui a buscarlos. Encontrémelos ya envueltos en forma de cañuto y atados. Como yo conozco a estos diablos, quise examinarlos.

Ábrolos y ¿qué cree usted que me encuentro? Los tres mapas de Europa, Asia y África, conforme a las dimensiones que yo le había dado; pero el de América, dividido en dos partes: la del Norte, casi del mismo tamaño que los anteriores, y la del Sur, de una vara poco más o menos. Tuvimos nuestro altercado y al fin no los tomé. Se me disculpaba con que ya no había ninguno de toda la América, etc.». Hasta aquí Saco. Yo agrego que, en vista de no hallarse de otra suerte en parte ninguna, he determinado mandárselos, aunque sea divididos; lo que será en otra ocasión.

A Rosita Acosta, que su ahijada nos dio el otro día un convitico todo criollo, desde el ajiaco hasta la cafiroleta, que fue hecha por ella.

De noticias, Santa Ana ha resultado tener más de tres mil hombres. Dicen que pueda ser que Pedraza no se siente en la silla presidencial. Santander,[32]

---

32 Luz era amigo de Francisco de Paula Santander, según atestigua una carta que aparecerá en el tomo relativo a «Cartas a Luz». (Roberto Agramonte.) 33. Sic.

en Colombia, estaba ya condenado a muerte; pero la sentencia, en apelación en el Tribunal Supremo. Se cree que no lo conseguirán, y que Bolívar tal vez quiera hacer el papel del clemente.

Yo, con mi eterna cantinela: De mazones[33] y militares libera nos, Domine.[34] Cada cual por su estilo, todo lo echan a perder en las revoluciones.

Mil abrazos a todos mis hermanos. Y el corazón de sus amantísimos hijos
Pepe
Antonio

Aunque ayer hizo un poco de frío, sigue el tiempo templadísimo. Memorias a Nené y a Acosta. A Pancho y a Monsa, que les contestaré en otra ocasión, pues ahora no hay lugar.
Su
Antonio

33   Sic.
34   «Líbranos, señor.»

20. A Manuela Teresa Caballero

New York, diciembre 23, 1828. Mamaíta queridísima: Aunque el buque se ha demorado un día, no me ha alcanzado el tiempo para contestar más que al padre Agustín porque toda la mañana he estado con el desembarque de las [...] flores de [...] A Mac Leay, que agradezco muy mucho sus memorias y que en la que le escribí me olvidé de pedirle algunas cartas para su familia y para alguna otra de su confianza, pues a mí me gusta tratar, no solo con literatos, sino con toda clase de gente.

En este momento llaman [...] y luego, luego se hace noche. Ahora no hay lugar más que para decir memorias de sus amantísimos hijos

Pepe

Antonio

P. D. Memorias a Acosta y Nené. El tiempo sigue hermosísimo y el frío que hace es poco.

Antonio

21. A Manuela Teresa Caballero

A mi señora doña Manuela Teresa Caballero.

Al cuidado del señor don Alejandro Morales. Brig Dromo.

Habana.

Baltimore [...] Mamaíta mía queridísima: Habrá seis días que recibí en Washington las de su merced hasta el 3 del pasado, que ahora, como sigo de viaje, contesto deprisa. ¡Qué de sentimientos agitaron mi corazón al leerlas! A pesar de ver en ellas que ya mi queridísimo Pancho estaba fuera de peligro, sin embargo pasó algún rato para que me tranquilizara. Luego la idea de su recaída, aunque la enfermedad, como que ha sido violenta, debe haber hecho crisis. Y junto con todo esto me representaba vivísimamente la congoja y agonía en que había de estar el corazón de mi madre, que es la madre de las madres. ¡Qué horas tan crueles particularmente debieron ser las que concurrieron desde que salió su merced de La Habana hasta su llegada al Cafetal! Su merced sabe que yo soy sensible y así podrá concebir cuánto mas se aumenta mi sensibilidad, hallándome [lejos de] los objetos que idolatro y por quienes [...] Para fines de abril o mayo determino embarcarme para ésa, no haciéndolo antes por esperar el buen tiempo.

A mi Cecilio, que por qué no me ha escrito. Él sabe que, por ocupado que haya estado mi corazón, siempre le queda un lugarcito para extrañar la falta de sus cartas. Supongo que el motivo de no haberlo hecho habrá sido por haber ido con su merced al Cafetal.

Nuestra salud es excelente.

Hoy voy a ver al hermano de Nenninger.

Aquí nos pasaremos cuatro días más y volveremos a pasar algunos más en Filadelfia, en nuestro retorno a New York.

Por ahora no hay lugar para escribir más que esas cuatro letras para el padre Agustín porque ahora mismo sale la Mala para New York, a donde dirijo ésta a Leonardo para cuando haya ocasión para La Habana.

Abrace su merced tiernamente a todos nuestros hermanos. A Pancho, que se cuide mucho y que convalezca con la dulce esperanza de abrazar pronto a sus amantísimos hijos.

Pepe

Antonio

Queridísima mamaíta:

Su merced y todos los q[ue saben] cuanto quiero a mi Pancho, podrán figurarse como [ha estado] y está mi espíritu desde el momento en que recibimos las cartas con la noticia de su pasada gravedad, y así estaría de más el detenerme en manifestar los sentimientos de mi corazón, tan conocidos de su merced y de mi querido Pancho. Dígale su merced que se cuide mucho, pues pronto tendremos el gusto de abrazarlo.

Su amante hijo

Antonio

22. A Manuela Teresa Caballero

New York, enero 9 de 1829.

Queridísima mamaíta:

¡Qué gusto tan grande hemos tenido con tantas cartas! Como había más de dos semanas que carecíamos de ellas, las hemos saboreado como las primeras; y por haberse detenido el Centurión, según me avisa Leonardo en este momento, pues ya lo dábamos por salido, se nos proporciona también la satisfacción de acusar el recibo de todas, aunque no hay lugar de contestarlas, y de la letra de cambio de 600 pesos, fecha 23 de diciembre pasado, que ya está aceptada por los señores Dekhan, Iselin y Moore. Con ésta y la que anuncia Pancho, ya nos sobra dinero para aquí, pues en abril es la partida para Europa.

Si Emilia ha sido llorada en La Habana, no se han quedado atrás sus amigos de New York, así paisanos como americanos. Pero ¿quién que la conociera no había de estimarla? Vaya ahora un retorno de esa triste noticia.

Nuestro Varela por fin logró destruir su salud por desatender nuestros consejos. El día 6 por la noche tuvo un fuerte ataque de tos y arrojó una buena porción de sangre; pero sigue muy mejor, sin haber vuelto a arrojarla. Le ha sentado muy bien cuanto le ha mandado un médico francés, el mejor de aquí y que cura a nuestro modo, porque en esto de medicina siempre he sido más español y francés que inglés. Traslado a Monsa para prueba de la imparcialidad de su hermano. Nuestro Ñoñito se ha portado, velando como los hombres. Tratamos seriamente de que Varela cambie de temperamento. En cuanto se reponga o en la primavera, pensamos que vaya a Baltimore o a Santo Tomás por ser puntos que a lo moderado del clima, unen la circunstancia, para él muy importante, de haber muchos católicos. Hasta ahora no había yo conocido lo mucho que quiero a este virtuosísimo hombre. ¡Qué tal me he acordado de Ana María...! Hace cuatro días que también por acá hemos vuelto a tener tiempo cálido en proporción, aunque muy húmedo.

Ya quedo tranquilo en cuanto a Luis Xenes. Celebro ese triunfo de la naturaleza.

A Carlos, que siento infinito que siga tan incomodado. Le contestaré otra vez. En el ínterin, le aconsejo que se atenga estrictamente a Broussais.

Mañana se desembarcará el cajoncito de los birreticos. Se trató de Pepe y eso bastó para que su mamaíta [y] todas sus hermanas quisieran tener parte en el regalo. A todas y a cada una mis afectuosísimas gracias, celebrando mucho la ocurrencia de Pancho en remitir él el divinorostro; y no olvidando la eficacia del Coronel en la encajonadura, que es sin duda muy apreciable por ser yo para él la excepción de la regla.

Aun no he dicho nada a la señora de Gener, pues quiero sorprenderla con el regalo. ¡Y todo de mano de mi Monsa! ¡Qué gusto...! No hay que hablar de Leonardo, pues eso sería nunca acabar. Cada vez me da más pruebas de su afecto y confianza, y nosotros procuramos corresponderle. Da un millón de gracias por las cariñosas expresiones de su merced.

A Gollita y al padre, que les contestaré, como igualmente a mi Chileno, a Panchito Ruiz, Pancho, Monsa, etc., etc. A Tomás, que siga sus estudios hasta graduarse. Chila está pronto a ser su padrino.

¡Qué tal siento la quema de la casa de la pobre Pepa! Dígame su merced si está enteramente buena de la perlesía. Memorias a Adolfo y a los Cárdenas. El Pepillo me gusta mucho. Igualmente a los Alderetes [sic] y señora. Y al mundo entero, que ya no hay más hueco ni lugar.

Sus amantísimos hijos

Pepe

Antonio

A Nenninger, que no dejaré de contestarle, aunque más tarde. P. D. Hemos visitado a Emma y les manda mil memorias.

Esta irá en primera ocasión, pues quiero que sea inmejorable.

A la Chiquita, su beso. Al Brigadier, al Canónigo, Brusa, Pelosa, Erico, María, etc., mis memorias. Id. a Xenes, Chea y Pancho, Juanillo. A Merceditas Montalvo, que aprecio su recuerdo.

P. D. A Pancho y a Monsa, que les contestaré en otra ocasión. Mil cosas a Francisco, Miguel, Gabriel y hermanos, como también a Nené y a Acosta; que celebro mucho su recuerdo, [que] estará como... m...s.

Abrace su merced a mis hermanas de

Antonio

23. A Leonardo Santos Suárez

L. S. Suárez, esquire. At National Hotel.

Washington, marzo 2 de [1829]. (A las 8 de la noche.) Ha hecho usted muy bien, como de costumbre, Leonardo queridísimo, en remitirme las cartas de mi familia, sobre todo mediando la circunstancia de la enfermedad de mi hermano Pancho. ¡Qué de sentimientos han agitado a un tiempo mi corazón, [querido] Leonardo! ¡Considerar el peligro en que ha estado la vida de mi queridísimo Pancho! ¡Y luego la desolación en que había de estar mi angustiadísima madre y toda mi familia, particularmente viéndose sin nosotros al lado! Confieso que todo esto me afecta en extremo, como que para mí lo doméstico es lo primero en la vida; todo lo demás está subordinado al amor por los míos. Esta consideración por sí sola [me hace] titubear en cuanto [al viaje pa]ra Europa. ¿Qué no será, pues, cuando [ahora] se agrega que mi tío Caballero me escribe solo con el objeto de indicarme la casi necesidad de mi regreso a La Habana a consecuencia de la enfermedad de mi amadísimo hermano? Por otra parte, ¡ni mi madre, ni mi hermana Monsa me hablan una palabra de viaje a Europa como lo hacían de costumbre! Pero este punto requiere alguna meditación, y espero que a mi vuelta a ésa, tanto usted como nuestro Gener me favorecerán con su dictamen, teniendo a la vista todos los antecedentes.

Entre tanto, tengo el consuelo de que seguía muy bien en su convalecencia; y como la enfermedad ha sido aguda, debe haber hecho crisis completa, sobre todo en una persona [...] Mis afectos como siempre [...] a Varela, Layseca y señora [...] etc., etc., etc., como decía el padre [...] Todos y usted los recibirán también de

Antonio

y Pepe.

Contando siempre con su Pepe

A Saco le habrán hecho fuerza las razones que le expuse a nombre de todo el Club de Yorkinos. ¡Cuidado que son Nueva Yorkinos, y no los que huelen a chamusquina!

24. A Manuela Teresa Caballero

New York, marzo 30 de 1829.

Queridísima mamaíta:

Salen a un tiempo dos buques para esa, el Sarah y el Herschell, por lo que en el primero pondré todas las cartas y en el segundo solo una, para que no tenga su merced cuidado por si llega primero.

Celebraré infinito que Pancho continúe en su convalecencia con los progresos que hasta aquí, como es de esperar de su naturaleza privilegiada y de lo fuerte que fue la enfermedad. Que coma bien puesto que tiene tantas ganas, pero que sea siempre buen alimento y sin andar variando con cositas apetitosas; y que, supuesto que la píldora es remedio de apelación, no se acuerde de ella para los casos ordinarios.

Como en Europa es tan caro el porte de cartas y nosotros nos escribimos tanto, es de necesidad hacer un arreglo para la [correspondencia], pues de lo contrario [...] [con lo mucho que escribimos], particularmente Leonardo y Santiago Drake, se nos pueden ir en correo sobre 500 a 600 pesos. Así, pues, lo mejor será que su merced junto con todos mis hermanos me escriban siempre una carta larga de familia, de letra metida y en papel fino, y otra don Chila por sí y como representante y órgano de todos los amigos. Para lo que es la regularidad, lo más conveniente será dirigirlas aquí a Leonardo, quien me las encaminará por el paquete mensual, bien sea durante mi estancia en Inglaterra, o en Francia. Yo por mi parte también escribiré mensualmente por el mismo conducto, amén de aprovechar todas las ocasiones directas que se me presenten en todos los países que recorra ¡pero esté donde estuviere, Londres por ahora y París después serán los puntos a donde siempre dirigirán mis cartas. En fin, con Carlitos Drake arreglaré [en cuanto me sea] posible, en alguna casa de [comercio, que me sean tam]bién eficaces los agentes. Este último se halla aún en Filadelfia, pero en toda esta semana lo tendremos aquí.

Mucho me gusta Santiago: es muchacho de juicio muy sentado y creo que se le pegó mucho de la ciudad alemana. Esta es mi gente en cuanto a buenas costumbres, que para mí valen más que ciencias y que todo cuanto hay.

Me alegro de que las hermanas y Anita se embullaran tanto con las cinturas. El té de su merced era de lo mejor.

¡Las cosas del padre Dieguillo! Dígolo porque fue a mandar al muchacho con 250 $ a su disposición. ¡Nada menos que los trajo consigo! Lo mejor hubiera sido que aquí se le pasara una mesada. No es decir esto que el muchacho haya hecho nada malo; pero ¿a qué ponerlo en tentación con dinero a mano, sobre todo quien ni ha estado acostumbrado a tenerlo ni aun sabe gastarlo? Ya [es bastante] sobre el particular. [...] ¿Conque le sentó a su merced la temporadita de campo? ¡Qué tal me alegro! Pero ¿cómo no le había de sentar al ver la pronta mejoría de su Pancho? Él, por su parte, sin duda revivió al ver a su lado, al sentir el calor de la más vehemente de las madres, de la madre por excelencia.

Me alegro muchísimo de que Carlos haya sido repuesto, no por el empleo en sí, sino porque esa es muy buena señal del estado de otros negocios más importantes para él en Madrid. No tengo lugar de escribirle. Dele su merced mi más cordial enhorabuena, así por eso como por el recobro de su salud.

La señora de Gener retorna a todos, y particularmente a su madrina, sus finas expresiones. Leonardo, mil cosas a todos y que felicita a su merced por la mejoría de Pancho. Lo mismo Gener y Varela. Voy a extrañar mucho a estos caros amigos.

Memorias [...]liar, a Terriles, a fray Luis, a Xenes, [...] naisa, Juan de Dios, Antonia [...] todos nuestros hermanos con él.

25. A Manuela Teresa Caballero

A mi señora doña Manuela Teresa Caballero.

Al cuidado del señor don Alejandro Morales. (Bergantín M. Jane).

Habana.

New York, abril 18 de 1829.

Queridísima mamaíta:

Acabo de escribir a su merced largo por conducto de Busto, el compañero de Inclán, que sale hoy mismo en el Mary Jane; mas, como los pasajeros suelen tardar en entregar las cartas, pongo estas cuatro letras para que su merced no esté con cuidado, si se tardare.

Acabo de saber que Luis Drake se va también en el Mary Jane. No le he visto porque acaba de llegar del colegio de Norwich en donde estaba.

El joven Trevejo sigue atendido y dándole sus lecciones de inglés diarias.

Abrace su merced tiernamente a todos nuestros hermanos. Y el corazón de sus amantísimos hijos

Pepe

Antonio

Memorias a Acosta y Nené.

26. A Manuela Teresa Caballero

Liverpool mayo 30 de 1829.

Mamaíta de mi corazón:

El 24 de éste, a las 2 ½ de la tarde, pusimos la planta en tierra inglesa después de una navegación la más feliz del mundo y solo de 22 días, pues aunque salimos de New York el día 1.º, todo él y parte del 2 lo pasamos anclados en la bahía esperando buen viento.

Mucho, muchísimo nos ha gustado esto, y eso que no hemos visto más que un átomo en comparación de Londres. Esta gente lo tiene todo en punto mayor y con una perfección extraordinaria. ¡Qué grandiosa es la vista que se presenta al entrar, del número prodigioso de buques encerrados en los diques! Aquí la naturaleza les negó no solo abrigo, sino hasta el agua, pues la marea baja hasta quedar todo enjuto; pero con los diques se burlan ellos de estos inconvenientes, y tienen los puertos más seguros que pueda imaginarse.

En medio de las agradables impresiones que causan estos objetos tan nuevos y grandiosos, se refuerza en vez de debilitarse la memoria de mi mamá, hermanos y amigos por haberse aumentado la distancia. En nadie más fuerte que en mí el sentimiento de la patria. Sin embargo, esta emoción tan viva la templa el gusto que considero tendrán su merced y todos de nuestros adelantos y de que mi salud y ánimo adquieren cada día nuevo vigor.

Por ahora no puedo ser más largo ni escribir a nadie más porque mañana sin falta salimos para Chester, Eaton-Hall y Bangor, desde donde volveremos para aquí el día 2 o 3 del entrante; y luego, en derechura a Londres, deteniéndonos en Manchester, Birmingham, etc., de suerte que dentro de diez días estaremos en la gran capital.

A mi Chila, Tomás, Cirilo, los Berrios, Ruiz, Pepe Xenes y familia, mil cosas. Ya el padre Agustín habrá recibido su Virgilio. A los P.P. Díaz y don Luis Valdés, mis afectos como siempre. A Rosita, Acosta, tía Rosa y tía Juana, etc., etc., nuestras expresiones. A Antonia María, Maisa, Juan de Dios, Flores y toda la casa, memorias.

El tiempo está hermosísimo y nuestra salud, aún mejor; ya tengo hasta un poco de barriga. A Monsa, que ya no se reirá de que use faja: mucho se engorda en la navegación. ¡Qué apetito! Solo ansiamos por saber de su merced, mamaíta mía, y de nuestros queridos hermanos, a quienes abrazará con toda la ternura del corazón de sus amantísimos hijos

Pepe

Antonio

La reina de España murió casi repentinamente el 17 del corriente. Se espera por momentos la decisión del gobierno inglés en cuanto a los negocios de Portugal.

Mamaíta mía:

Nada tengo que agregar a lo que le dice Pepe sino que la navegación fue tan feliz, que él ni aun siquiera se mareó y yo muy poco. A mi Pancho y Monsa, que de Londres les escribiré y muy largo.

Mil cosas a Acosta y Nené; abrace su merced tiernamente a mis queridísimos hermanos. Memorias a Pablillo y Torrecito, de Pepe y mías. Y adiós, mamaíta mía. Su amantísimo hijo

Antonio

27. A Manuela Teresa Caballero

A mi señora doña Manuela Teresa Caballero.

Al cuidado del señor don José Carrera.

Londres, 14 de julio de 1829

Mamaíta de mi corazón: Ansiosos estamos porque acabe de llegar el Druid, que según nos han informado, salió de ésa para ésta el mes pasado. Y lo deseamos tanto más, cuanto que no hemos tenido carta ¡cosa extraña! por los dos distintos paquetes de New York, que alcanzan hasta 22 de junio, y de La Habana, hasta principios de id. Confieso que si alguna vez he sentido algunos movimientos de envidia, ha sido ahora, al ver que otros tienen cartas y yo no, sobre todo cuando estoy acostumbrado a recibirlas en ocasiones en que les faltan aun a los principales comerciantes.

Pero vamos a otra cosa, que aún no hay tiempo para escribir largo, y si alguien se quejare que ponga la demanda contra Londres y que coja, si quiere, hasta un racimo de abogados, v.g.,: Chila, T. y C., que yo les prometo que el demandado los bate en regla o los quina, que es mejor.

De aquí a media hora vamos a visitar uno de los mejores hospitales (hay como 50) y museos anatómicos de aquí. ¡Qué tal me acuerdo de Chila con todo esto! ¡Si yo lo tuviera al lado! También me he acordado mucho de él y de Pancho con los muchos animales raros vivos que hemos visto, en términos que a cada momento exclamaba: «Ñoñito, ¡qué de cosas se le ocurrirían a nuestro Pancho, si estuviera aquí! Pero veamos bien para entretenerlo después».

A Monsa y Pancho, que sin duda no han recibido las que les escribí desde los Estados Unidos dándoles razón de nuestra visita a José Bonaparte, como también ser cierto el matrimonio de la viuda de Napoleón, etc., etc., porque en ninguna de las suyas se contraen a estos particulares.

A Juan, mil cosas y que un hermano del general inglés Miller desea saber si Loriga ha recibido un ejemplar de las memorias publicadas por dicho general sobre los acontecimientos del Perú, que se lo remitió en octubre último. Este caballero me asegura que Loriga se portó allí siempre bien y que, por supuesto, se le hace justicia en las memorias. Yo no las he leído.

A Chila, que no hay absolutamente lugar para escribirle, que me mande uno o dos ejemplares de mi elenco de física, pues el único que tenía se me ha extraviado.

A las muchachas, que pronto les mandaremos alguna friolera, pues me parece que las cosas más grandes deben reservarse para nuestro regreso. A cada uno de mis hermanos, un millón de abrazos. De cada cual me acuerdo mil veces al día o, mejor dicho, ellos con mamá forman un grupo que no se separa un instante de mi imaginación.

En cuanto a salud no hay que hablar ya: es tan buena la mía, que así quiero la gozaran todos los míos. Ya soy hombre fajado y aun papado.

Nada de particular en cuanto a noticias.

Al padre Agustín, mil cosas, como también a los P.P. Díaz y Luis Valdés y Dieguillo. A todas mis tías y primos, a Xenes y familia en particular; a Panchito Morales, que si por fin se decide a que yo le compre aquí las máquinas. A mi Chiquitica, que ya estará grandísima, un millón de besos y que quiera cada vez más a Perchorita y a Chilita. Memorías a Entralgo y Torrecito, a Maisa, Antonia. Juan de Dios, Flores, etc.

Y el corazón de sus amantísimos hijos

Pepe

Antonio

Mamaíta mía:

Por lo que dice Pepe, verá su merced que no tenemos tiempo para escribir largo, por lo cual se contentará mi mamá con las postdatas.

A Pancho y Monsa, que en cuanto nos desocupemos un poco les escribiré, y mucho.

Mil cosas a Nené y a Acosta; que nunca me olvido de ellos. A Pablillo, que también le escribiré.

Memorias a los Herreritas y a Francisco.

Abrace su merced a mis queridos hermanos.

Antonio

Londres, julio 29 de 1829.

Mamaíta de mi corazón: Esta es [la última de las] tres que con esta fecha escribo a su merced: una desde aquí directamente, otra desde Liverpool, también en derechura; y la restante por la vía ordinaria (paquete a New York). Así quisiera yo que se presentaran siempre las ocasiones, tanto a su merced como a nosotros, porque si las cartas de su merced siempre son bálsamo para mí, lo son más ahora con la mayor distancia.

Aún no aparecen los buques que se esperan aquí de esa directamente: los aguardamos con ansia. Repito que la última de su merced es fecha 7 de junio.

¿Conque murió Murdoch? Mucha falta va a hacer a la casa porque era mucha columna. De esto y de otras cosas de La Habana me ha dado noticias aquel joven alemán, Fischer, que era de la casa de Alejandro Morales. A éste, que sus navajas también le irán pronto junto con las de Pancho, Joaquín, etc.; pero la tierrecita no la podrá tener hasta que esté en España.

Mi salud es tan buena, y continúo engordando tanto, que los que me vieron al llegar aquí me hallan aún [más gordo y reju]venecido.

Al padre Agustín que tengo una [carta de introducció]n para Washington Irving, nada [menos que de su] cuñado. De un momento a otro llegará aquí [de It]alia y tendré el gusto de gozar de su conversación, que me aseguran es tan agradable e instructiva como sus escritos.

Aquí ha publicado Canga Argüelles un folleto apologético de la conducta del rey y nación española en la cuestión de América, y es en contestación a una representación de los comerciantes ingleses a este gobierno para que exija del de España que acabe de reconocer la independencia. No remito un ejemplar porque es de cajón que por allí circulen muchos.

Con fecha de 16 del corriente, de Madrid, se ha publicado aquí, en la gaceta de hoy, un artículo que en sustancia es lo siguiente: «Una compañía de comerciantes españoles ofrecen al gobierno un préstamo de 25 millones de $ con el interés moderado de solo 4 ½ por % pagadero (y el plazo es andantesco) cuando México sea reconquistado (con el producto de las minas, se supone), con el objeto de equipar 12 mil infantes, dos mil caballos y la competente artillería». (Para alcanzar tan alto fin, ¡así Dios los ayude y, si no, se lo demande!) No hay duda que los mexicanos están amontonando absurdos sobre [absurdos. La cues]tión, sencillísima, es ésta: ¿Aprovechan los disparates de los cuicos a los españoles? [Enemigo cruel] así de unos como de otros es el que aconsejare tan pueril, o mejor dicho, tan animalesca política, porque es igual a los animales dejarse arrastrar de las impresiones del momento sin atender a lo futuro.

El Conde de España sigue haciendo de las suyas en Cataluña, lo que es tanto más de extrañar cuanto el gobierno español ha tomado providencias lenitivas en otras partes.

A Chila, que creí tener lugar de ponerle dos letras; que él bien sabe que las ganas me sobran.

Abrace su merced tiernamente a mis queridísimos hermanos. Y adiós de sus amantísimos hijos

Pepe

Antonio

Mamaíta mía:

Continuamos perfectamente, deseando solo que lleguen buques y más buques para tener noticias, tanto de su merced como de mis queridísimos hermanos.

A Rosó, que mucho me he alegrado de lo bien que le sentó la temporada con Tula y Joaquín, y que la repita este año.

A Pancho, que hoy pensé escribirle, pero que solo me alcanzó el tiempo para ponerle esas dos letras.

[Dígale su] merced también que he sentido mucho [el retraso de la m] olienda en Matanzas, aunque [se haya beneficia]do de lo mucho que llovió, pues eso hacia mucha falta. Que en este mes ha habido en ésta mucha venta de azúcar blanco del nuestro, a buen precio.

Días pasados le escribió Pepe a José de Jesús, que se halla en París, y hemos tenido una contestación muy fina, ofreciéndonos cartas de recomendación para este país y que en llegando a París, nos introducirá en todas sus relaciones en aquella capital. Nosotros nos hemos alegrado mucho de que se demore, pues tendremos el gusto de verlo. Dígaselo su merced a sus hermanos, dándoles mis finas memorias A Pablillo, que no me olvido de él, pero que no sé cuando podré escribirle. Memorias a Francisco y Miguel, a mis tías, primos, etc. Abrace su merced a mis hermanos en nombre de su

Antonio

O de aquí o de Nueva York recibirán el folleto de Canga Argüelles de que habla Pepe en ésta. En leyendo el folleto, que se lo manden a Carlos Kessel.

A mi señora doña Manuela Teresa Caballero.

Al cuidado del señor don Alejandro Morales.

(Encaminada por sus atentos S.S. Darthez y Cía. Londres, 27, agosto, 1829.) Habana.

Londres, agosto 8 de 1829.

Queridísima mamaíta:

Aún no he dado con el padre Aguirre. Ayer me dijeron en la Lonja que quizás habrá ido a Falmouth, de donde retornará aquí. Esta no es más que por dar noticias más frescas de nosotros, que continuamos gozando de la más perfecta salud. Anteayer he escrito largo por el paquete de Liverpool a New York.

Se ha publicado en los papeles franceses que Vives ha vuelto a hacer su dimisión. ¿Qué hay de esto? Dígale su merced a Monsa que he visto en las gacetas de aquí un nombre muy gracioso para las mangotas de moda, mangas a l'imbécille.

Quizá también estará en su «Petit Courrier des Dames».

Aunque me es difícil preveer los efectos de la expedición, todo el mundo está en grande expectativa.

Adiós, mamaíta mía. Abrace su merced tiernamente a nuestros amadísimos hermanos con el corazón de sus amantísimos hijos

Pepe

Antonio

Un millón de cosas a Acosta y Nené, y también a Pablo, Francisquillo, etc.

30. A Manuela Teresa Caballero

A mi señora doña Manuela Teresa Caballero.

Al cuidado del señor don José Carrera. Habana.

Londres, agosto 13 de 1829.

Mamaíta de mi corazón:

Por fin tu[ve el gusto] ayer de ver al padre Aguirre con quien estuve [más de] dos horas, en las que no cesamos de hablar a[cerca] de las familias, de don Justo y del Obispo, que me asegura seguía perfectamente. Me entregó dos de su merced fechas 19 y 29 de junio, una de Monsa, [otra] de Pancho, del padre Agustín y de Chila.

A pesar de tan gratas noticias de las personas que quiero, y a pesar de las distracciones que proporciona un Londres, me ha hecho una impresión fuertísima la prematura muerte de Mariquita, que me fue participada por Chila y el padre Agustín. ¡Qué cruel es la situación del pobre Lorenzo! ¡Qué de golpes a la vez! Lo quiero mucho, mucho, y así esto me aumenta la pena. Excusado es decir a Juan y Monsa que reciban mis pésames. No me alcanza el tiempo para escribir a ésta; pero ahí le incluyo, abierta, la que le dirijo a Lorenzo para que vuestras mercedes la [lean y la] cierren. Tampoco esto me ha hecho me[nos impresión que a] Félix, que tanto [nos]**35** quería. A Pancho, que [no tengo] lugar para contestarle ahora. Me figuro que [todo esto] le habrá renovado la triste memoria [de] Amentico. Y siento que tenga que lidiar [con] Cornelio y no poderle ayudar a domarlo, pues yo tenía bastante influjo en él.

Está bien lo de los 29 $ que Galán me alcanzaba, [pue]s creí que hubiera sido.

Al padre Agustín le contestaré más despacio: [me] celebra infinito el libro, pero nada me dice de lo que su merced recelaba. Si me hubiera indicado semejante cosa, mi respuesta ya es de presumirse: «Todo lo bueno me parece poco para él porque lo estimo y lo respeto muchísimo.» A Pancho, que quedo enterado del buen éxito en cuanto a la mesada de Varela y a la suscripción para la obra de Saco.

Aquí, así como allá, ha sido el verano agudísimo. También son, por consiguiente, buenas las cosechas. ¡Qué tal celebro que hasta los dolores de

35 Lectura dudosa.

cabeza que lo incomodaban tanto antes de la enfermedad o mejor [dicho], la única dolencia que tuviese, le hayan dejado. [Nunc]a mejor ocasión de repetir: «No hay mal que por bien no venga».

Cada vez se esfuerza su merced más y más, mamaíta queridísima, en darnos pruebas de su ilustrado cariño: me repite su merced que ya que ha hecho el sacrificio, lo veamos todo bien. Me lleno de gozo y de ternura leyendo y releyendo estas palabras, que tienen tanto más valor para su hijo Pepe, que tantas pruebas ha visto de la vehemencia de su mamá.

Las muchachas todas tendrán todo lo que quieren y aun más de lo que quieren en cuanto a encargos. Lo que hay es que ya los que remitamos de aquí no podrán ir hasta nuestra vuelta de Escocia, que será en octubre (para donde salimos el 17 del corriente) porque aún no han llegado las navajas que encargamos a la fábrica.

Un millón de afectos a mis queridísimos hermanos. Memorias a los P.P. Díaz, a Xenes mis más cordiales gracias por las cartas de Juan Montalvo, tan finas, que casi me sonrojan No hay lugar más que para los dos rengloncitos de Ñoñito. Sus amantísimos hijos

Pepe
Antonio

Mil cosas a Acosta y a Nené. A Pancho, que en esta ocasión no he podido escribirle como pensé, pero que [lo] haré en otra.

Abrace su merced a todos mis hermanos. Memorias [a] todas mis tías y primos en nombre de su

Antonio

31. A Manuela Teresa Caballero

A mi señora doña Manuela Teresa Caballero. Al cuidado del señor don Alejandro Morales. Habana.

Londres, agosto 19 de 1829.

Mamaíta mía queridísima:

Aún no se aparece el paquete del 16 del pasado, y nos vamos hoy sin falta para Escocia, de modo que hasta no llegar a Edimburgo no leeré las de su merced que se reciban aquí, cuya remisión dejo encargada a Darthez. En este viaje, que será de mes y medio, solo escribiré dos veces, por evitar los portes y parecerme suficiente.

Dígale su merced a Monsa que sir Hudson Lowe está actualmente de gobernador de una de las Islas Jónicas, en el Mediterráneo. A su vuelta aquí de Santa Helena fue generalmente muy mal recibido y tanto O'Meara como los papeles[36] volvieron a pegarle duro. Sin embargo, he oído a personas de juicio e imparciales que es hombre muy instruido y excelente oficial; pero todos convienen en que no era propio para carcelero de Napoléon.

Quiero hacer un encargo a Pancho y Joaquín, y es que me remitan, para cuando esté yo en París, lo más pronto posible, algunos pedazos de chapapote y de las otras clases de carbón de piedra que se hallen en la isla, si es que las hay, y algunas porciones de las mejores tierras para caña, café, tabaco, pasto, frutas, etc., etc. Al padre Agustín, MacLeay y Chila les escribiré a vuelta de viaje.

Recibirá su merced por mano de Carrera y junto con las navajas para Pancho, Joaquín, etc., tres pares para Carlos Pedroso, que me encargó Leonardo desde New York.

Mil tiernos abrazos a mis queridísimos hermanos, sin olvidar a la Chiquita. Adiós de sus amantísimos hijos

Pepe

Antonio

No hay lugar ni hueco más que para las memorias a Acosta y Nené, como también a todos los conocidos Su

Antonio

36   los periódicos.

32. A Manuela Teresa Caballero

A mi señora doña Manuela Teresa Caballero. Al cuidado del señor don José Carrera. Habana.

Londres, octubre 22 de 1829.

Mamaíta de mi corazón:

Ésta no tiene más objeto que decir a su merced que con esta fecha le escribo largo por el paquete de Jamaica.

MacLeay le entregará a su merced las cartas.

De aquí saldremos el 8 o el 10 del entrante, a más tardar, para París. Mil afectos a todos nuestros hermanos con el corazón de sus amantísimos hijos

Pepe

Antonio

Un millón de cosas a Nené y a Acosta. Memorias a Pablillo, Francisquillo, Miguel, Gabriel y hermanos, en nombre de su amante hijo

Antonio

A Pancho le escribo con esta fecha, pero no a Monsa porque no tengo tiempo.

33. A Manuela Teresa Caballero

A mi señora doña Manuela Teresa Caballero.

Al cuidado del señor don José Carrera.

(Paquete de Londres a New York.)

Habana.

Londres, octubre 31 de 1829.

Mamaíta queridísima de mi corazón:

¡Con cuánto gusto contesto a la de su merced de 10 del pasado, sintiendo solo no tener lugar de escribir más largo porque ya es muy tarde y he estado escribiendo varias cartas que debía a New York.

Corriente en cuanto a lo que dice Carrera en cuanto a que en Francia tomemos dinero de la casa de Chauviteau. Repito que el 8 del entrante salimos para la tierra de Dios, como dice Monsa. En realidad, para mí lo ha sido la Inglaterra, pues además de lo que he aprendido, con el roast-beef y el roast-lamb he ganado muchas fuerzas, y parte de ellas avaluables, como que peso, y esto le gustará a su merced, 24 libras más que en La Habana.

Dentro de 6 u 8 días saldrá de aquí un buque en derechura, que va consignado a Drake, por donde escribiré a todos y enviaré alguna memoria para su merced y mis queridísimas hermanas.

Hoy nos hemos acordado mucho de La Habana; pues hemos comido juntos aquí con Carlitos Drake y Kilbee, que siempre extraña La Habana. Creo que se volverá pronto, aunque todavía no está decidido.

Estoy ansioso por saber que Tula haya salido de su cuidado con un hermoso Antonio Joaquín o Pedro Antonio, sin embargo, no diríamos nada en contra aunque fuera Rosita o Manuela.

Celebro mucho las visitas de Pancho Ruiz a su merced. A Rosario y Pepe Xenes, mil enhorabuenas por el matrimonio, poniéndome a las órdenes del novio.

Mil cosas a todos los amigos y muy particularmente a los P.P. Díaz, Valdés, padre Agustín, Chila, Tomás, Cirilo. Celebro mucho las memorias de Pepe Soto, el padre de la misa y demás. A Pepa de la Torre, mil cosas. Supongo que en la familia de Ascensión no hay novedad alguna.

Abrace su merced tiernamente a nuestros queridísimos hermanos con toda la efusión del corazón de sus amantísimos hijos

Pepe
Antonio

Mamaíta mía:

Dígale su merced a Monsa y Pancho que, aunque les ofrecí escribir por este paquete, me ha sido imposible por lo ocupado que hemos estado.

Mil memorias a todos los conocidos. A Nené y a Acosta, que nunca los olvido. Abrace su merced a todos mis hermanos por su amantísimo hijo

Antonio

Si su merced no tiene papel del fino, encárguele a Leonardo, pues la diferencia en el porte de las cartas es muy grande.

34. A José Cecilio Silvera

Londres, noviembre 6 de 1829.

El 9 de septiembre salimos de Edimburgo como a las 8 de la mañana, para Abbotsford, que así se llama la quinta del insigne novelista,[37] distante como unas 34 millas. Hállase agradablemente situada a orillas del Tweed, uno de los ríos más caudalosos de Escocia y tan celebrado por él mismo así en sus novelas como en sus poemas. La casa es tanto más interesante cuanto es un monumento de su gusto y aun de su capricho. Efectivamente, es un edificio de estilo gótico muy sencillo, al cual se entra por una especie de pasadizo o pórtico parecido a los de los antiguos palacios. Este pórtico se halla adornado interiormente, o mejor dicho, colgadas las paredes de arriba a abajo con antigüedades escocesas de todas épocas, muy bien clasificadas y distribuidas con bastante gusto. Estando nosotros en este vestíbulo del templo, examinando aquellas curiosidades que más llamaban nuestra atención, mientras el criado había ido a entregarle la carta de presentación, empezamos a oír los pasos de un cojo que venía hacía nosotros, cuando no sin alguna sorpresa se nos descubre un anciano venerable, apoyándose sobre un bastón; y en él reconocimos a nuestro cojo, el habitador de aquella mansión encantada, y el escritor más popular de su siglo. Siendo extranjeros, se dirigió a nosotros en la lengua universal (francés) diciéndonos que sentía habernos hechos esperar; mas, como le contestase yo en inglés, siguió en este idioma la conversación.

El aspecto de nuestro novelista no presenta a primera vista ninguno de aquellos rasgos de fisonomía que suelen caracterizar el talento; mas luego que principia a hablar y se va entablando la conversación, se descubre la viveza y expresión de sus ojos, que hasta entonces parecían enteramente escondidos en su honda cuenca y cobijados con su poblada ceja. Y viniendo a lo moral del individuo, ¡cuántas ocasiones se me presentaron en el discurso del diálogo para admirar su excesiva modestia! Confieso que lo realzaba a mis ojos notar el arte delicado con que desviaba cualquier especie que siquiera indirectamente pudiese resultar en elogio suyo. Por lo demás es el hombre más liso y llano del mundo. Al verle y aun al oírle (pues uno de sus puntos favoritos es hablar de la cosecha, etc.) diría uno que es la mejor

---

37 Walter Scott.

representación de un hombre labrador. Después de haber pasado como un cuarto de hora en la sala de recibo, tuvo la bondad de conducirnos a su biblioteca, llamándonos la atención el busto de Shakespeare, que se hallaba al medio del testero que se enfrenta al entrar. La librería está muy bien arreglada, y constará como de unos 20 000 volúmenes, entre los cuales se hallan por supuesto ediciones espléndidas, así antiguas como modernas, de todas partes de Europa, regaladas por los mismos autores o editores. Después nos llevó a un gabinete donde tiene algunas pinturas, y últimamente a la sala de comer, donde con la mayor llaneza hizo que nos sirvieran el lunch, que fue un puntal very substantial,[38] como dicen los ingleses, pues consistía en costillas de carnero y otras frioleras por este estilo. Pero advierto que voy siendo muy minucioso (¡tanto nos interesa todo lo del autor de Waverley!) sin darte aún cuenta de la conversación. Desde luego la hice rodar sobre la lengua y literatura española; y me manifestó que daba la preferencia a nuestra lengua sobre la italiana, lo que conocí que no era por cumplimiento, porque precisamente hacía mérito de las verdaderas ventajas que el español tiene sobre el toscano. Con este motivo hizo mención de la traducción de los romanceros y cancioneros que ha hecho su yerno míster Lockhart, que es nada menos que el redactor de Quarterley Review. Con semejante recomendación me apresuré a leer la traducción de Lockhart que conservo, porque realmente la ha hecho con maestría. Como yo le expresase cuán sensible era que no hubiese viajado por España, porque este país, no solo por su literatura, así española como arábiga, sino también por la diversidad de caracteres y costumbres de las varias provincias, le hubiera presentado un campo nuevo y vastísimo a su imaginación creadora, me contestó que también había él sentido mucho no poder hacer ese viaje, y que ya ni sus años ni sus quehaceres le permitirían realizarlo.

Excusado es decir que hablando con el hombre extraordinario que ha logrado que todo el mundo culto se interese en las aventuras y costumbres de los montañeses de Escocia, había de preguntarle sobre el estado actual de esas gentes. Haciéndome un ligero cotejo de lo que antes eran con lo que son hoy, me puso de manifiesto lo mucho que habían variado de 30 años

38   «suculento.»

acá; mudanza que hasta cierto punto ha sido pour le mieux,[39] siendo así que se han ido ainglesando cada vez más. Digo hasta cierto punto, porque no hay duda que el irse borrando las antiguas costumbres hace al país ir perdiendo mucho de su distintivo poético; pero norabuena que pierda la poesía, siempre que gane la civilización. Hablando de los montañeses me contó dos anécdotas con mucha gracia, porque es de advertir que habla con aquella fluidez y naturalidad con que escribe. Te referiré solo una de ellas, por ser la que pinta más al vivo el carácter franco e independiente que animaba a los Highlanders.[40] Vivía aún en 1824, cuando la última visita de Jorge IV a Escocia, el jefe más antiguo de ellos, de cuyo nombre no puedo acordarme, pero creo que era descendiente de Rob-Roy, y como que el tal viejo era una de las mayores curiosidades del país, se lo presentaron al Rey; y diciéndole éste que contaba tener en él uno de sus mayores amigos (aludiendo sin duda a que no se repetirían las escenas de los años de 1745 y 46 en que se sublevaron los montañeses) le respondió con suma entereza que había sido su mayor enemigo en aquel tiempo, y que sería engañarle decir que después hubiese dejado de serlo. Pero la mitad de la gracia del cuento se pierde en lo escrito; y digo, en traducción. Habías de habérselo oído decir al amable Sir Walter, con las mismas palabras del Cacique (que así me lo figuro) en su expresiva cuanto gutural lengua gaélica.

Volviendo al gusto de Sir Walter por los trabajos y placeres campestres, me acuerdo que como reparase que yo estaba mirando los árboles plantados a orillas del río, frente a la casa, me dijo: «Conozco que esos arbolillos según crecen van quitando la vista del río; pero ellos son mis hijos y ¿quién no se regocija de ver crecer a sus hijos?

Sería nunca acabar, C[ecilio] mío, si te fuera a describir todo lo que pasó en esta entrevista de dos horas. Sin embargo no puedo omitir alguna otra particularidad. Al llegar nosotros se le conocía en la cara que acababa de soltar la pluma: efectivamente, aquel aire serio y peculiar que la meditación hace tomar a los músculos del rostro, y singularmente a los ojos, estos pregoneros del alma, se fija en términos que se requeriría la flexibilidad y gobierno que en su fisonomía tenían un Garrick y un Talma, para poder

39   «para mejorar.»
40   «Montañeses.»

variar repentinamente el semblante cuando se pasa a otras escenas. Con este motivo me he informado que Sir Walter dedica la mayor parte del día a un trabajo intenso, habiendo sido toda su vida un hombre tan laborioso y metódico que, aun en sus viajes, que es cuanto hay que decir *sur sa foi de voyageur*,[41] siempre ha escrito cuando menos dos horas al día invariablemente. Eso, junto con su sin igual fecundidad, nos explica el prodigioso número de sus obras, y también nos explica la prematura vejez en que ya labora, pues no contando más que 59 años, representa como 10 más.

Sin embargo, disfruta de muy buena salud, debida quizás al ejercicio que hace diariamente, a pesar de una pierna más corta que la otra, que es en lo que consiste su cojera *a nativitate*.[42] Para concluir, C[ecilio] mío, esta especie de relación histórico-descriptiva con sus visos de disertación, te diré que un francés curioso, al contemplar el edificio, su repartición y adornos, muchos de los cuales consisten en antiguas inscripciones y fragmentos engastados en las paredes, exclamó haciendo un *rapprochement*[43] tan exacto como gracioso: *Et bien! C'est un vrai roman en claie et en pierre!;*[44] y yo en todo lo restante del día no cesaba de decirme a mí mismo: he visto al primer escritor de su tiempo; y aun más que de sus escritos, he quedado encantado de aquella modestia sin afectación que casi la llamaría *naïveté*.[45]

Tuyo afectísimo José de la Luz

---

41 «acerca de su fervor de viajero.»
42 «de nacimiento.»
43 «símil.»
44 «¡Y bien! ¡Es una verdadera novela en mezcla y piedra!»
45 «ingenuidad.»

35. A Manuela Teresa Caballero

A mi señora doña Manuela Teresa Caballero. Al cuidado del señor don Alejandro Morales. Habana.

París, enero 8 de 1830. Mamaíta mía queridísima: Cuatro letras nada más por no perder la ocasión del paquete a New York. Siento mucho que aún no se presente otra para esa en derechura, porque se demoran los encargos de Monsa y las muchachas; pero así quizás irán más cosas.

Dígale su merced a Cecilio que me acuerdo mucho de él en casa de Cuvier, que tiene tertulia todos los sábados. Allí se reúne cuanto viajero, naturalista, anticuario o sabio de cualquier clase que vive en París o que pasa por París. Así que excusado es decir lo interesante que será esta sociedad.

Se me había olvidado decir a su merced que desde que llegué aquí, me mandó J. de Jesús un pediculista (nombre sonoro que se da aquí a un callista), que por el corto precio de un duro, me ha dejado completamente libre de la plaga de los callos. Doy esta noticia porque sé el gusto que tendrá su merced en saber que ya no me molesta esa antigua incomodidad.

Mil cosas al padre Agustín, los P.P. Díaz, Xenes, Tomás, Cirilo, Ruiz, etc. Abrace su merced tiernamente a nuestros queridísimos hermanos. Y adiós de sus amantísimos hijos

Pepe

Antonio

Mil cosas a Acosta y a Nené. A Pablillo, que nunca lo olvido. Cuando me mande su merced los tabacos, dirija su merced dos cajones a Pepe y dos a mí para poderlos introducir.

Abrace su merced a mi Pancho y a todos mis queridos hermanos.

Antonio

(Chauviteau, frères et Cie. París, le 12 février, 1830.)

París, enero 29 de 1830.

Mamaíta mía queridísima: Cada vez estoy más incómodo con la dificultad que hay aquí de tener noticias exactas sobre la salida de los buques, porque la idea de que llegara uno allá sin carta mía sería bastante a quitarme el gusto para todo. En la ocasión presente por poco me sucede este chasco por una equivocación del criado, pero afortunadamente acabo de ver a Chauviteau y me dice que si pongo pronto dos letras, pueden alcanzar aún al buque que sale de Burdeos. En él van las tarjetas para Chea y Panchito, que les regalo yo; las de Monsa y Juan, por separado, según me las pidió ésta; y el sombrero, que ya será el invierno entrante; a bien que es de la última.

En el primer buque irán las memorias de Bourrienne, algunas cositas para las muchachas y el sello de Juan y también las fajas de Pancho.

En este momento recibo la de su merced de 25 de noviembre por la vía del Norte.

Ciertamente que es malísima señal la hinchazón de los pies en tía Rosa. Lo siento infinito.

Mil cosas a los P.P. Díaz, Agustín, Valdés, Ruiz; y a Chita, Tomás, Cirilo, etc., etc. Abrace su merced tiernamente a nuestros queridísimos hermanos y reciba el corazón de sus amantísimos hijos

Pepe

Antonio

¿Qué dice su merced de la locura del muchacho Trevejo? Me queda el consuelo de que hablé clarísimo al principio, a pesar de que nunca creí que hubiese hecho una tan garrafal.

A Pancho, que en [la] primera ocasión le remitiré las pajas, pues aún no las han acabado. Mil cosas a Pablillo. a Acosta, Nené y todos mis hermanos.

Su

Antonio

37. A Manuela Teresa Caballero

A mi señora doña Manuela Teresa Caballero. Al cuidado del señor don Alejandro Morales. Habana.

París, marzo 18 de 1830. Mamaíta mía queridisima: El gusto tan grande que he tenido con la avenida de cartas que acabo de recibir de su merced y de todos hasta el 31 de enero, con la noticia del matrimonio de Roso, solo me lo ha acibarado la muerte del hermano de mi Cecilio: el pobre ha pasado su trinquetada sin experimentar el consuelo de tenerme al lado; y luego sintiendo la fuerte impresión que ha causado esta pérdida a su buen padre, ya en edad tan avanzada. Ya le escribiré, lo mismo que a los demás, pues hoy es más que [...] venero más. ¡Qué asiento! ¡Qué dulzura! ¡Qué instrucción! ¡Qué sentimiento! Es de aquellos hombres que ya no se encuentran fácilmente. Mucho me ha hecho acordar de Taitá, porque su fondo es muy parecido.

No hay miedo de que yo prolongue mi estada.

Puse dos años en el oficio al Ayuntamiento porque es feo andarse con meses [en] un papel de esa clase. Yo cuento estar en La Habana para el verano entrante, o a más tardar, a principios del otoño porque aún me queda que ver la Alemania, Italia y España, que no la quiero perder.

Mil cosas a todos los amigos. A las muchachas, que me ocupo con [Merced] Jaruco de sus encargos. A Rosita y Salvador, mis más tiernos abrazos, [y a tía Juana] los más cordiales plácemes. Un millón de caricias [a la... nita y mi] Chiquitica-grande. Al padre Agustín le contestaré.

Adiós, mamaíta, de sus amantísimos hijos

Pepe

Antonio

Mil cosas a todos y en [especial a...], Nené y a Acosta...

He celebrado mucho la lista de regalos, [prueb]a que en todo y siempre, Pepe en el corazón de los suyas: lloro de ternura y gratitud.

París, abril 28 de 1830.

Mamaíta mía queridísima: Por conducto de los paisanos que salen, o han salido ya, de Burdeos, escribo bien largo. Estuve por volverlo a hacer para que llevasen cartas más frescas, pero desistí considerando que ya no les encontrarían en Burdeos. La presente no es más que la acostumbrada fe de vida y salud, por el paquete de los Estados Unidos.

Aquí no se trata más que de la expedición a Argel, que saldrá muy a principios del entrante. Es tan grande, que consta de 50 000 hombres entre gente de mar y tierra, conducidos en más de 700 buques, incluso los transportes. ¿Y que todo esto será a humo de pajas? ¿Tantos y tan inmensos preparativos solo para vengar el ultraje inferido al cónsul francés? No hay duda que ganará inmensamente el comercio del Mediterráneo con la extinción de esa madriguera de piratas, y éste es un beneficio general. ¿Pero se metería la Francia a redentora del linaje mercantil, si no reportara grandes y peculiares ventajas? Norabuena formarán una colonia en África. ¿Y lo consentirán los señores de los mares? Se sabe casi oficialmente que el gabinete de las Tullerías se ha puesto de acuerdo con el de Saint James para emprender la expedición: lo prueba que los ingleses tendrán alguna compensación, sea en el Mediterráneo mismo, sea en otra parte. ¿Y no podría también suceder que después de tantos afanes, no saque la Francia el partido que se propone, a lo menos en proporción de la enormidad de los gastos y aun de los riesgos, que no faltan? Todo esto es el caso de que salga con lucimiento la empresa. El tiempo nos revelará lo que haya. Por mi parte, no me maravillaría de que esta gente quedara chasqueada, no en cuanto a las operaciones militares, sino en cuanto a las consecuencias políticas. No será la primera vez que se comen ellos las crudas, cuando sus listos rivales se comen las maduras.

Pero ya esto es politiquear demasiado y tengo que cerrar, que es la hora aviada para el correo.

Se me olvidaba decir que la salud del rey de Inglaterra no está tan desesperada.

Mil afectos a mis queridísimos hermanos. Al padre Agustín, que tenga ésta por suya. Muchas cosas a Xenes, los P.P. Díaz, Cecilio, Tomás, Cirilo, Ruiz, etc., etc., y a la nietecita mil besos. A los novios, mis afectos finísimos. Ñoñito no firma porque ha salido muy temprano a servir de cicerone a Vicente Bustamante, que acaba de llegar de Madrid, y se han quedado a almorzar lejos de aquí para la comodidad de seguir viendo objetos.

Adiós de sus amantísimos hijos

Antonio

Pepe

Memorias a Nené y a Acosta.

39. A Manuela Teresa Caballero

A mi señora doña Manuela Teresa Caballero.

Al cuidado del señor don Alejandro Morales.

Habana.

París, mayo 18 de 1830.

Mamaíta mía queridísima: Hoy se cumplen dos años de nuestra salida de La Habana, época la más memorable de mi vida bajo tantos aspectos. En medio de todos los recuerdos mezclados que me excitan, ninguno es más grato para mí que el representarme que ya se va acercando mi regreso, quiere decir, dentro de un año porque sería mengua dejar de ver la Italia, la Alemania y la España.

¡Qué tal he saboreado los días que me mandan todos y cada uno en la de su merced del 19 de marzo, que junto con otra del 15 acabo de recibir por la vía del Norte! Los hermanos de mi corazón saben con cuánta ternura correspondo al cariño con que me idolatran.

¿Es posible, mamaíta, que esté su merced tan sobresaltada con la química? ¿No sabe su merced que yo me cuido doble fuera de La Habana, por su merced primeramente que todo; por mis hermanos, por mis amigos y un poquito siquiera por mí? Su merced me conoce bastante, además de que trabajo a la vista de un profesor muy ejercitado y en cosas que estando ya muy averiguadas, no son de temer sus resultados. Deseche su merced, pues, todo temor y crea que a su hijo se le habrá pegado un poquito del egoísmo europeo para tener cuidado de sí mismo.

No sé cómo encarecer las pruebas de afecto que me da cada día más y más el respetable O'Farrill. Para todo me tiene presente: entre otras cosas, me ha dado a conocer al bibliotecario de la Biblioteca del Rey, lo que me ha servido de mucho. Cada vez que voy a verlo, dura la visita tres horas. ¡Es muy variada e instructiva la conversación de nuestro O'Farrill! A Pancho, que celebro infinito el buen estado de las fincas. Al padre Agustín, mil afectos.

Ayer ha salido la expedición a Argel. Anoche se corría en algunas tertulias que el rey de Inglaterra había ya muerto y en otras, que estaba mejor; pero yo he visto carta de Londres del 15, de muy buena tinta, en que lo pintan casi acabando. En la misma se asegura que no habrá mudanza alguna en el ministerio, caso de muerte.

Ayer se publicó aquí l'*Ordenance* del rey para la disolución de las Cámaras y proceder a nuevas elecciones. Me parece que quedará chato el ministerio Polignac. Carece de talento hasta para su negocio.

Hace cuatro días que tenemos aquí a los reyes de Nápoles y se prepara un gran baile en la Grand-Opéra y otras fiestas.

A Monsa, que acabo de estar en Versalles y en Saint-Cloud. En el primero he admirado el triunfo del arte; en el segundo me ha encantado la naturaleza. ¡Qué situación tan deliciosa! Memorias a Xenes, Chila, Tomás, Cirilo, los P.P. Díaz, Ruiz, Valdés y Justo. De un momento a otro esperamos aquí a Laiseca y su mujer: deben haber salido en el paquete del 19 de éste.

Abrace su merced a nuestros queridísimos hermanos, con el corazón de sus amantísimos hijos Siempre mis recuerdos a Acosta y a Nené.

40. A Manuela Teresa Caballero

A mi señora doña Manuela Teresa Caballero. Al cuidado del señor don Alejandro Morales. Habana.

Pepe

Antonio

París, junio 28 de 1830.

Mamaíta mía queridísima: En este mismo instante acabo de tener el gusto de recibir por la vía del Norte seis de su merced, inclusa la tan fresca del 15 de mayo. No hay lugar de contestar detenidamente porque se acerca la hora del correo.

Celebro infinito la salud de todos y también el dientecito de la nietecita. Me la figuro tan graciosa y tan sanita, que no tendrá tropiezo ninguno en la dentición, que siempre es crítica. A tía Juana y Salvador, que saben cuánto aprecio sus cordiales recuerdos. A Rosita, que ya habrá visto su extraordinario. A Pancho, que me alegro como no es decible de lo contento y embullado que está con el producto de los ingenios y con su arca de hierro, mucho más cuando yo estoy gastando más de la cuenta en mis viajes; así, que la llene bien. En cuanto a lo que dice Carrera, no hay cuenta con la señora Soler sino únicamente que se le entreguen los efectos que van para ella, pues su nieto Alfonso, mi compañero de viaje, me ha abonado todo aquí. Este muchacho vive y viaja con nosotros como un hermano, me ayuda, además, a trabajar, etc., etc. Así que suplico a Carrera me dispense esa molestia.

En cuanto a sacar uno sus cartas directamente, ya es tarde pues dentro de poco salimos a viajar y, para que haya puntualidad, es necesario encargárselo a los comerciantes.

A Monsa, que me he reído mucho con su repartición de los retratos. Ya le contestaré. Que deseche sus abultadísimos temores sobre la revolución en Francia.

Parece que el pobre Juan Miralles sigue mejor cuando nada me dice su merced en su última del 15.

Mil afectos al padre Agustín, con las noticias siguientes, porque el capítulo de noticias le pertenece de jure: llegó el 9 a Cádiz el Guerrero, dicen que con la dimisión de Pinillos, que por el estado del erario de La Habana, no quiere perder su reputación de buen mayordomo. Sibi imputetur,[46] y yo, que estuve unos pocos días en el Consulado el año de 1826, me atrevería a probarle hasta la evidencia que él ha sido origen primero de muchos males que nos aquejan. Al ministerio de aquí le va saliendo la criada respondona en las elecciones: bien merecido lo tiene porque abyssus abyssum invocat.[47] Alcanzan hasta el 23 las noticias de Argel: ha habido una acción de 25 000 franceses contra 80 000 beduinos (aunque de éstos se echarán a millones); ha muerto mucha gente, pero los franceses tomaron el campo. Se cree que ya estará puesto el sitio a la ciudad.

Hace tres días que escribimos largo con Palomino, que sale para ésa en el paquete de Burdeos.

Mil cosas a los PP. Díaz (me he acordado del padre Teté con mi letrica en esta carta), Xenes, Chila, Tomás, Cirilo, Ruiz, y adiós de sus amantísimos hijos

Pepe

Antonio

Memorias a todos y a Acosta y a Nené.

¿Ha recibido Juan las Memorias del general Miller, que le hice remitir desde Londres? Nada me dice Monsa.

New York,[48] agosto 9 de 1830. Aprovecho la salida de un buque para Matanzas, a fin de no perder tiempo en la dirección de esta carta, deseando siempre a vuestra merced completa satisfacción y salúdola.

Leonardo

---

46   «allá él.»
47   «El abismo llama al abismo.»
48   Autógrafo de Leonardo.

41. A Manuela Teresa Caballero

Hamburgo,[49] agosto 12 de 183[0].

Mamaíta mía queridísima: Hoy hace cinco días que llegamos aquí, donde contaba escribir a todos muy largo; pero en todo este tiempo he estado constantemente ejercitado, ya en visitar los preciosos y variados alrededores de esta ciudad, como en convites que nos han dado. Y hoy, para remate, vamos a pasar el día en la bella quinta del señor Godeffroy, a una legua de Hamburgo. Es mucho el obsequio que hemos encontrado aquí de parte de todo el mundo. Dígale su merced a Alejandro Morales que le agradezco infinito sus cartas de recomendación, pues me han introducido aquí con los principales y me han llovido cartas para Berlín y todos las puntos notables de Alemania. A Derkhiem y Horn no los vi por haber yo pasado muy rápidamente por Bremen. Ya se puede inferir que en este país estoy en mis glorias: el trato dulce y afable de estas gentes, la instrucción que halla uno en todas las clases, aquella honradez y sinceridad característica, su entusiasmo por las artes, sus descubrimientos en las ciencias con sus aplicaciones a la industria constituyen a esta nación una de las más interesantes de Europa. Además de todos estos títulos al estudio y atención general, le distingue la particularidad de ser el único pueblo europeo donde se conocen (digo ¡y a fondo!) todas las lenguas y literaturas de las demás naciones del orbe, circunstancia muy agradable para el extranjero por hallarse, como si dijéramos, en su casa.

¿Cómo no habría yo de encantarme y admirar el día pasado a un profesor que comió a mi lado, hablar de Cervantes y Calderón con un tino, profundidad y conocimiento de causa, que hubieran hecho honor aun a los Mayans y a los Moratín? Esto no se encuentra tan aína ni en Francia ni en Inglaterra: aquí es muy común. No hay duda, cada nación así como cada terreno produce sus frutos peculiares y es menester que el viajero coseche un poquito de todo, así para dar a cada una lo que es suyo, como para llevar a la patria querida.

Ayer entró aquí un barco de La Habana: veré hoy si tengo carta, pues puede su merced, habiendo graduado el tiempo, haberme enviado alguna.

Mañana sin falta salimos para Berlín al amanecer. Mucho me voy a entretener allí. Es capital muy bella, abundan los establecimientos y los sabios,

---

49   Esta carta se encuentra en el legajo del manuscrito Lágrimas de la Biblioteca Nacional.

hallándose entre ellos el Barón de Humboldt, para quien llevo muy buenas recomendaciones, bien que para él no es la menor ser habanero. Permaneceré lo menos diez días en Berlín. Después bajaré a Dresde, y una vez vistas su situación y la famosa galería, marcharemos rápidamente para Leipzig, donde estaremos un par de días. De allí pasaremos a las márgenes del Rin, bajando para Suiza. Visto lo principal de Suiza, nos dirigiremos a Viena desde Ginebra, donde nos detendremos unos días. Quiere decir que a principios de octubre entraremos en Italia.

Se me había olvidado decir a su merced que con lo primero que nos encontramos en un muelle de Amberes fue con una partida de azúcar de San Francisco, que estaba cargando un buque costero. Confieso que vi y toqué las cajas con una emoción mezclada de alegría y de tristeza que no se experimenta sino fuera de nuestros hogares. «Mi hermano Pancho sin duda ha tocado estas mismas cajas, decía [yo para] mí, quizá les ha puesto la marca.» ¿Parecerá esto un exceso de sentimentalismo al ver un objeto inanimado? Créanlo norabuena las almas frías. Yo cuento simplemente lo que me pasa.

Aquí he tenido el gusto de ver al señor Lafrentz, de ésa, quien se me ha ofrecido para llevarme lo que yo quiera. Quizá remitiré con él algunos libros, de los mismos que saqué de París, para desvalijar algo mi equipaje. Por su conducto solo escribiré a su merced dos renglones acompañando la lista de dichos libros, pues no sale hasta de aquí a tres semanas. Por eso he preferido enviar ésta por Inglaterra para que de allí la dirijan en derechura, o al Norte.

Al padre Agustín que ésta y la que escribo a Pancho sobre las cosas de Francia las tenga por suyas. No hay lugar de escribir más. Mil cosas a Xenes, los padres Díaz, Chila, Tomás, Cirilo, Ruiz, padre Valdés, etc., etc. No separo un momento a Terriles y Juan Millares. Abrace su merced tiernamente a nuestros queridísimos hermanos. Mil caricias a nuestra sobrinita, sin olvidar a mi Chiquitica, y el corazón de sus amantísimos hijos

Pepe

Antonio

Dele su merced mil memorias a todos sin olvidar a Acosta y a Nené. Su amantísimo hijo

Antonio

42. A Manuela Teresa Caballero

A mi señora doña Manuela Teresa Caballero.
Al cuidado del señor don Alejandro Morales.
(Vía New York.)
(Liverpool [...] 30, rectified
by David for A. Willis.)
Dresde, septiembre 6 de 1830.

Mamaíta mía queridísima: Deseando estoy ya acabar de llegar a Viena porque allí tendré el gusto de leer cartas de su merced, pues es uno de los puntos a donde me debe remitir Chauviteau las que haya recibido.

Ya ésta es la séptima que he escrito a su merced desde nuestra salida de París, y aunque cortas, incluyen lo principal, que por estas alturas no se puede hacer ni largo ni a todos; viajando está uno en continuo movimiento y es menester aprovechar el tiempo.

De Viena puede que escriba a Monsa y a alguno otro. Dígamele su merced que hace 4 días lo hice a O'Farrill, que es íntimo del preceptor, recomendándole mucho el hijo de su amiga la Auditora: yo sé lo que son las madres y así semejantes comisiones lejos de incomodarme, se adaptan infinito a mis sentimientos.

Vamos a otra cosa. Las noticias de España son buenas: se han desmentido las que habían corrido; todo sigue tranquilo. La Inglaterra y la Prusia reconocerán sin demora el nuevo gobierno de Francia (se sabe de seguro); dícese que también lo harán España y la Rusia. Quizá y sin quizá el Austria andará más renuente.

¡Qué divina música sagrada hemos oído aquí, en la Catedral católica, hoy domingo! Este género de música tiene mucho poder sobre mí. ¡Qué tal me acordé de mí queridísima mamaíta! Abrace su merced a nuestros queridísimos hermanos. No hay lugar ni para poner memorias, pero yo me acuerdo de todos.

Sus amantísimos hijos
Pepe
Antonio

Memorias a todos y a Acosta y a Nené.

Mil cosas [al] padre Agustín, PP. Díaz, Chila, Tomás, Cirilo. A la nietecita, un millón de caricias, etc., y a la Chiquitica.

Veo por las gacetas que aún no han salido dos buques de Hamburgo para ésa, por cuyo conducto escribí a su merced hace más de 3 semanas.

Mañana salgo para Weimar a conocer al célebre Goethe, y así que vuelva aquí, marcharemos para Viena, donde estaremos 15 o 20 días. De allí, a Munich, donde pasaremos 10 días, y entraremos en Italia por el Tirol por ser variado y precioso el camino.

¡Qué rica y magnífica es la galería de pintura de Dresde! Es la mejor que he visto, incluso en Londres.

43. A Manuela Teresa Caballero

A mi señora doña Manuela Teresa Caballero.

Al cuidado del señor don José Carrera.

Habana.

Viena, 23 de septiembre, 1830.

(Chauviteau, frères and Cie.

París, le 11 octovre, 1830.)

Mamaíta mía queridísima: Ayer a las tres de la tarde llegamos a esta capital con toda felicidad, y ahora acabo de tener el gusto indecible de devorar un paquete de cartas de su merced, Monsa, Pancho, Chila y Carlos. Las fechas son desde 3 hasta 18 de julio. Confieso que hay cuatro circunstancias que me acibaran en gran parte el placer que acabo de experimentar: 1.ª, la pérdida que han sufrido, no solo Chea y Panchito, sino toda la familia con la muerte de la niñita, y señaladamente mi Monsa, que me escribe una carta tan sentida. Yo participo como el que más de las penas de Chea y Panchito, así por la predilección que siempre les he profesado, cuanto por ser también pesar de su merced y Monsa. Así, pues, que ellos y también Pepe Xenes, a quien sé le ha hecho una profunda impresión, reciban mis más cordiales pésames. Yo me figuro la amargura de unos padres cariñosos cuando pierden el primer fruto de su amor. Al Marqués, mi cumplido por separado. Gradúo lo que habrá sufrido, por ser naturalmente tan extremoso.

Vamos a la 2.ª circunstancia: ¿A quién no ha de acongojar el triste estado en que todos me pintan La Habana con tan crecido número de quiebras notables, lo abatido del precio de los frutos (y sin mucha esperanza de que alcen) y la horrorosa seca que acaban de pasar? 3.ª circunstancia: ¿Qué ladrones y qué peligros son esos que se figura su merced, y más particularmente Monsa, en Alemania, en Italia, en España y en el mundo entero? Me aflige mucho pensar el cuidado excesivo en que están por nosotros cuando tomamos sobradas precauciones para todo, todo; yo, porque mamá, mis hermanos, mis amigos, mi Patria son cosas que no se separan un instante de mi imaginación y que, a mayor abundamiento, Ñoñito es la precaución personificada; además, nuestro compañero de viaje, el excelente García, es el hombre más mesurado y más precavido que existir puede. ¡Alemania, la virtuosa Alemania y ladrones son ideas que se contradicen! El invierno ya he dicho que lo pasamos en Italia. Persuádanse y convénzanse que en cualquier rincón de Europa hay más seguridad, sobre todo para los extranjeros, que en toda la isla de Cuba. Así nosotros estamos tranquilísimos respecto a nuestras personas, y solo nuestros ánimos sufren en extremo al recordar el cuidado y zozobra en que están por nosotros.

Esta va por París. Con esta misma fecha dirijo otra por Londres. Hasta de viaje escribo a mi queridísima mamá. Aquí permaneceremos dos o tres semanas: por consiguiente, contestaremos largo a su merced y todos. Ya verá su merced que estando ya a dos meses fuera de París, es de toda imposibilidad que J. de J. me exija saque la cara por él.

Abrace su merced a nuestros queridísimos hermanos y adiós de sus amantísimos hijos

Pepe

Antonio

A Cirilo le he escrito dos larguísimas de París. Memorias a Acosta y Nené.

A Chila, que de París le enviarán las píldoras escocesas que me pide su padre. Con esta fecha se lo encargo a Chauviteau.

P. D. He visto al gran Goethe y habrá carta sobre él. [Mil co]sas al padre Agustín, a los Berrios [sic], a mi sobrinita.

Celebro que pareciera la [tij]era.

44. A Manuela Teresa Caballero

A mi señora doña Manuela Teresa Caballero.[50]

Habana.

[Viena...]

Mamaíta mía queridísima: Estas no son más que dos letras que dirijo por los E.U. por escribirle a su merced por más de un conducto: mañana o pasado lo haré más largo por la vía de Francia. He tenido el gusto de recibir la última de su merced fecha 31 de julio, que es dos días más fresca. Juntamente he recibido otra anterior. Encargué a París que le remitieran [a Chila] las píldoras escocesas para su padre. Después le contestaré.

A Monsa, que no hubo nada de lo de Argel. No he perdido las esperanzas de hacerle ver con ojos menos turbios a la 1.ª nación del universo, y 1.ª particularmente en honradez aunque no siempre esté limpio de este cargo su gobierno. Aquí estamos muy entretenidos y sumamente tranquilos. Sin embargo, algunos periódicos franceses han dicho que en Viena se habían levantado 8 000 ciudadanos reclamando contra las aduanas, y otras mentiras por este estilo. Aquí no hay el más leve síntoma de nada. Los teatros se llenan todas las noches; la gente no piensa más que en divertirse. Desconfíen, pues, de las gacetas, y ahora más que nunca; sobre todo de las francesas: como es natural, cada una sigue un partido distinto y desfiguran los hechos a su antojo [cuando no] los inventan enteramente.

De aquí saldremos el 22 del corriente para Venecia y Florencia.

Abrace su merced a nuestros queridísimos her manos, de sus amantísimos hijos

Pepe

Antonio

A Tomasillo y Cirilo, que ya les he escrito largo desde París, y que ninguno ha resollado. ¡Picarones! Ya los compondré.

Mil afectos al padre Agustín, PP. Díaz, Valdés, Ruiz, Entralgo, etc. A Xenes, mil cosas.

50   No hay original de esta carta, que obra en el legado de Alfredo Zayas.

45. A José Antonio Saco

Señor A. Saco, esquire. New York.

Bolonia, noviembre 12 de 1830.

Eccomi alla fin fine, amigo mío, nel bel paese chel Appenin parte e il mar circonda e l'Alpe.[51] Ya estamos a mediados de noviembre y aún no se necesita vivir artificialmente, como decía vuestra merced una noche en Filadelfia, en uno de aquellos sabrosos chit-chat-by-the-fire-side,[52] que necesitaban los yanquees durante la mayor parte del año. Pero prescindiendo de temperatura, porque ni vuestra merced ni yo somos frioleros como nuestro excelente don Pancho, que está aquí, por tanto, en sus glorias, aseguro a usted que la Italia me va interesando más allá del ideal que me había formado, y eso que apenas la he saludado, pues no ha dos semanas que me hallo en ella.[53] Me queda Florencia, Roma, [Génova].[54] Nápoles con sus interesantísimas cercanías tan menudamente descritas por el Mantuano, el Vesubio; en suma, todo, todo. Aconsejo a vuestra merced que, si viene a Europa algún día, por ningún motivo deje de visitar este país. En él recibirá impresiones que jamás le harán experimentar ni Londres, ni París —nom omnis fert omnia tellus—[55] aquí el talento que salta y chispea por todas partes, y aquí también, por desgracia, la opresión y el abatimiento, por lo mismo, doblemente instructivo para el viajero.

Entre tantos objetos dignos de atención que hasta ahora he encontrado, ninguno la merece más que el señor Mezzofanti, bibliotecario y profesor de lenguas orientales de este instituto. No sé si tendrá vuestra merced noticias de este prodigio, que por tal que este señor entiende más de setenta idiomas y habla corrientemente sobre cuarenta y tantos. ¿No parece esto cosa de cuento? Pues no para ahí sino que los pronuncia muy bien; pues todavía más: que los habla con una fluidez, con una facilidad, con una naturalidad, que parece igualmente profundo en muchos, en términos de no saber uno en cuál sea más versado. Yo, por mi parte, certifico que en las diferentes

51   «Heme por fin, amigo mío, en el bello país que parten los Apeninos y que el mar y los Alpes circundan.»

52   «charla al amor de la lumbre.»

53   Vid. Diario de Viaje, pág. 199 y sigs.

54   Palabra no clara, ¿Pompeya?

55   «no toda tierra produce de todo.»

ocasiones que le he visto le he oído hablar las lenguas siguientes: español, ni más ni menos exactísimamente como... Wenceslao Villa-Urrutia,[56] que es una de las personas a quien mejor he oído hablar nuestra[57] lengua, y con el agradable acento mexicano, digo. ¡Y cómo entra en materia, y sobre toda clase de materias!; portugués, siendo de notar que, con ser una lengua tan análoga a la suya y al español, no usa, hablándola, de modismos de la una ni de la otra sino finchado rancio; vamos, no digo nada del inglés: [ba]rajó con una Lady y un Lord inglés una hora delante de mí sobre justicia, escultura y cuanto Dios crió; lo más particular es que pasa de una lengua a otra instantáneamente sin confundir nada y con una soltura como Pedro por su casa.

Hablando el alemán lo hallo tan at home (y eso que yo vengo de la tierra), como si toda su vida la hubiera pasado entre los tudescos. Jamás había visto reunida, no digo en tantas lenguas, pero ni en dos siquiera, la excelente pronunciación o la castiza fraseología. También le he oído con igual facilidad hablar el dialecto austríaco (que también conoce casi todos los dialectos europeos), que es muy diferente del alemán. Hoy asistí a su clase de griego: la lección fue acerca del sistema alfabético iduró una hora y fue en un latín elocuente, ciceroniano, como decimos por allá, sin afectación. Es un riecito que no encuentra piedrecilla ni arena en su fácil y continuado curso. La lección fue del todo ideológica. Es hombre instruidísimo y profundo en las ciencias ideológicas, en la literatura clásica, en la historia; y no una erudición indigesta sino mucho talento, gracia, chispa y chiste en la conversación. Y para realizar tan singulares dotes, está adornado de una modestia y dulzura, que le dan a uno ganas de quedarse a vivir con él ¡Cuántos puntos de semejanza tiene con nuestro queridísimo Varela![58] También es eclesiástico.[59] Sobre todo, se le parece mucho cuando está hablando latín. Después le oí dialogar en griego con sus discípulos; pero el griego es para él su nocturna

---

56 Los... añadidos posteriormente de otra mano, así como se han tachado las palabras «Wenceslao Villa-Urrutia». Se trata probablemente de arreglo para la imprenta, puesto que así fue publicada por Zayas.

57 Con letra posterior se ha desarrollado entre líneas la abreviatura «nra.» empleada por el autor.

58 Tachado posteriormente «nuestro queridísimo Varela» y sustituido por «nuestro queridísimo...» entre líneas.

59 Primitivamente «ecco» y desarrollado más tarde entre líneas: «eclesiástico».

versate manu, versate diurna.[60] Después se apareció un sueco y le fajó al sueco en su lengua[61] como un relámpago. En cuanto al árabe, el hebreo, el turco, el persiano y el griego moderno, me ha dicho el célebre Hammer, de Viena, el primer orientalista de Europa, que los habla como si hubiera vivido en Constantinopla y Ispahán. El secretario de los padres Armenios de Venecia me dijo se quedó pasmado de oírle no solo hablar el armenio, sino tres o cuatro dialectos orientales que solo había oído en Esmirna. También ha vencido el imposible, como llama el jesuita Larramendi a la lengua vascuence. En resolución, es un prodigio en todo y por todo, y allí se lo dejo para que lo haga objeto de sus meditaciones ideológicas. Ya se podrá usted figurar las preguntas y repreguntas que le habré hecho a la hora de ésta para lograr la explicación del fenómeno. Pero esta importante materia exigiría otra carta,[62] amén de que ésta es ya harto larga y que aún me queda cosa que interesa a nuestra Patria idolatrada.

Es el caso que acabo de recibir una carta de don Justo, en que me participa que en primera ocasión pondrá en París, en poder de Chauviteau y a mi orden, la suma de 2 000 duros que con aprobación de nuestro venerable Pastor se destinan a la compra de aparatos de física para la clase del colegio.

Como trato de sacar el jugo a los 2 000 pesos a favor del colegio, quisiera que vuestra merced se impusiera de lo que cuestan ahí, en Filadelfia, los buenos aparatos galvánicos a lo Wollaston, que con pocas planchas tienen una fuerza sorprendente. Por supuesto, que el fabricante [dé] el valor por decenas o centenas de planchas. Igualmente desearía tener nota de los precios de todos los aparatos y máquinas de todas clases más principales, de los mejores instrumentos de Filadelfia y en New York, de Pike, el de Wall Street, que sin duda trabaja perfectamente. La noticia de los precios será circunstanciada, de artículo por artículo. Con eso podré comprar allá algunas cosas que, siendo tan buenas como en Europa, serán quizá más baratas; a lo menos, más que en Inglaterra. Por lo demás, yo sé donde están las mejores fuentes en Francia, Alemania e Inglaterra, y el colegio tendrá de

---

60   «Trabajad noche y día.»

61   Así primitivamente. Posteriormente se ha tachado «fajo al sueco», introduciendo entre líneas «embistió en su lengua» solamente.

62   Aquí se ha intercalado la palabra «stop».

lo mejor y más equitativo. Ya usted graduará el gusto con que desempeñaré esta comisión.

Adiós, querido Saco. Estoy cansado porque hoy he escrito más que el Tostado. A Varela, que ésta también es suya. A propos, otro lion que hemos cogido aquí: al primer tenor del mundo, el famoso Rubini. Le oímos hoy una Gloria, que de allí a [la] gloria. ¡Qué tal me he acordado de Pardo y Agustín! ¿Se acuerda usted cuando con la conversación filarmónica no nos dejaban meter baza en los dulces teaparties de Wm. Street? Digo, cuando Adolfo cogía la palabra y luego Pepe, etc. ¡Qué familia! Mañana o pasado salimos para Florencia. Adiós otra vez y contésteme pronto.

Su afectísimo Luz También se ha dedicado mucho Mezzofanti a las lenguas mexicanas y a los jeroglíficos, según el sistema de Champollion, de manera que es el descifrador más universal que vieron los siglos, y ahora se hacen más verosímiles algunas historias de los pasados. Es condiscípulo y se acuerda mucho de nuestro doctor Hechevarría.

Quiero dar a vuestra merced una idea de la diferencia entre este invierno y el pasado aquí, en Bolonia, según las tablas del Observatorio: en el mismo día 14 el año pasado, 4 ½° Réaumur bajo 0°; hoy, 8° sobre 0°. Nieve en abundancia; ahora un Sol que deslumbra. En enero bajó aquí el termómetro hasta 13 ½°, cosa jamás sucedida, según las tablas. ¡Qué famoso el gabinete de Física de aquí!

46. A Manuela Teresa Caballero

A mi señora doña Manuela Teresa Caballero.

Al cuidado del señor don Alejandro Morales.

Habana.

Florencia, diciembre 15, 1830.

Mamaíta de mi corazón: Aunque ahora mismo acabo de escribir a su merced, como he tenido que hacerlo a Leonardo, no he dejado perder la ocasión. Reitero el recibo de las de su merced hasta fines de septiembre.

A pesar de los preparativos que hacen las potencias continentales, no me puedo resolver a creer que rompan las hostilidades. Mucho, mucho deben pensarlo antes. Yo acabo de recorrer toda la Alemania;[63] el espíritu que reina en Francia y su íntima unión con la Inglaterra son harto evidentes. Si los soberanos hacen la guerra, no saben en que se meten: hasta ahora, protestas y más protestas sobre la rectitud de sus intenciones; dicen que solo se arman para conservar la paz. ¡Ay de ellos, si se atreven a prender la mina! Serán la primera víctima de la explosión. Entre tanto, aquí estamos tranquilísimos observadores. Dentro de 3 días partimos para Roma. Abrace a nuestros queridísimos hermanos, y adiós de sus amantísimos hijos

Pepe

Antonio

Memorias a Acosta y a Nené.

A Pancho y Monsa, que de Roma les escribiré largo, pues los 3 días que nos quedan aquí apenas bastan para acabar de ver el resto de las curiosidades.

---

63   No se conservan cartas de Berlín, si bien Sanguily se refiere a esta etapa. Sanguily (Obras, Dorrbecker, tomo II, pág. 228) dice que tuvo en sus manos (en 1866) un cuaderno de Luz «grueso, ancho, en octavo mayor, destruido, en diagonal, su mitad inferior derecha... Tengo muy presente... que allí había una página donde refería su encuentro, me parece que en Berlín, y pudiera añadir —aunque sin afirmarlo— en el Museo, con el Barón de Humboldt; y otra en que hablando del sermón de un orador sagrado que acababa de oír, manifestaba que solo en los labios de las mujeres le había sonado con tanta gracia la lengua alemana como en los de aquel elocuente sacerdote». No se encuentra este manuscrito en el legado de A. Zayas. (Roberto Agramonte.)

47. A Manuela Teresa Caballero

A mi señora doña Manuela Teresa Caballero. Al cuidado del señor don José Carrera. Habana.[64] Roma, diciembre 23 de 1830. Mamaíta mía queridísima: Anteayer, a las dos de la tarde, entramos en la Gran Ciudad, por la magnífica Puerta del Pueblo, digna de ser entrada de Roma. Efectivamente, hasta ahora no he visto nada más grandioso en su línea. Todo se corresponde aquí. ¡Como se levanta majestuoso un obelisco egipcio en medio de la plaza a la altura de más de 90 pies! Cuatro leones derraman otros tantos chorros de agua sobre el respetable pedestal; y las dos bellísimas iglesias y palacios al fondo realzan [lo] grandioso del espectáculo. De aquí [parten] las tres calles principales. Se entra por la [Vía] Flaminia.[65]

Aquí no puede uno menos de estar viviendo en los tiempos antiguos.

¡Cómo se cruzan las emociones! Hasta ahora no he hecho más que entregar cartas de recomendación. Hoy voy a San Pedro. Se cree que dentro de una semana quedará electo el Papa. Mucho, muchísimo me he acordado de Dieguillo. Tiene mil razones. Esto se llama grande.

Abrace su merced a mis queridísimos hermanos, y adiós de sus amantísimos hijos

Pepe

Antonio

Se acerca el año nuevo. ¡Cómo se acordará mi mamá de nosotros! Que la abracen todos por nosotros con toda la efusión de nuestro corazón. Mil caricias a la nietecita y a la Chiquitica.

Memorias a Acosta y a Nené; a Chila, Tomás, Cirilo, padre Agustín, Xenes, etc., etc.

Escribo corto por aprovechar el correo. Esto es irrevolucionable, quietísimo.

---

64   Sello con la leyenda:... Orwhded // W W Rutsel // New York.
65   Ver el *Diario de Roma*, en este tomo.

48. A Manuela Teresa Caballero

A mi señora doña Manuela Teresa Caballero.

Al cuidado del señor don José Carrera.

Habana.

[Sello]: Chauviteau, frères, Co. París, le 9 avril.

Nápoles, marzo [... 1831]. Mamaíta de mi corazón: Ya hemos visto a Pompeya y, si es difícil describir aún lo material de esas ruinas venerables, toca en lo imposible dar cuenta de las emociones que allí se experimentan. Ya hace tres días que la visitamos y aún no cesa el corazón de estar conmovido y el entendimiento ocupado de Pompeya, y solo Pompeya. La visita duró ocho horas, que pasaron como el relámpago.

Pensaba escribir más largo en esta ocasión; pero como el tiempo nos estrecha, porque para Semana Santa hemos de estar ya de vuelta en Roma, volvemos a salir hoy por estas inmediaciones tan clásicas a hacer el viaje de Eneas al Averno, la Estigia (cuidado que no nos dejaremos agarrar de él), y luego nos pasearemos por los Campos Elíseos.

Dígale su merced al padre que voy con el m[antuano]**⁶⁶** de guía desde «Et tándem Euboicis Cum[arum] allabitur oris»**⁶⁷** del divino canto 6.º Este viaje, en que se ven además innumerables monumentos antiguos interesantísimos, durará solo dos o tres días. [Las] cartas de su merced alcanzan hasta el 8 de enero.

[Con] esta vida tan activa estamos los dos como [locos]. En este momento, que son las 8 de la mañana, salimos.

Abrace su merced a nuestros queridísimos hermanos. A todos un millón de cosas [de] sus amantísimos

Pepe

Antonio

Mil cosas a Acosta y Nené.

Dígale su merced a Pancho y a Monsa que no he tenido lugar para contestarles.

Antonio

---

66 Virgilio. Se refiere al padre José Agustín Caballero.

67 «Se llega por fin a las orillas de Cumas en Eubea» (Eneida, Canto VI).

49. A Manuela Teresa Caballero

A mi señora doña Manuela Teresa Caballero.

Al cuidado del señor don José Carrera.

Habana.

[Sello]: [Chau]viteau, frères, Co. París, le 9 avril.

Roma, [marzo... 1831].

Mamaíta mía q[ueridísima: No] hace más de [diez días escribí] a su merced mi última de N[ápoles] y ya me parecía [un siglo] por el hábito que he contraído de algún tiempo acá de hacerlo hasta cada tres días y por todas las vías imaginables.

Pero desde el 16 he estado en tan continuo movimiento por acabar de ver cuanto ofrecen de interesante esas deliciosas cercanías de Nápoles, incluso el gran palacio y acueducto de Caserta, monumento eterno de los infinitos que dejó Carlos III, que no me había quedado un lugarcito ni oportunidad hasta ahora.

Ayer tarde llegamos aquí y hemos encontrado esto tranquilo, tranquilísimo. Paréceme que ahora es más claro que la luz del mediodía lo que dije a su merced en una de mis primeras cartas recién llegado a esta capital; a saber: «que Roma era irrevolucionable». Efectivamente, han sobrado ocasiones y tentaciones, sin un soldado veterano dentro de sus muros, perdidas todas las legaciones; y sin embargo, no se ha alterado un instante la tranquilidad, no se ha intentado el más leve movimiento. Bien sé que los papeles franceses, gaceteros y boliteneros [sic][68] por excelencia, no se han andado por las ramas sino que han plantado una guillotina en cada plaza, y hasta en cada callejón de Roma, de la quieta, de la sosegada Roma. Esto me causa risa y luego indignación por lo que se apurarán allá, a 2 000 leguas de distancia, al leer esas fábulas de matanza y revueltas. Aquí se está más que seguro, particularmente después de la entrada de los austríacos [en Venecia], foco [de la ...] sans [culottes,[69] y] restablecer [el trono] pontificio. También han e]ntrado en M[ilán] y Parma, en cuyas [dos capi]tales se hallan d[efendidos][70] sus soberanos respectivos. La entrada de los austríacos en número de 15 a

68   «boletineros.»
69   «descamisados.»
70   Palabra dudosa.

20 000, al mando de Frimont, antiguo can del Protector de Italia, por antífrasi, ha sido un verdadero paseo militar. Los boloñeses y socios descansaban en las repetidas declaratorias de la Francia del principio de no intervención. Se han llevado clavo, y es el tercer desengaño que en menos de medio siglo le ha tocado a esta malhadada península. No nos cansemos: mientras las naciones se fíen, no ya en las armas, pero ni aun en las palabras del extranjero, siempre pagarán muy cara cualquier tentativa en favor de su existencia política, ¿Para qué andar buscando pruebas aquí y allí? ¿Qué mejor testimonio de esta verdad que España desde la aventurada paz de Basilea? Pero vamos a otras cosas.

Mañana iremos a ver a Tívoli, donde pasaremos un par de días, a fin de estar aquí de vuelta el Martes Santo para gozar de las ceremonias de toda la semana. El primer día de Pascua saldremos para Milán pasando por Florencia, donde descansaremos un par de días. En Milán despacharemos en seis cuanto hay que ver, de allí, por el Simplón, a Ginebra, en cuya ciudad haremos una corta parada, una semana a lo sumo, para reunir algunas noticias sobre el establecimiento de educación del célebre Fellemberg, regalo muy aceptable para nuestro Nicolás de Cárdenas. Luego, sin demora, hasta París, de forma que para principios o mediados de mayo, ya estaré allí desempeñando la comisión del colegio, para cuyo completo descargo pasaré unos pocos días a Londres y regresaré a París, donde solo nos detendremos cuanto baste para que le concluyan a nuestro petrimetrón Ñoñito la habilitación completa que quiere llevar, y recoger algunas memoritas para nuestros hermanos y amigos, que ya para su merced tengo colectadas algunas más interesantes de este suelo sembrado con las reliquias de los mártires. De París me iré a embarcar al Hâvre o, más probablemente, a Burdeos, y como recuerde desde ahora para entonces que los paquetes a veces están saliendo hasta más de 3 semanas, cuento estar ya en el Atlántico a mediados o fines de julio a más tardar.

Esta estación es excelente, y cuidado con apurarse, que entonces, aunque suelen ser largas las travesías, también son las más exentas de peligros. Según este plan, pues, se puede decir que ya estoy en camino para La Habana, tanto más cuanto que aun de los mismos plazos que echo así, a ojo, procuraré rebajar cuanto sea dable, como ansiamos a porfía por estrechar en nuestros brazos a nuestra mamá queridísima y amigos.

Sus hijos amantísimos

Pepe

Antonio

Mil afectos al padre, Chila, Tomás, Cirilo, etc., Xenes, etc. Mil cosas [...] can [...] En este [momento sale el] correo, por eso no esc[ribo... a] Monsa y... [...]

50. A Attilio Zigni Orlandini

Illustrísimo Signore Attilio Zigni Orlandini,

Secretario delle Corripondenze della I. e R.

Accademia de' Georgiofili di Firenze.

Firenze, li 13 aprile 1831. Ornatissimo Signore, Colla massima sollecitudine passo a esternarle i sentimenti della piú profonda gratitudine verso la I. e R. Accademia Economico-Agraria, per l'alto onore che s'e degnata dispensarmi nella sua adunanza del 2 gennaio 1831, annoverandomi fra i suoi soci corrispondenti.

L'Accademia puó restar sicura che il suo nuovo socio, appena per venuto in patria, incomincerá ad adempire il suo dovere col comunicare regolarmente tutti quei dettagli che siano utili, riguardo a un suolo cosí ricco di produzioni naturali, quanto essenzialmente addatto all'agricoltura. E quantunque io non ardisca di promettere a questo rispettabile consesso dei grandi risultati dai miel ragguagli, mi lusingo peró che potrá trarre qualche profitto per lo studio comparativo della scienza agraria.

Peró quello che importa sono i lumi che il mio paese ricaverá dalla corrispondenza con una societá cosí piena di dottrina nonché di zelo per l'avanzamento delle cognizioni agrarie, senza far palese alla I. e R. Accademia dei Georgiofili che nell'accogliere nel suo seno un abitante di quei lontani paesi, senza altro pregio che la sua applicazione, ha dato una prova convincente assai d'essere animata da quello spirito di comunicazione universale, sorgente fecondissima della moderna civiltá.

Assicurandola della mia soddisfazione nel corrispondere con Lei, ho l'onore di dichiararmi di Lei, ornatissimo Signore, umilissimo servitore

J. de la Luz

(Traducción)[71]

Ilustrísimo señor Attilio Zigni Orlandini, Secretario de Correspondencia de la I. y R. Academia de los Georgiófilos de Florencia.

Florencia, 13 de abril de 1831.

Muy distinguido señor:

---

71   Por José Fávole Giraudi.

Con la mayor prontitud paso a expresarle los sentimientos de mi gratitud más profunda hacia la I. y R. Academia Económico-Agraria, por el alto honor que se ha dignado dispensarme en su sesión del 2 de enero de 1831, admitiéndome entre sus socios corresponsales.

La Academia puede tener la seguridad de que su nuevo socio, tan pronto llegue a su patria, comenzará a cumplir con su deber, comunicando regularmente todos aquellos detalles que resulten útiles para un suelo tan rico en producción natural y tan esencialmente apto para la agricultura. Y aunque yo no me atrevo a prometer a esa respetable Asociación grandes resultados por mis comunicaciones, espero pueda obtener algún provecho del estudio comparativo de la ciencia agraria.

Mas, lo que importa es la luz que mi país recibirá de la correspondencia con una Sociedad tan llena de doctrina y de celo por el adelanto de los conocimientos agrarios, sin dejar de manifestar a la I. y R. Academia de los Georgiófilos que al recibir en su seno a un ciudadano de aquellos países lejanos, sin más méritos que el de su aplicación, ha dado una prueba muy convincente de estar animada de un espíritu de comunicación universal, hontanar fecundísimo de la civilización moderna.

Le reitero mi satisfacción de poder cartearme con usted, y me honro en suscribirme, de usted, muy humilde servidor J. de la Luz

51. A José Luis Alfonso

[Señor don G[iuseppe] L. Alfonso.

Florencia.]

Milán, abril 22, por la noche, 1831.

¿Los extrañaremos a vuestras mercedes, Pepé mío, después de haber estado viviendo juntos tanto tiempo, y con la franqueza y efusión de sentimientos con que siempre nos hemos tratado? Sobre todo me fue dolorosa la separación por dejar sufriendo a mi excelente don Pancho. Te aseguro que íbamos más que mohínos por el camino echándolos de menos a cada paso y aun a cada batacazo, ¡como que faltaba la escora y el lastre! Pero sea todo por Dios, paciencia y schuffle the cards.[72]

Parece que el diablo lo hizo ahora que íbamos solos: ningún viaje ha sido más fecundo en aventuras así estradales como aduanescas, pero todos los obstáculos han sido felizmente superados, y, gracias a nuestra porfía, hasta ahora vamos saliendo avante con nuestro plan. Baste decirte que, después de haber pasado en Génova un día, nos hallamos aquí desde el 20 por la tarde. Sin duda que para el 9 de mayo a más tardar contribuiré con mi persona a la alegría y variedad del boulevard.

Pero vamos a los negocios, no sea que se llene el papel con esas baratijas. Aquí he encontrado el poema tártaro, de modo que en cuanto reciba tu carta, procederé a no comprarlo.

La calle que llaman la Corsia del Duomo, junto a éste, y la de Santa Margarita abunda en librerías hasta no más, bien que en Milán hormiguean da per tutto.[73] Las mejores son en la Corsia dei Servi, la de Du Moulard e Figlio y en la del Duomo, la de Brizzolara. Esta última está surtida de mil cosas curiosas y particularmente obras y ediciones antiguas. Es muy buen sujeto el librero y te dará desde luego su muy bien clasificado catálogo.

A propos de curiosidades, hay aquí en Milán una obra interesantísima publicada por Ferrario (a quien he conocido hoy), cuyo título es Il costume antico e moderno. Viene a ser una historia razonada y comparativa, demostrada por los monumentos, de los usos, trajes, ciencias, artes, religión, etc., de antiguos y modernos. Pero ¿quién diablo le mete el diente? Son 23 volú-

---

72 «Paciencia y barajar.»
73 «por todas partes.»

menes en 4.º, gordos, adornados de un millón de estampas, dont quelques unes colorées.[74] Creo que vale más de 2 000 libras milanesas.

Por lo respectivo a estampas, mapas, litografías y aun libros, el almacén de Giuseppe Vallardi, en la calle Santa Margarita, es de lo mejor. También es bueno su hermano en la Corsia dei Serví.

Los libros que se introducen aquí pagan 27 zwanzigers y 77 centésimas por cada 100 kilogramos de peso (2 quintales). Hasta este momento, que son las 8 de la noche (y el correo sale a las 9), he estado aguardando la respuesta de lo que pagan en Ginebra y me salen con que mañana me informarán; pero es seguro que pagarán muchísimo menos, visto que en Suiza todos los derechos son moderadísimos. Sin embargo, en cuanto me informen te avisaré, si diere tiempo. Tú calcula bien, empero, pues siempre tienes que aflojar tres veces aquí, en Suiza y en Francia.

Te acompaño el certificado para François: me parece quedará contento. Dile que allá se han quedado dos pares de zapatos míos y uno de Antonio, y acá nos trajimos uno de don Pancho. Respecto al baúl blanco nuestro que tiene, si va a París, que lo lleve; si no, vea modo de mandarlo. Si acaso vuestras mercedes lo necesitan, carguen con él.

De aquí saldremos el 26 en la noche o el 27 a más tardar. Vengan aquí, al Hotel della Gran Bretagna, donde estarán bien y el cicerone quedará por mi encargado de conducirte a todas las librerías y demás.

Mil afectos a nuestro queridísimo don Pancho. Así él como tú recíbanlos de Antonio, que en fe de lo cual planta su firmita come al solito.[75]

Out of sight, the more in mind;[76] así tuerce el refranero escocés, tu
Pepe
Antonio

P. S. Rubini y la Pasta han ido a Londres. Allí los pescamos.

---

74 «algunas en colores.»
75 «como acostumbra.»
76 «Te recuerda más en la ausencia, tu...»

52. A José Luis Alfonso

All'chiarissimo signore il nobil
signore don G[iueseppe] L. Alfonso.
All'albergo delle 4 Nazioni.
Firenze.
Milán, 25 de abril, 1831.

Pepé mío querido: Habiendo pasado la mayor parte del día en la excursión a Monza, no he tenido el gusto de leer la tuya del 21 hasta esta tarde, y súbito me pongo a contestarla. Ya me hago cargo de lo que nos extrañarán. Yo de mí sé decirte que apenas veo cosa en que distraído no llame a nuestro Ñoño por tu nombre. Celebro infinito que te las hayas jallado así con Piatti como con el tío del Duomo: no en balde te los recomendaba yo.

¿Conque nuestro don Pancho va lentamente? Lo siento en el alma porque lo considero impaciente de veras. Está conforme la cuenta de François.

Ya que me preguntas acerca del negocio del coche, diré francamente mi parecer. Abandonado, según veo, el mejor proyecto, que fue el que se propuso primero, han descendido vuestras mercedes al peor imaginable, cual es el de comprar carretela y salir del coche por lo que den esos judíos con honores de piratas. Efectivamente, es cuenta palmaria que cuesta mucho menos hacer el viaje en el coche que no darlo ahí por 40 luises, que es el máximum que ofrecieron, amén de lo que precisamente se pierde en la venta de la carretela en París. Me ocurre otra reflexión: una gran parte del camino es de posta a la francesa, pues, prescindiendo del gran trecho que se anda en Francia, así en el Piamonte como en Suiza, se sigue el mismo arreglo que en Francia. Ahora bien, vuestras mercedes han de viajar precisamente (por la indisposición de don Pancho) con un criado, es decir, que son tres personas; pero según el sistema de posta francés, se pone un caballo por persona; luego, yendo en carretela, tienen que pagar un caballo más en casi todo el camino. En el coche, por el contrario, jamás pasarán de cuatro. Sin embargo de todo lo alegado, doy a vuestras mercedes carta blanca en el negocio para que procedan con plena libertad según las circunstancias se presenten, seguros de que desde ahora para entonces llevarán mi santa bendición. Por supuesto que no hay que pensar en dejárselo a Fenzi: ni él sacaría gran partido del mueble ni creo que sería delicado de parte de vuestras mercedes dejarle una comisión de esa clase.

¿Quieres creer que no he podido con toda mi eficacia averiguar cuánto pagan los libros en Ginebra? Me ofreció uno, como te dije en mi anterior, informarme en el particular, y nada. Después he preguntado a tres libreros más, pero sin mejor éxito. A propos de libros: con motivo de no haber yo tomado en Génova, equivocadamente, apenas el dinero indispensable para llegar a Ginebra, pues se nos olvidó computar el paseo de los lagos, y no teniendo carta de crédito para aquí, como sabes, te he de merecer me compres algunas obrillas aquí, cuya lista te la dejo en poder del librero Brizzolara de la Corsia del Duomo.

No es mal recurso para engañar el tiempo tener a tu disposición esas tres Venus. Por lo que respecta a la civettina[77] pintorcilla, aunque me diera encima la Madona de Correggio que copia, no sufriría que descubriera en mi presencia ni aun la garganta del pie. Siempre el mismo: severo con la vejez y con la fealdad. No es tan extraña la falta de variedad en los ejercicios acrobáticos; lo que sí me fa specie es la invariabilidad de cierto bultico (porque no llega a bulto) en ir a ocupar la banqueta de la paciencia.

Mucho te diría de Génova y Milán, pero Ñoñito me pide este huequecito para llenártelo.

Mil afectos a mi don Pancho y vuestra merced, mi [simpático][78] don Casto (así Dios me lo conserve), sepa que le quiere mucho su invariable

Pepe

Ni palabra nos dijo François contra la duración de la carretela, ansí la tenía por excelente. La cosa me huele a guanajada con ribetes de rafaelada. Du reste,[79] por la cuenta ya está a prueba, pues con toda el agua que le ha caído, está sicut erat in principio.[80]

---

77 «coqueta.»
78 En el original: «Sco».
79 «Por lo demás.»
80 «como estaba antes.»

Pepé mío: Estoy tan ocupado en arreglar los baúles, que apenas tengo lugar para decirte que desde que no te veo no solo no...[81] sino que...[82]

Salimos de aquí mañana al anochecer. Si me escribes, dirige a París porque en Ginebra solo estaré 4 días a lo sumo.

Los dos ejemplares del poema tártaro los puedes comprar a Brizzolara: uno, para mí.

No dejes de venir a este Hotel Della Gran Bretagna porque se está bien y se come mejor. Traslado a nuestro gourmand-gourmet,[83] que no me dejará mentir.

All'chiarissimo signore don Giueseppe L. Alfonso. Milano.

Ecco la nota de lo que me has de comprar:

1. Galileo: Il Saggiatori y Cartas escogidas.

2. De Alfieri quiero todas las tragedias, la vida, el Salustio, la Tiranide y las poesías sueltas (que formen o no colección, ça m'est ègal).[84]

3. De Aníbal Caro, la Eneida. Si se encuentra con el texto latino, mejor; pero siempre la quiero. Sus Cartas escogidas, si se puede.

4. De Perticari, Cartas y alguna otra obrilla.

5. Vida de Raffael con notas, de Loghena.

6. Filosofía della statistica, del Gioja.

7. Una descripción del camino del Simplón con todos los trabajos que se hicieron. Yo la he visto en un cuaderno en francés.

8. Las demás obras de Manzoni (porque tengo I promessi sposi).

Vamos con estampas

1. Un buen plano de Milán.

2. Una estampa (grabado o fotografía, que las hay buenas) del Duomo de Milán.

3. Una vista del arco della Pace, o sea el Simplón.

4. Una vista del lago de Como y otra del Maggiore, o bien una colección de visticas de cada uno en una sola estampa. Si son en colores, mejor.

---

81 «Suprimida una palabra porque no debe publicarse.» (Nota de la *Revista de la B. N.*)
82 «El final de este párrafo está sin terminar en el manuscrito. (*Revista de la B. N.*)
83 «goloso y gastrónomo.»
84 «me da lo mismo.»

N. B. Buscar con empeño a ver si pega aquella obra que en todas partes [busco] por lo importante que es para las antigüedades arábigas.

Antonii Sánchez Canonicae Cathedralis Sancti Jacobi Compostellani Historia Ecclesiae Africanae. Matriti (Madrid, 1784). Si se hallan dos ejemplares, tómalos. Si no la encuentras aquí, éste es encargo para España.

Cartas de Antonio Pérez, ministro de Felipe II. Esas las hay en esta librería. Y aquí doy punto a las bromas para mi don Pepé. Embrómeme usted a son tour[85] más y más... y patas, padre.

P. S. Se me olvidaba que me compraras un folleto, creo que es Su i vizi dei letterati.

He estado tan ocupado aquí en estos seis días, que no he tenido lugar de examinar ediciones ni de ver si hay o no hay exactamente lo que te encargo. Sin embargo, usted faccia pure, estire, afloje e interprete.

Esta noche salimos sin falta para los lagos.

...[86] la sopa en casa de Seufferheld. A Manzoni le he hecho mi visitón de tres horas, no más, mano a mano. Sed de hoc,[87] para mejor oportunidad.

Adiós, Pepé mío. A mi don Pancho repito mis recuerdos.

Fecho en la librería Brizolara a las 3 de la tarde del 26 de abril de 1831 en papel casi de tortis.

Pepe

Al librero le dejo tu filiación: Estatura media, hombre, patillas, sigue su curso forzado, perilla, Dios la de... no, no, que está in fieri, y por este tenor... Ya no puede entrar aquello de un giovinotto un po' rospo. A rivedersi, a rivedersi![88]

85   «a su vez.»
86   La primera o primeras palabras de este párrafo desapacieron en un corte dado al manuscrito. (Nota de la *Revista de la B. N.*)
87   «Pero esto.»
88   «un jovencito un poco sapo... Hasta la vista, hasta la vista!»

53. A José Luis Alfonso

Monsieur I. L. Alfonso, chez.

Monsieurs Jaquet Chappuis et Macaire.

Genève.

París, mayo 9 de 1831.

Pepé mío: Aquí nos tienes desde el 6 en la tarde. Nos hemos vuelto a alojar en 53 rue de Provence. Esta no es más que con el objeto de prevenirte que la aduana francesa de la frontera de Suiza es en extremo rigurosa. Sufrirás dos registros como no tienes idea: no se escapa ni el sac de nuit, ni el más oculto recoveco del coche o del nécessaire. Por supuesto que los criados y postillones son registrados en longitud, latitud y profundidad. Tanto rigor, como echarás a ver, es causado por la facilidad que hay de ocultar prendas y relojes, que es el gran contrabando que se hace de Ginebra a París. En cuanto a libros, estampas y demás, no ponen obstáculo[89] alguno. Si traes algo de joyas, camafeos, etc., échatelo en los bolsillos, que son siempre respetados. Además, haz plomber, en la primera aduana de les Rousses cuanto sea plombable y así escapas de un registro (el de la aduana media, porque hay tres de ellas). Noñito, tan ocupado como yo. Mi don Pancho ya estará fuerte.

No piensa más que en el momento de abrazarlos tu afectísimo

Pepe

¡Qué excelentes son Chappuis y Macaire! No los olvidaré nunca. Mis memorias.

---

89   La primera o primeras palabras de este párrafo desaparecieron en un corte dado al manuscrito. (Nota de la *Revista de la B. N.*)

54. A José Luis Alfonso

Monsieur J. L. Alfonso, chez M. Jaquet, Chappuis et Macaire. Genève.
París, mayo 26 de 1831.

¿Creerás que te he olvidado, Pepé mío? Nada menos que eso. Ansi ahora, con el pie en el estribo para Londres, te extraño más que nunca. Me veo precisado a servirme de amanuense por habérseme irritado un ojo repentinamente de anoche acá; sin embargo, salimos mañana sin falta en gran caravana americana, pues el general Acosta y otro amigo han tomado el copé y nosotros, con Tejada, el interior. ¡Qué pena me causa la prolongación de la enfermedad de nuestro don Pancho! Me hago cargo de lo que habrá sufrido física y aun moralmente con la maldita detención.

Con la Merlín y Felipe Poey te he quitado el pellejo de firme, bien que tú, aun sin eso, vienes nuevo de tu romería por la tier ra de promisión. Es menester ser avaro del don inapreciable de la salud. Conozco que soy un predicador sempiterno, pero estoy persuadido que no predico en desierto y *at any rate, never mind, let it be go on a so form*.[90]

Por supuesto, que tengo a la vista tu última de Florencia, fecha 30 de abril.

En cuanto me vino a las manos la Corona fúnebre del Duque de Frías, me abalancé sin poderme contener sobre la elegía del robusto Nicasio, única composición de este ramillete que he leído hasta ahora. La hallo digna de Herrera y Garcilaso a un tiempo. Hay en todo 15 composiciones; aquí te las guardo, pues son prestadas, como que no habrá mejor treat para tu exquisito paladar.

El amanuense me obliga a dar punto y yo accedo, que aún queda el rabo por desollar, teniendo que escribir a Herrera y otros, y ya son las 5 de la tarde.

Mil abrazos afectuosos a don Pancho y el cariño invariable de tu
Pepe
Antonio

P. D. No te escribo porque no puedo más de la cabeza. Estaremos de vuelta dentro de tres semanas; entonces me lisonjeo de tener el gusto de abrazarlos y de charlar mucho, tu

90 «de cualquier modo, no importa; dejadme seguir siendo como soy.»

Antonio

55. A José Luis Alfonso

Monsieur Joseph L. Alfonso,
Aux soins de MM. Chauviteau.
Rue Et. Joseph, No. 3.
París.
Londres, 8 de junio de 1831.

Pepé mío: No puedes figurarte el gusto que me ha dado tu última de 29 de mayo, fecha Ginebra, así porque ansiaba saber de la salud de nuestro don Pancho, como por tener noticias tuyas. Vamos a lo esencial porque estoy ocupadísimo, sobre todo teniendo que escribir hoy también para La Habana, Roma y París.

Según me dices, ya ésta te encontrará ahí. Estoy deshecho ya por abrazarlos. Mil enhorabuenas a don Pancho por su completo restablecimiento. La obra on Arabian Antiquities está algo difícil de decorar, quiero decir, que cuesta nada menos que £42; así, pues, no procedo a comprarla hasta nueva orden tuya. Tendrá vuestra merced, seor sota-Parry, su calamita tan chiquita como usted y como su reloj. Antonio te llevará también la sombrerera. Está desempeñando muy bien todos tus encargos. Mil afectos a don Pancho de su parte.

I miss you very much indeed. Mrs. Christin and family (Charlotte is married about year ago, you knew it, I believe) have inquired most kindly about you.[91] Con las panzadas que me doy de beef-steak estoy que no me podrás aguantar ni un triunfo. A regular John Bull in every respect, but hard drinking, most truly, yours.[92]

Pepe

Paganini has done wonders.[93] «Aquí de Pepé», decía yo incesantemente. Del 20 al 25 estaré sin falta en ésa.

---

91 «Te extraño en verdad mucho. La señora Christin y familia (Charlotte se casó hace cerca de un año, tú lo supiste, creo) han preguntado muy bondadosamente por ti.»
92 «Todo un John Bull, excepto en la borrachera. Sinceramente tuyo.»
93 «Paganini ha hecho maravillas.»

56. A José Luis Alfonso

Monsieur J. L. Alfonso, Rue de Provence, No. 53. París.

Burdeos, julio 10, 1831.

Aquí me tienes, Pepé mío queridísimo, sano y salvo sin irritación de ojos ni cosa que se le parezca, a pesar de 60 horas de casi continuo Sol y polvareda, capaces de haberle encendido una flogosis al mismísimo Broussais. En mi vida he pasado más calor ni más sofocación; digo, y sin consuelo de noche ni de día. Nada de particular ofrece este camino de 156 leguas sino las cercanías de la ciudad, que por lo majestuoso del río, el estado de cultivo (viñas) que presentan sus márgenes y las innumerables casitas de campo esparcidas por las arboledas, me ha parecido no solamente lo más pintoresco de cuanto hasta ahora he visto de la belle (por antífrasis) France, sino también lo más aprotestantado. El día de hoy es otra nueva prueba de ello. Compite este domingo bordelés con el más rancio yanquino de aquellos que tanto tenemos saboreado, fuera, se entiende, que a la noche habrá gran ópera en este magnífico teatro. Este, sin duda, con el puente, son dos monumentos de primer orden en sus respectivas líneas, sobre todo el segundo, por la gran dificultad vencida. ¿Tendré yo necesidad, Pepé mío, de manifestarte, de reiterarte, mejor diré, los sentimientos que con respecto a ti me animan? Yo te quiero con todo el cariño de un amigo y con toda la ternura de un padre: tus cualidades me han inspirado el primer afecto, quizá a nuestra diferencia de edad habrá de atribuirse el segundo. Como quiera que sea, tú perteneces a mi escuela, pues me parece haber advertido que adoptas con suma deferencia las máximas que principalmente la constituyen. Si estos motivos me dan un título para erigirme en consejero, no desperdiciaré la ocasión presente, sí, que entre amigos no puede haber momentos más solemnes que los de una separación. Tu buen juicio, de que cada vez tengo más garantes, me exime de entrar en pormenores que tal vez necesitaría joven de otro temple. Yo no haré más que indicarte como fundamental lo que tantas veces has oído de mis labios: no escucharás sino el sencillo recuerdo de la amistad más pura.

Primero, sin salud no hay felicidad en este mundo. Es menester, pues, poner un empeño muy particular en conservarla, especialmente si el individuo no ha sido dotado por la naturaleza de una constitución a toda prueba. Un profundo filósofo ha dicho que el estómago es el órgano de la felicidad: la experiencia me ha enseñado que las más de las enfermedades morales son casi siempre causadas por trastornos en nuestras vísceras y muy particularmente en aquélla. Ni se crea que porque los males no hagan mella por el momento, no han de salir después a la cara. Al contrario, suelen enseriarse mucho más con el transcurso del tiempo, cobrando con usura los caídos. Cerremos, pues, la hoja de la salud y intelligenti, pauca,[94] seor latino novel, y aun mejor, aunque sea en romance, el gato escaldado, etc. Pasemos al plan de estudios.

Segundo: Que solo sea uno el estudio principal. Cuidado con no distraer la atención. Se trata de latín, pues latín hasta no más. No quiero decir con esto que sea manjar prohibido la lengua de Garcilaso, ansí es necesario variar para que venga luego más apetito. En este sentido he creído yo siempre que se pueden aprender muchas cosas a un tiempo.

Comunícame todos tus planes, así de estudios como de viajes, pues yo tengo el mayor interés en que saques todo el partido posible de las luces con que te ha regalado la naturaleza y de las felices circunstancias en que te ha colocado la fortuna.

Soy temible en tomando la pluma; confieso mi pecado, pero ya Ñoñito me reclama su huequecito para su postdatita, y por esta vez es menester ser condescendiente.

Te quiero mucho, muchísimo, Pepé mío; nada mejor puedo decirte que «consérvate, instrúyete, vive para tus semejantes, no solo para que ellos vivan para ti, sino para saborear el placer de las almas nobles, esto es, para hacer su felicidad».

Adiós de tu

Pepe

P. D. Pepé mío: Aunque debes estar muy persuadido de lo mucho que te quiero, te aseguro sin embargo que hasta el momento de separarnos, ni aun yo mismo conocía cuán grande era mi cariño hacia ti.

Desde aquel momento en que ni aun quise abrazarte, experimento un vacío tan grande cual no puedes figurarte, y la idea de no verte por lo menos

---

94   «Al buen entendedor, pocas palabras.»

en tres años me entristece mucho. Así que haz todo lo posible, sin perjudicar tus estudios, pues eso sería exigir demasiado, por abreviar una separación insoportable a ambos. Si escribes a Pancho, dile un millón de cosas de nuestra parte, que si tenemos lugar, le escribiremos, aunque sea corto. El capitán nos ha dicho que saldremos pasado mañana. Antes de partir te pondremos dos letras. Cuídete mucho; recibe memorias de los Tejadas y no olvides a tu

Antonio

57. A Manuela Teresa Caballero

A mi señora doña Manuela Teresa Caballero.

Al cuidado del señor don Alejandro Morales.

Habana.

Londres, junio 13 de 1831.

Acabo de recibir, mamaíta mía queridísima, dos más frescas de su merced, del mismo marzo 21 y 25, junto con dos de Monsa y una de Chila.

Me habla su merced de lo cruel y largo de la separación, que no sabe su merced cómo ha podido aguantar hasta la fecha. Yo también he estado constantemente asombrado pareciéndome cosa de sueño; y así en los Estados Unidos como en Europa, raro es el día en que no me he dicho a mí mismo: «¡Es posible que me vea yo por estas alturas! ¡Quién me hubiera dicho en La Habana, con la eterna e invencible oposición de mi mamá por los viajes, que me había yo de hallar nada menos que en el corazón de Hungría, en la interesante ceremonia de la coronación del sucesor de San Esteban!». No crea su merced, mamaíta mía, que a pesar del interés que me ha inspirado la Europa, haya dejado de ser mi mansión en ella una continua lucha entre mi ansia por saber y los reclamos de mi corazón por mi casa y familia. Sin embargo, su merced, que también sabe ser fuerte, considerando que, una vez pasado el charco, bien merecía la España ser también visitada, tiene la suma bondad y condescendencia, mejor diré dominio sobre si misma, de concederme dos meses de prórroga para realizar el viaje a la Península. Mas es el caso que los dos meses concedidos los estoy pasando en el desempeño de la comisión del colegio y, como por otra parte, no me puedo embarcar en agosto para que no me coja el tiempo en el mar, según la expresa prohibición de su merced, me haré a la vela para ésa en julio, bien del Hâvre o de Burdeos, si está pronto el paquete o, si no, por la vía de los Estados Unidos a fin de estar allá lo más pronto posible. De lo que determine a mi regreso a París, daré cuenta oportuna a su merced.

Anteayer llegó a Falmouth don Pedro, el ex emperador del Brasil, con su mujer; pero apenas estuvo 20 minutos sobre la costa de Inglaterra, cuando partió para Cherbourg, puerto septentrional de Francia.

Dicen que no se quiso detener aquí por llegar cuanto antes a Munich, donde por sus relaciones de familia, trata de establecerse. Se asegura que ha renunciado de veras a la vida política. ¡Cómo están los dos mundos! ¡Aprendan, aprendan las testas coronadas! Cada día debe uno estar más y más, así en lo moral como en lo político, por aquello de no admirarse de nada.

La Francia sigue tranquila y con mucha actividad en las elecciones. Dentro de 3 días se abren aquí las nuevas Cámaras. Por supuesto que es ganada la cuestión de la reforma parlamentaria. Los bizarros polacos, a pesar de su último revés, siempre los mismos y cada vez más dignos de la simpatía y admiración del orbe. El príncipe Leopoldo no ha aceptado la corona de la Bélgica: ese país aún está bien agitado.

Noticia para Chila y Pancho: aquí he visto el verdadero orangután, y de edad de dos años; y tiene ya más de dos pies de altura; la cara es la de un negrito viejo, la cabeza y pelo, exactamente de indio; el pellejo, barriga y piernas (por supuesto, limpios de pelo), ni más ni menos que los de un negrito lombriciento; inteligencia, extraordinaria. Quisiera tener más tiempo para describirlo, pero será en La Habana.

Mil abrazos a mis queridísimos her manos, y adiós [de sus] amantísimos hijos

Pepe

Antonio

En el momento de ir a poner la oblea, recibo varias de su merced por la vía del Norte, hasta 24 de abril. Ya tendrá su merced muchísimas mías.

No hay ni visos de guerra de Francia con Inglaterra, y aun se hace lo posible por evitar la continental.

La Europa aun así, agitada como se la figuran, es Mansión de [la] seguridad individual; así es que aquí [se] ríen de los temores de allá. Yo también me reiría, si no me acordara de los malos ratos que pasan mi mamá y mi familia.

Mil cosas a Acosta y a Nené; a Pancho y Monsa, que de París les escribiré.

Antonio

58. A José Luis Alfonso

Monsieur J. L. Alfonso,
Rue de Provence, No. 53.
París.
Burdeos, julio 12, 1831.

Pepé mío queridísimo: Como soy un aprovechador de profesión, no quiero perder la oportunidad (según me lo propuse desde París, si me detenía aquí aunque fuera un día), de ir a visitar la mansión del autor del Espíritu de las Leyes y tocar con mis propias manos su famoso manuscrito: tam sanctas litteras tangere![95] El chateau es bien conocido, se halla a unas tres leguas de aquí y se llama de la Brède.

Vamos con un encargo de mi excelente compañero de viaje M. Tejada. Quiere que le compres y remitas con los libros, tres vistas grandes, de buen tamaño: primera, de la plaza y basílica de San Pedro; segunda, del anfiteatro de Tito, y tercera, del Capitolio. Cosa buena.

Me apresuro a escribirte ahora porque salimos temprano sin falta y porque mi expedición a la Brède y strada facendo[96] al jardín del judío Rabá, amén de una visita a un caballero en el campo, me consumirá todo el día por largo que sea. Dímele al joven Arrieta dass ich keine Zeit habe, um seinen höflichen Brief zu [be] antworten. Sehr gerne werde ich seinen Auf trag erfüllen, indem ich werde seinem Vater personlich besuchen.[97]

Adiós, queridísimo Pepé, acuérdate de tu amigo como tu amigo se acuerda de ti y no olvides jamás sus consejos. A esto se limitan los votos de tu

Pepe
Antonio

Adiós, querido Pepé; de La Habana te escribirá largo tu
Antonio

A Chauviteau, que recibí la copia de mi cuenta.

---

95   «¡Tocar papeles tan sagrados!»
96   «de paso.»
97   «que no tengo tiempo de contestar su muy atenta carta. Con mucho gusto cumpliré su encargo, visitando personalmente a su padre.»

59. A José Luis Alfonso

Monsieur J L. Alfonso.

Aux soins de Mssrs.

Chauviteau et Cie.

Rue St. Joseph, No. 3.

París.

Habana, diciembre 23, 1831.

¿Quién me había de decir, Pepé mío queridísimo, que al cabo de tres meses y medio que llevo aquí es ésta la segunda vez que te escribo? Baste con eso porque that speaks volumes,[98] y aun ahora no lo puedo hacer sino de carrera, pues mañana sin falta salgo para el campo, donde voy a pasar las Pascuas...

Tampoco yo he tenido más que una tuya (la del 6 de agosto), bien que las ocasiones directas de Francia han andado y aún andan escasísimas, motivo por qué va ésta por la vía de los Estados Unidos.

Jamás se ha albergado en mi pecho la envidia, Pepé mío; pero te confieso que por esta vez te la tengo de firme. Mas, si bien se reflexiona ¿podrá caracterizarse con aquel rastrero nombre al noble deseo de estudiar al hombre en todas sus fases? The proper study of mankind is man.[99]

Por supuesto que he tranquilizado a tu familia en cuanto al viaje, asegurándoles que no podías ni con candil haber encontrado un sujeto más a propósito ni piú esperto del luogo[100] que nuestro apreciable y antiguo comensal Heidenstam.[101] Házmele muy finas expresiones.

Te estoy contestando sin tener la tuya a la vista por andar más listo.

Le temps me presse, mon cher.[102]

He hablado largo y tendido con toda tu familia y con La Habana entera sobre ti, hijo mío, que casi no te quiero dar otro nombre. I have raised their expectations to an uncommon degree, and therefore you must make your

---

98 «eso es de por sí elocuente.»

99 «El estudio propio de la humanidad es el hombre.»

100 «ni más conocedor.»

101 Vid. Addenda.

102 «El tiempo me apremia, mi querido.»

best endeavours not to disappoint them, and above all[103] para no hacer quedar mal a quien tanto te quiere. Tengo el gusto de acampañarte una de tu madre. Aún no la he visto; me manda un recado con cuanto viviente le queda a mano. A mediados del que entra la veré sin falta. Don Pancho y nuestro General ya en el Norte. Mantilla acaba de llegar aquí anteayer, y a Saquete lo esperamos por momentos. Escríbeme larguísimo siempre que puedas.

Adiós, Pepé mío; dejo este huequecito para el musulmancito.

Pepe[104]

Pepé mío: Días pasados te escribí muy largo; no lo hago ahora porque estoy de viaje al ingenio de Matanzas, de donde pasaré a ver a tu madre para darle noticias circunstanciadas de su grieguito, y dispón de tu amigo que te quiere

Antonio

---

103 «He elevado sus esperanzas a un grado no común, y por ello tienes que hacer el mayor esfuerzo para no defraudarlos, y sobre todo...»
104 Luz omitió la firma en esta carta.

60. A José Luis Alfonso

Monsieur J. L. Alfonso.

Aux soins de Mssrs. Chauviteau et Cíe.

Rue St. Joseph No. 3.

París.

Habana, febrero 11 de 1832.

Pepé mío queridísimo: ¡Qué ansioso estoy por tus cartas! Como que desde la que me escribiste participándome tu gran viaje, no he vuelto a ver letra tuya. ¡Si el cólera te habrá interceptado en tus romerías y te habrá frustrado tus planes! Esta triste idea me ha asaltado más de una vez. Tampoco puedo ahora ser largo, pero no quiero perder la ocasión directa que se presenta mañana sin falta para el Hâvre, porque han sido escasísimas. Te incluyo esta otra cartica de tu madre, que me envió junto con la que te remití mes y medio ha por los Estados Unidos.

Por tu familia sé que continúan todos sin novedad. Nuestro don Pancho me escribe larguísimo de New York, donde pasa el invierno, así nuestro General. Yo, hijo mío, porque me complazco en darte este nombre, atareadísimo con un millón de quehaceres, escribiendo más que el Tostado para la *Revista Cubana*[105] y para cuanto hay, comisiones de la Sociedad, etc. Cada vez ansío más por tenerte a mi lado. Escríbeme largo. Mil cosas de Noño; ambos te escribiremos largo por el paquete, tu

Pepe

---

105 En la *Revista Bimestre Cubana*, sin su firma, aparecieron varios artículos de Luz. Además publicó en ella informes de interés público y científico. La Revista tenía una Sección de Variedades, y muchos de estos artículos cortos eran de Luz. En la colección de la Revista existente en el British Museum aparecen como de Luz: Magnetismo terrestre, Educación y Gualterio Scott (Nota de la Revista B. N.)

61. A José Antonio Saco

Señor don Antonio Saco.

Colegio de Buenavista.

Sábado, noviembre 3 [1832]

Mi querido Saco: Está usted convidado a comer mañana sin falta por don Ignacio Herrera, padre político de mi amigo Domingo. Sin duda pasaremos un buen rato; y en sabiendo usted el motivo del convite, muchísimo más. Hace tanto honor al convidante como al convidado. Pase usted [por aquí] para ir juntos.

[José de la Luz]

II. Madurez y edificación 1833-1850

62. A José Luis Alfonso

Carraguao, febrero 8 de 1833.

No sé, caro Pepé mío, cómo ha quedado hueso sano con la granizada de quejas con que prorrumpes en tu última de París, de 29 de octubre pasado. ¿Es posible que te figures ni por un instante que yo te haya echado en el saco del olvido? ¿A ti, Pepé mío, a quien quiero y tan merecidamente como a un hijo de mis entrañas? Asegúrote que, si el cariño no fuera de suyo tan condescendiente, I would make no apology at all.[106] Pero vamos a cuentas. Concedo que haya usted recibido tan solo dos cartas mías; pero no por eso es menos cierto que he escrito a usted más de cuatro, amén de mis noticias en el sobre de dos de tu madre. Tuyas solo tres han llegado a mis manos; y aun tu familia se queja de la falta de ellas. Sin duda que se extravían así las yentes como las vinientes. Todos hemos sentido en el alma muy particularmente que no nos hayan llegado esas que sobre griegos, turcos y judíos extendiste tan a tus anchas en la cuarentena de Malta. Sin duda que estarían interesantes y se hubiera usted vuelto a ver en letra de libro, porque habéis de saber, amigo de mi ánima, que su Bairan o Romanzan salió también en procesión en nuestra *Revista Cubana*.[107] Figúrate cuán ansiosos estaremos acá de tu letra, pues apenas recibe una alguno de la familia, en la que me cuento yo respecto a ti, cuando se vuelve circular, y esto por tres razones a cual más potísimas: primera, por ser del Benjamín; segundo, por ser de Levante; y tercero, aunque se me ponga colorado, por estar pintadas no con brocha, sino con pincel. Basta, digo yo también con usted; basta y aun sobra para que se convenza de lo busy que está su amo (y lo estoy más que nunca en mi vida como presto veréis); no obra en mí aquello de out of sight, out of mind, sino que mi divisa es out of sight, the more in mind.[108]

Quisiera contestarte punto por punto; pero, pues que tengo muchísimo que decirte de mí, procederé cuanto antes, que aun así será ésta larguita.

---

106 «no me excusaría en modo alguno.»

107 Art. Un habanero en Constantinopla, tomo III, págs. 265-266. (*Revista de la B. N.*)

108 «la ausencia produce el olvido», sino que mi divisa es: «la ausencia intensifica el recuerdo.»

Ya habrá llegado a tu noticia que desde el mes de septiembre estoy hecho cargo de la dirección de la parte literaria del Carraguao, donde te escribo ésta, como advertirás por la fecha. Este es un establecimiento muy en grande, fundado desde 1829 por el infatigable y benemérito don Antonio Casas.[109] Cuenta hoy más de 180 alumnos, todos internos, entre ellos tus sobrinos los Aldamas y La Guardia, el hermano de Pablo y una colonia entera de matanceros, a cargo de 22 personas entre profesores, ayudantes y celadores, sin contar 12 criados blancos, con quienes no tienen roce alguno. Esto está bajo un pie brillante. No puedes figurarte la revolución que durante nuestra ausencia ha habido en nuestro suelo en materias de educación, pues existe otro establecimiento también muy bueno y en grande, dirigido por don Narciso Piñeyro, sujeto de conocimientos y de mucha discreción.

Ya considerará usted, camarada, si haré yo esfuerzos por quedar bien, ampliando, modificando y reformando. Entre otras mejoras, he introducido aquel admirable explanatory system[110] que tanto aplaudimos y hasta con enternecimiento en manos del ilustre Wood de Edimburgo. Yo lo he hecho extensivo a la explicación del Catecismo y a todos, todos los ramos. Conmigo no hay escapatoria, todo ha de ser razonado, todo con su cuenta y razón. Con este motivo me he visto en el caso de publicar varios papeles para dar a conocer el sistema, que es el mismo nuestro vareliano del Colegio, del cual vio ya el público algunas muestras en los exámenes de noviembre, en solo mes y medio, en niños de seis y siete años, en el semillerito de este establecimiento, pero ¡qué semillero! Te confieso, Pepé, que cuanto más tiernos, tanto más me interesan; me tienes desde por la mañana hasta la noche en medio de ellos, dando por mí mismo una porción de clases a fin de adoctrinar a los propios maestros. Y aquí me tienes casi constantemente enternecido. ¡Tal es el entusiasmo que inspiran a mi corazón! Sí, Pepé, yo veo en ellos los vástagos, y los mejores vástagos, que algún día llegarán a ser robustos troncos en quienes pueda apoyarse la Patria.

No contento con esto, me tienes también para dar todo su ensanche al sistema, escribiendo e imprimiendo ya una obrita, que constará de tres tomos, para servir de texto a las clases de lectura. Largo sería hablarte del

109 Vid. carta 63 (A Antonio Casas).
110 «método explicativo.» (Vid. volumen sobre Educación en la B. A. C.)

plan de este libro: te diré tan solo que no como quiera aspiro a instruir los alumnos, sino a mejorarlos; por donde inferirás que habré dado a mis cuadros les couleurs du pays,[111] como dicen esos gabachos.

No creas por lo dicho que este sea un establecimiento meramente de primeras letras. Es propiamente mixto, pues a más de ellas, se enseña francés, inglés, italiano, música, dibujo, latín muy por extenso, matemáticas hasta los ramos superiores, bellas letras, etc., etc. Y aunque a todo atiendo, sin embargo, consagro más mi atención a las clases primarias para que la reforma en el plan de las ideas vaya de abajo para arriba. Así es como siempre se ha edificado.

¿Y creerá usted que ya se acabó la lista de mis tareas? Pues no, señor. Agregue usted, tío Benito, artículos en la Revista, comisiones de la Sociedad y del Consulado y aun del Protomedicato, asuntos de todo el mundo menos míos, que todos paran en escribir, y hasta polémicas en los diarios de esta capital. Dos he tenido, en las cuales, gracias al mejor de los aliados, la razón, he salido victorioso. En resolución, desde que regresé a La Habana, raro es el día que no emborrono un cuadernillo de papel, que asciende luego a limpio de letra de libro. He aquí también los motivos por qué muchos amigos se quejan de que no soy tan buen corresponsal como solía: pónganse en mi lugar y a thousand pardons.[112]

Pues aún no paran aquí mis ocupaciones; y vaya un proyectazo, que bastaría por sí solo para absorberle la atención al más atento de los atendedores. Ya te habla de él tu tío Gonzalo, quien por su parte se me ha ofrecido como cooperador con sus esfuerzos y su dinero. Trato en consorcio de Saquete, y sin perjuicio de mi principal ocupación en Carraguao, de plantificar un Ateneo; pero no un simple gabinete de lectura, como en vano intentamos tu tío Silvestre y yo en 1824, sino un instituto donde pueda acudir la juventud a oír lecciones de Química, Física y Literatura, y aun de aquellos idiomas que no se enseñan gratuitamente, como griego y alemán.

Además tendrán allí los jóvenes clases de repaso en aquellos ramos que cursan en el Colegio y la Universidad. Este también será un núcleo de mu-

111 «el color nacional»; adaptar hechos e ideas a lo autóctono, al carácter nacional —norte de la filosofía educativa de Luz. (Roberto Agramonte.)

112 «mil perdones.»

seo de historia natural y de curiosidades indígenas con todos los manjares que ya necesitan estos estómagos y sazonados a su gusto: así cada cual vendrá a comer lo que mejor le acomodare. Ya tengo conseguido el permiso del gobierno, que es una verdadera ejecutoria, y se está tratando del local; quizá será la misma casa del Jardín Botánico, porque Sagrita tiene ya una Escuela Agronómica en grande en los Molinos de la antigua factoría. Todo el mundo está muy entusiasmado. Yo paso todos mis libros al Ateneo, que con los de mi amigo Casas son más de 4 000 volúmenes escogidos. Conque venga usted pronto, mi don Pepé, y traiga libros y cuadros y piedras y lavas y cuanto Dios crió, para nuestro Ateneo. He aquí nuestra divisa: «¡Reunámonos, instruyámonos, mejorémonos; tengamos patria, tengamos patria!»... Yo espero, hijo mío, que tú serás uno de sus hijos predilectos. A todos he hecho concebir gigantescas esperanzas de tus luces y de tu amor al suelo que nos vio nacer, etc. I hope I shall not be disappointed.[113] Tan sitiado de ocupaciones, solo puedo consagrar dos horas de la noche a la sabrosa plática, mi único solaz, de la amada de mi corazón. Sí, mi amigo, pienso en casorio y a la bella, pero más que bella, a la virtuosa Mariana Romay unirá su suerte dentro de medio año tu invariable

Pepe

P. D. A nuestro don Pancho le aguardamos por momentos. Memorias de Miguel Tejada.

Míster Harmony está de paseo aquí por un par de meses. Dice que nuestro Varela ha consolidado mucho su salud, que nadie ha sido más heroico que él durante el cólera, auxiliando a sus irlandeses.

Gener tiene una niña más.

113 «Espero no seré defraudado.»

138

63. A Antonio Casas[114]

[Habana, agosto 9, 1833.]

Señor don Antonio Casas.

Mi muy querido amigo: Si usted no tuvo aliento para despedirse, no sé como le tuve yo para leer la despedida. Pocas veces he tenido parte en una escena más patética e interesante. Eran las nueve de la mañana, y apenas terminado el desayuno, anuncié a nuestros alumnos que su antiguo director se había alejado de nuestras playas dejándoles una memoria de su afecto, cuando de golpe sucediendo a un pequeño murmullo un silencio casi sepulcral, todos aguardaban ansiosos por el contenido de su carta. Yo estaba profundamente conmovido: tuve que apelar a toda mi resolución para dar principio a la lectura, y sin embargo, me flaqueaba la voz a cada paso. Usted conoce mi corazón, amigo mío, y así bien puede figurarse cuán vivamente excitarían las imágenes de amigo, director y alumnos que a un tiempo ocupaban mi fantasía y se apoderaban de toda mi máquina. ¡Ah, sí, usted bien sabe que no me es dable hablar de amistad, educación y niños sin conmoverme hasta lo sumo! Hay una llama inextinguible dentro de mi pecho que solo puede apagarla aquello mismo que le sirve de pábulo. Yo no puedo cumplir con mis inclinaciones sin hallarme perennemente entre la juventud, derramando las luces de la instrucción y amenizándoles la senda de los conocimientos. Pero el torrente de mis afectos me hace divagar de mi propósito.

Apenas comencé la lectura, corrían las lágrimas a raudales de los ojos de nuestros discípulos: grandes y pequeños, sensibles y retenidos, todos, todos lloraron; hasta los respetables profesores hubieron de mezclar su abundoso llanto con el de estos vástagos inocentes. Cada palabra que salía de sus labios era un nuevo dardo que tornaba a abrir la mal reprimida fuente de las lágrimas.

Una vez que salimos del comedor, se apresuraban todos a porfía a pedirme su preciosa prenda (que tal nombre merece la carta) para que, copiándola a la mayor brevedad, se grabasen más y más en el fondo de sus

---

114 En contestación a la que le dirigió don Antonio Casas cuando por el estado de su salud le confió a Luz la dirección del Colegio Carraguao, y que aparecerá en el tomo de «Cartas a Luz». Publicadas en la Revista de Cuba, tomo XIV. (Roberto Agramonte).

corazones los saludables documentos de sabiduría y moral que en ella se encierran. Aquel fue día de estar continuamente enternecido: había usted de ver cómo hasta aquellas tiernas criaturas, cuyos débiles dedos apenas pueden sostener la pluma para trazar los caracteres, se convirtieron en unos pendolistas «improvisados», y los pocos que por su demasiada corta edad no eran capaces todavía de tantos esfuerzas, envidiando la suerte de sus compañeritos que bien o mal podían trasuntar la carta de su «querido padre», les rogaban encarecidamente tuviesen la bondad de transcribírsela tan luego concluyeran la copia. ¡Qué milagros no obra, amigo mío, saber torcer las fibras de la sensibilidad a estas plantitas delicadas y sin lesión! Pero no crea usted que son pasajeras las impresiones que ha producido su sentida epístola en el ánimo de los niños. A ella también se debe el haber vuelto a despertar el precioso amor al trabajo, adormecido con el ocio prolongado que les acarreó la tremenda epidemia. Así es que en estos días se han agolpado a mí con entusiasmo, unos a alistarse en las clases de geografía, latinidad e inglés, otros pidiendo pasar a clases superiores del mismo ramo que actualmente estudian, y otros, en fin, fer vorizados, proponiéndose planes de mejora para lo sucesivo. En resolución, la carta ha sido un golpe eléctrico que a un tiempo ha conmovido toda la cadena del Colegio. Mas, todavía no para aquí la excitación que han producido esos renglones. Muchos de nuestros discípulos, particularmente los de la clase de composición, de su propio motu y arrastrados solo por la fuerza de sus sentimientos, han querido tener el desahogo de contestar las ternísimas expresiones de su sensible director; y lo han ejecutado de una manera que también ha hecho venir las lágrimas a estos ojos que tanto han llorado de ternura. No puedo menos de acompañar a usted estas efusiones de nuestros hijos. Siempre fui el mayor idólatra del lenguaje franco, abierto y no estudiado que caracteriza esa época inmaculada de la vida humana. ¡Sí, juventud querida, tú eres mi predilecta entre nuestra especie! ¡Cuánto, pues, no me prometeré yo, amigo mío, de tan favorables disposiciones fertilizadas con el riego que ellos y nosotros a la par hemos derramado tan copiosamente! Yo espero que a pesar de lo muy preparado que se halle usted para encontrar el Colegio en mejor estado, siempre le sorprenderán los progresos que precisamente ha de notar en nuestros alumnos queridos. Ellos prometen del modo más solemne redoblar su aplicación, ser dóciles a la voz de sus maestros y dar ejemplo de fraternidad y concordia entre todos ellos. Los mayores en particular (a quienes se dirige usted por separado) se comprometen ante Dios y los hombres a presentar modelos edificantes de comportamiento y moralidad a los menores sin degenerar por esta distinción que reclama su edad, en sentimientos de orgullo y menosprecio hacia estas tiernas criaturas; pues no deben olvidar que todos, todos somos hermanos, y más especialmente los que vivimos bajo el mismo techo y participamos de la misma mesa. Jamás podrán decir que usted no les ofreció el modelo más cumplido de un padre bondadoso al par que justo. En cuanto a mí, que tengo a dicha hallarme rodeado de estas interesantes criaturas, que no puedo ver sus adelantamientos sin que me lata el corazón regocijado, que me complazco en respirar el mismo aire con ellos, en esta hora y siempre con ellos, constantemente dispuesto a satisfacerles en cuanto se les ofrece, que declaren ellos mismos el lugar que ocupan en mi pecho. Ellos saben mejor que nadie que para mí no hay lance más doloroso que aquel en que me ponen los inobedientes y desaplicados forzándome a imponerles una pena. ¡Plugiera a Dios que jamás tuviese yo que corregir ni uno siquiera de mis queridísimos alumnos, ni uno siquiera de mis hijos! Mi corazón se contrista y oprime tan solo de pensarlo. Así es que no hay amonestación que yo no les haga para impedir que llegue semejante caso. Por la misma razón nunca experimento gusto mayor que cuando todos cumplen con sus obligaciones. En esta propia carta tienen la prueba más convincente de que yo sé anotar prolijamente todos sus laudables procederes, siendo buen testigo de ello el minucioso relato que a usted hago de la impresión que les ha causado su despedida.

En fin, amigo mío, el Colegio marcha perfectamente: yo estoy contento de mis discípulos y mis discípulos están contentos conmigo; estoy satisfecho de los profesores y maestros, y ellos lo están igualmente de su director. A ninguno de ellos se oculta que cada cual en su respectivo puesto es en extremo importante al instituto. En la complicada máquina de la educación no hay rueda alguna indiferente, por más pequeña que parezca: todas han de conspirar simultáneamente a la unidad y uniformidad del sistema. Yo estoy persuadido que cada uno de los preceptores se halla bien penetrado de la trascendencia del papel que en esta escena le toca desempeñar; así excuso palabras que están de más para los entendedores inteligentes. Pero pueden vivir convencidos que, si su antiguo director no sepulta en el olvido los servicios que se le prestan, el nuevo será el primero en tributarles su justo testimonio según el mérito que contrajeren. Ni en mis palabras ni en mis acciones traslucirán otros sentimientos que los de la amistad más acendrada y los del más puro e incansable por la mejora del instituto que he prohijado. He aquí la clave de todos mis pasos, de todas mis operaciones. No hay otras miras, no hay otro fin.

Así pues, amigo del alma, duerma usted tranquilo, y no se ocupe más que en su salud; en su salud, por la cual dirigen sus fervientes votos al cielo cuantos abriga este recinto. Es verdad que la persona de don Antonio Casas ha desaparecido de entre nosotros; pero su espíritu, su espíritu vive y vivirá en su instituto predilecto; él atraviesa de clase en clase para inflamar la aplicación de sus discípulos: él está presente a su imaginación al acostarse y al levantarse, en las tareas y en el recreo; él no los abandona jamás; él, en fin, será el motor y el blanco de todas sus operaciones.

Vuelva usted, pues, salvo y sereno a los brazos de sus amantes hijos, y entonces verá por sus propios ojos si son indelebles las memorias que les dejó su director. Ellas harán época en la vida de estos interesantísimos renuevos; y cuando por el transcurso de los años recuerden la tierna escena que pasaron, y los veamos entre los hijos escogidos de la patria, haciendo palpar como usted dice, «las ventajas de la generación futura sobre la presente», entonces acabará usted de recoger los frutos de sus largas faenas, y yo bendeciré alborozado a la Divina Providencia por la pequeña parte que hubo de caberme en su cultivo.

He aquí la respuesta de la familia de Carraguao y los votos de José de la Luz[115]

115 En 1833 le dirigió don Antonio Casas a don José de la Luz y Caballero una carta, cuando por el mal estado de su salud encomendó aquél al sabio maestro de la juventud cubana la dirección del Colegio Carraguao (nota de la Revista de Cuba, tomo XIV). «Siempre es triste y solemne el acto de la despedida, y más particularmente respecto de un Director de colegio, que bien puede considerarse como el padre de una familia numerosa. Yo lo soy de veras de Carraguao: yo planté el árbol, lo he visto crecer y desarrollarse; yo lo he visto prosperar, he recogido el fruto: yo lo he mirado con una predilección paternal; yo le he

Esta es la que en contestación a la de usted he leído en la mesa a nuestros alumnos.

dedicado mis más incesantes vigilias, y hasta le habría consagrado mi existencia, si usted no se hubiera prestado a reemplazarme.

»Yo quisiera, amigo mío... yo quisiera cuanto se ocurre a un padre tierno que se aparta de sus queridos hijos... pero no es posible continuar; el corazón se conmueve, tiembla la mano, y las lágrimas vuelven a bañar el papel. ¡Adiós, amigo de mi alma!... diga usted a esas interesantísimas criaturas que éstas son las memorias que les deja, Antonio Casas». (Roberto Agramonte.)

64. A José Antonio Saco

Al señor don José Antonio Saco.

Cafetal Angerona.

San Marcos.

Martes, 29 de octubre de 1833.

Amiguísimo: ¿Qué dirá usted de mí con tan largo silencio? Yo creo, sin embargo, que tengo una apology[116] que vale por thousand one, viz, que estoy en capilla para uncirme al santo, y con ella santísimo, yugo del matrimonio.[117] Créame usted, amigo mío, no es ya amor, es adoración, es devoción, es un sentimiento religioso el que me anima por esa criatura angelical. Se verifica, pues, pasado mañana por la noche, habiéndolo anticipado por aprovechar los tres días de fiesta seguidos, que no son de perder para un pobre colegial, «who is not allowed to encroach on the work-days.[118] Solo siento que usted no esté aquí para darle un abrazo apretadísimo; pero ya me desquitaré en la Calzada de San Luis Gonzaga,[119] penúltima cuadra, casa de la esquina, donde hallará usted la nueva pareja a su disposición.

Hasta el día 22 en que me entregó el niño don Woulf la de recomendación, no recibí las dos atrasadas de usted; sin embargo, siempre sabía de su salud, ya por Rafael Díaz, ya por Pancho Suárez.

Participe usted mi nuevo estado a nuestro don Cornelio. No he podido hallar la obra de Davy[120] en inglés, pero la tendrá en español o francés, si lo prefiere.

¿Querrá usted creer que no he tenido un momento en estos siete días, para ir a casa de Pepe Rodríguez a buscar el libro que usted me pide? Pero si usted hubiera visto el trajín en que me ha traído la habilitación de mi casa (y eso que Zuaznábar y don Chila han soltado el sollate); no le admiraría a usted la demora. Mañana sin falta haré la diligencia.

Ayer casualmente me encontré en la calle con Oliván, quien me detuvo para decirme que iba a publicar su artículo en el Diario, por estar muy sentido por las correcciones de usted; en fin, me rogó se lo manifestara a usted

116 «disculpa.»
117 Alude a su matrimonio con Mariana Romay, hija de Tomas Romay.
118 «a quien no le está permitido robarse días laborables.»
119 Calle de Reina actual.
120 La que tradujo Varela sobre Química Agrícola (Roberto Agramonte).

Supongo que no tardará usted mucho en volver, y entonces me hablará largo de su determinación sobre la Revista: todo lo entreveo sin que usted me dijera nada.

Arazoza aún no me llama a corregir. Hace días que no lo veo, pero él sabe que estoy pronto a todo, como se lo tengo dicho por escrito. El mundo entero se interesa por la salud de Saco; muy particularmente mi familia, pero más que nadie su siempre,

Pepe

El amigo Ressel[121] me habla del grandísimo gusto que ha tenido en tratar a usted No será poco el que le habrá cabido a usted en tratarlo a él. Acompaño ésa de Gener que venía dentro de una mía.

Remití la carta a Acebal, «as soon as I got it».[122]

[José de la Luz]

---

121 ¿Don Francisco Fesser?
122 «Tan pronto como llegó a mi poder.»

65. A Domingo del Monte

Al señor don Tomás Gener.

(Equivocadamente puse también el sobre a Gener en ésta de usted)

Matanzas.

Habana, 19 de mayo de 1835.

Enhorabuena a pares, querídisimo Domingo, pues apenas había recibido la de usted del 14 participándome la resurrección de nuestro sin igual Gener, cuando su cuñadito Miguel [de Aldama] me comunicó el feliz alumbramiento de Rosita, y tan feliz que le dio a usted un Dominguillo, que es otro ítem más. Ya usted sabrá lo que es ser padre, pues esto más es para sentido que expresado, particularmente cuando empieza el niño a pronunciar las primeras palabras, como le sucede cabalmente a mi María Luisa. Reciban ustedes, pues, las más cordiales congratulaciones de Mariana y mías, y vamos con nuestro Gener.

Efectivamente, amigo mío, ¿qué cosa puede haber más lisonjera para nuestro corazón que el granjearnos el aprecio y correspondencia de aquellos pocos hombres sensibles y justos que honran la tierra? Pues figúrese usted cuál será el alborozo del mío; primeramente por ver asegurada tan preciosa salud para nuestro país y su familia; después por verme tan tiernamente querido, y en fin tan bien correspondido; que si por este título se graduara mi derecho a su aprecio, creo que a nadie cedo en el sentimiento de quererle y en el conocimiento de apreciarle: he tenido tantas ocasiones de conocer a este hombre tan singular, que acaso por eso nadie me ganará en apreciarle. Y pues por conducto de usted vinieron sus afectuosísimos renglones, vayan también por él los no menos sentidos míos.

Aún no he visto a Valle, para que me diga lo que usted le ha escrito sobre la oración. Antes de recibir la de usted lo dije aquí en Carraguao: que si en las columnas del Lucero se celebraba la salud de nuestro amigo, era tan solo por encomiar a Azcárate, robando el lauro a Mena y a Hipócrates mismo que resucitara. Es gente de bandera y juramentada, y por consiguiente... pero sistat jam calamus,[123] y peor es meneallo.

Nunca me dijo usted si había recibido aquélla muy larga mía, dos o tres meses ha, en contestación a otra suya. Como sé la satisfacción que le cabrá

---

123 «deténgase la pluma.»

en ello, le digo que nuestro Ramón sigue estudiando, como estudian las cabezas superiores. Pero ni usted ni yo seremos los sorprendidos de la altura a que puede llegar este joven apreciable. Adiós, mi querido Domingo, de su siempre el mismo.

Pepe Dígame usted si el tomo de fray de León es el 6.º, que está en mi poder. En cuanto a la «Alhambra» la buscaré cuando me avisen para acabar el escrutinio de los libros del difunto doctor.

66. A Manuela Teresa Caballero

A mi señora doña Manuela Teresa Caballero.

Habana.[124]

Puerto Príncipe, abril 11, 836.

Mamaíta mía queridísima: Tengo a la vista la de su merced y Monsa del 28, que la contesto ahora, a pesar de ser tan probable que antes de que llegue a sus manos tenga el gusto de abrazar a su merced y a todos, pues pasado mañana, miércoles, debemos salir para la Guanaja, donde nos embarcaremos el jueves y saldremos el mismo día en la tarde o el viernes por la mañana en la misma goleta Antonia.

Antes de ayer entregué al doctor Carmona $150 para la Real Provisión de fray Luis, de que yo mismo seré portador. Como veía lo que le interesaba, he dado este dinero de lo que me sobró.

He recomendado el negocio de Jaruco, que su merced me encarga. Ya me figuro lo que habrá sufrido Juan con la infamia de esa suplantación; pero eso ni en cien leguas le perjudica para con nadie. Leí su exposición. Mil cosas a todos mis hermanos. Aquí estoy como en mi casa y, además, muy entretenido a ratos con el inagotable humor de Juan. Tampoco Elvira deja nada que desear.

Doy punto porque me llaman a oír un buen abogado en estrados. Adiós, mamaíta mía, de su amantísimo hijo que solo ansía el momento de abrazarla y de hallarla buena y fuerte.

Pepe

A Chila, [que no] hay lugar para escribir, pero que [yo mis]mo le llevo su asunto bien despachado. A la niña, que también el suyo está andando.

67. A José Antonio Saco

Habana, 30 de mayo de 1836.[125]

Carísimo mío: hasta el 19 en que llegó el correo de la Isla no supimos acá la elección que Cuba había hecho en usted el 3 del mismo.

¿Qué le diré yo a usted, Saco de mi alma? Mi placer es inefable, mi alborozo tan grande cuanto puede permitirlo la idea de que nuestros clamores serán oídos, por más levantada y sentida que sea la voz que los exhale. Pero al fin, hoc unum,[126] ¡oh patria mía!, es cierto, ciertísimo: tú acabas de dar el mejor testimonio de tu justicia, el más seguro garante de que para contigo vale también la fuerza de la opinión: tú has puesto en la cumbre al primero de tus hijos, al mismo hombre que la mano impura del despotismo trató de avasallar y pisotear. Confesemos que este rasgo es digno de la soberbia Albión. Yo desde aquí le estrecho a usted en mis brazos y en mi corazón, amiguísimo mío, a quien amo más que si mi sangre circulara por sus propias venas; y le abrazo a usted en nombre de nuestro carísimo, sin par Nicolás; es de toda mi familia, que no sé quien de ellos le quiere a usted más, de todos los buenos ilustrados de La Habana, del Príncipe, de Cuba, especialmente de Ferrer (pues a Sagarra le pertenece de derecho su artículo por separado), que de todos he recibido congratulaciones. ¡Como que todos saben «que Saco está en mí, y yo estoy en Saco»! ¿Y quién fue el primero que me dio la noticia? Nuestro apasionado y constante Arazoza. Apenas lo supe, llegó nuestro inmejorable Gonzalo con la Gaceta en la mano. Yo experimentaba una alegría indecible, una alegría mezclada de tristeza, como en toda impresión fuerte; una alegría no bulliciosa, ni lagrimosa, sino un silencio forzado en los labios y un alboroto en el corazón. Sagarra, sabe usted, Sagarra, mi discípulo predilecto, es quien ha obtenido la victoria: quien ha enderezado la opinión, acallando las hablillas de los malos y los temores de los ilusos o

125 Publicamos a continuación tres interesantes cartas que a José Antonio Saco escribió José de la Luz y Caballero. El apreciable bibliófilo doctor Vidal Morales, que posee los preciosos autógrafos, facilitó copia de ellos para que se diesen a la estampa en La Lucha, y en efecto, las dos primeras cartas aparecieron en el semanario mencionado, y en este mismo se hubiera dado a la luz pública la tercera a no haber sobrevenido la desaparición de La Lucha, cuyo director, el señor Manuel Villanova, nos ha cedido la copia del documento inédito. (nota de la Revista de Cuba.) Corresponden a los números 67, 71 y 75.

126 «solo esto.»

cobardes, quien empeñó todas sus fuerzas porque se hiciese justicia, nada más que justicia al mérito (porque nadie nació para diputado más que usted), y honor eterno a su país. ¡Dios bendiga y conserve en nuestro suelo esas pocas almas bien templadas, para que puedan dirigir y alentar a los débiles! Ahora, pues, amigo mío, por ningún motivo vaya usted a renunciar; y cuidado que se lo aconseja a usted el mismo que le dijo que, si acaso lo hubiesen sacado a usted de suplente los habaneros residentes en Madrid, debería usted renunciar desde luego, porque yo que quiero la opinión de usted tanto o más que la mía misma, no gustaba que J. A. Saco apareciese como nombrado por un partido, cual era fácil hacerlo creer, atento al corto número de votantes e influyentes. Mas en el caso presente la elección de usted es el voto de la gran mayoría de la Isla, de la Isla, sí; que si en la degradada Habana (perdóneme mi tierra, que tal la han puesto), cuenta usted algunos enemigos aun en medio de tantos y tan buenos amigos, en lo interior, y en el resto en general todos son amigos: es mucho el prestigio del nombre de Saco. Usted, pues, por ningún motivo frustre las esperanzas de esta patria que adora. Esta no es solo mi opinión sino la de Nicolás, Domingo, Gonzalo y do todos los buenos pensadores. Ni se diga que poco o nada se podrá hacer, pues ya es tarde para esa legislatura. Pero cuente usted de seguro con la reelección, tanto más fácil cuanto el nuevo sistema de elecciones, por malo que sea, ha de ser más amplio que el presente, y nuestro partido gana en razón directa de la amplitud.

Yo no he escrito a usted un poco antes, por haber quedado con Gonzalito en que él participaría a usted el simple anuncio en un buque que salía para Baltimore, y que yo esperaría para escribir más largo dos oportunidades brillantes que se presentaban: la primera para los Estados Unidos (Nueva York) en la fragata Havana, donde van Chica Aloy y esta carta, y la seguida por el paquete de Burdeos que se hará a la vela en breves días.

Por de contado que Sagarra ha arreglado (¿qué se le había de escapar a su patriotismo?) lo relativo a propiedad y demás: así lo infiero de su carácter que me es tan conocido, como de unas palabras, aunque genéricas, muy terminantes del excelente Orozco, pues me dice: «Sagarra ha compuesto lo de propiedad y todo perfectamente, etc.». Sagarra me escribe alborozado, y participándome el alborozo de la estudiantina, etc.; pero nada dice acerca de ese punto; bien que acaso lo dirá a usted, pues me añade que se había detenido un buque, y que al otro día ya le iba a usted directamente la noticia; y el Regente actual de la Audiencia, que me quiere mucho y es hombre de toda, toda confianza (en otra ocasión hablaré de sus especiales prendas), cuñado de Juan Rodríguez, me añade al darme la enhorabuena por la elección de usted, que «ya le habían ido las credenciales». Sin embargo, y mientras tenemos de Cuba noticias más especificadas, no nos hemos descuidado por acá; y aun cuando en Cuba haya la propiedad, tenemos acá un plan Nicolás, Gonzalo, Pancho Armenteros y yo de hacer una imposición, que se logra con la mitad del capital, para que también en esta provincia tenga usted la renta correspondiente. Esperamos solamente a Gonzalo, que ha de llegar del campo muy pronto, para proceder a la compra proyectada de los censos. Gonzalo, el buen Gonzalo, puede decirse que fue el motor, a consecuencia de haberme hecho presente que ahora era de necesidad enviar a usted más dinero, pues no era un simple particular, y habría sus gastos extraordinarios. Y aunque J. A. Saco de nada necesita, el procurador de Cuba puede haber menester alguna cosa. Entonces Escovedo, el hombre de gran vista, tuvo la idea de los censos, que me parece excelente, pues aun como negocio deja un 10 % tan seguro, por ser solo la mitad del capital lo que se exhibe; fuera de que en todo evento hay la misma facilidad de recobrar los capitales.

Pero vamos al asunto principal de esta carta; pues si le he hablado a usted de intereses esta única vez, es porque quiero decirle cuanto tiene conexión con lo principal.

Me han vuelto a dar en estos días unos deseos vehementísimos de hacer lo que siempre he ardido por hacer, pero que jamás me lo han consentido ni me lo consentirán mientras aquí no haya imprenta. Quisiera salir a la palestra desafiando al mundo entero (sin que sea esto andaluzada) al que hiciese a J. A. Saco y sus escritos cuantos cargos e imputaciones pudieran vomitar el miedo, la prevención, la envidia y la calumnia aunados, para aplastarlos a todos a fuerza de razones, haciendo de este modo uno de los más importantes servicios a mi patria. Pero ya que a mí no me es dado, porque no me dejan, lo que siento en el alma, pues en ciertos puntos en que la modestia detendría la pluma de usted, andaría muy suelta la mía, es de toda necesidad que usted dé un manifiesto a sus comitentes mostrándoles lo que es usted y lo que de usted deben esperar. Si en todos los países donde rige el gobierno representativo, aun en circunstancias ordinarias, es lo más corriente ver a un diputado hacer su profesión de fe política, ¿cuántas razones especialísimas no concurren respecto de nosotros, máxime después de lo ocurrido con Montalvo, de nuestra distancia, de las facultades omnímodas, y sobre todo, respecto de usted? ¿No ha habido siempre ese tolle-tolle, que ahora por supuesto han procurado revivir, con el espantajo de que usted pedirá la emancipación de los africanos, y demás cosas que usted sabe? Lo peor es, como usted tampoco ignora, que hay entre esa multa algunos hombres buenos, moderados, y que por otra parte quieren a usted, los cuales en su ilusión hasta se propasan a decir que Saco por adquirir fama literaria es capaz de sacrificar los intereses del país. Sí, amigo de mi alma, por más amargura que a usted le cause semejante horrorosa imputación, he querido hacerle una exacta pintura del estado de las cosas. Demuéstreles usted que cabalmente J. A. Saco es más patriota que literato, por literato que sea, que J. A. Saco tiene un alma más alta y mejor templada que todos ellos juntos, donde no puede llegar ninguno de ellos, dígales usted y confúndalos, que J. A. Saco no toma la pluma para lucir ni para lucrar, sino como un mero instrumento para salvar la patria, que la pluma es su lengua, dígales usted, en fin, con el gran Goethe: «vosotros podréis saber lo que yo sé, pero mi corazón lo tengo yo solo».

Es necesario que usted, tomando aquel tono digno y elevado que sabe adoptar, clasifique a todos sus antagonistas, no irritando las pasiones de la mayoría de ellos, que casi todos son ilusos (servum pecus),**[127]** sino tratando de conciliarse la opinión, desengañándolos, ilustrándolos. Este es un servicio que la patria se lo pide a usted de voz en grito. Es menester que queden aplastados de una vez; y a los hipócritas hágales usted sentir todo el peso de su maza; desquítese usted con ellos: ése es el corto número. Ya usted bien sabe que algunos pretenden que la isla de Cuba perecerá sin el tráfico: pues demostrarles lo contracio; otros hay que lo dicen, porque así conviene al Gobierno, otros por su interés, otros porque no examinan, otros que afectan saber y no saben, también repiten. Es necesario desenmascarar al mundo entero. Mas para que la cosa sea con mejor éxito, es necesario hacer ver

127 «rebaño de esclavos.»

que ese es un torrente, como dijo usted muy bien, que viene despeñado por la política —que pongamos remedio antes que nos inunde—; apele usted a sus propios escritos, y afianzándose en ellos, eche usted la culpa a los ingleses. Esta es la cuestión. Supongamos que sea bueno o malo; prescindamos de la justicia o la injusticia; se trata tan solo de los hechos: los ingleses, el mundo cristiano, todos a una tratan y les interesa abolir la esclavitud. ¿Qué hacemos nosotros? Ahí envío también ese número de las Memorias de la Sociedad de aquí, donde ya se trata la cuestión de ingenios por blancos; y esto con la triple censura, y bajo los auspicios del gobierno de aquí, etc., etc. Aún más quisiera escribir a usted; pero ya es tarde y tengo que poner esta carta en manos de la Chica Aloy, que sale mañana temprano sin falta, quien la entregará a Varela o Leonardo, para dirigirla a usted. Pero no puedo soltar la pluma sin añadir más metralla. Muchos dicen: Saco es excelente, escribe muy bien, etc. ¡pero es demasiado vivo! Confúndalos usted diciéndoles que precisamente sus escritos de usted, más que por las flores, se distinguen por el lastre, por los hechos, por las cifras; que vean la diferencia: usted no es un zurcidor de frases como el difunto Betancourt (Guerra), sino un escritor esencialmente sólido, patriota, estadístico, no amigo de teorías, sino de práctica y muy práctica; pero con brío para decir siempre la verdad. En suma, si bien es cierto que ese manifiesto redundará en mayor gloria de usted, su modestia nada debe sufrir por ende; pues usted no supone que le atacan para contestar, sino que ha sido siempre el blanco. En todo caso, gritarles con el Apóstol: insipiens factus sum, sed vos me coegistis:[128] así también les gritaba el insigne Mejía. En fin, por más que sea para usted un sacrificio, acuérdese que así se lo pide por mi boca esta malhadada patria, y que todos los buenos, todos los imparciales, cada vez que se ha tratado de diputación, siempre han señalado con la voz y el dedo a Saco, y siempre Saco. (Aquí llegaba cuando recibo una de Sagarra a Domingo Delmonte, que éste me envía, de donde extracto lo siguiente a nuestro propósito) «... algunos contrarios de Saco, vencidos ya en sus primeros pasos, apelaron a pintarle como un hombre vendido al gabinete británico en el punto delicado de la esclavitud, y que por tanto sería la primera materia que le ocupase, para emanciparla; que su carácter revolucionario era tal, que el Capitán Ge-

---

128 «Yo soy tranquilo, pero vosotros me habéis excitado.»

neral por evitar las consecuencias, se había visto en la necesidad de despacharle de la Isla. Pero dijimos lo que había causado su salida a algunos regidores y mayores contribuyentes, y por fin quedaron vencidos. Bueno es, sin embargo, que usted algo le escriba sobre esto; y que todos contamos con la reelección, en que tendremos que trabajar menos. En cuanto a lo demás, me parece que no me equivoco en creer que su talento es igual a su prudencia para no dejar de resspetar ciertas materias espinosas...». Y yo agrego que yo sé cómo, cuándo y en qué términos hace Saco la cosas. ¿Cuándo ha dicho usted que se dé la libertad a los negros? Si usted, por el contrario, el argumento que más ha esforzado es el del interés privado, los males que nos trae y traerá la continuación de la trata. «Mañana (dice Sagarra en otra parte, fecha 5 de mayo) saldrán los poderes por un buque, y hoy por el correo... Los que han tomado cartas con empeño a favor de Saco son el licenciado Muñoz Delmonte (primo de Domingo), licenciado Porfirio Valiente, don José y don Mariano Vaillant y el doctor don Manuel Hernández. Sírvase usted poner dirección a esa carta, pues ignoro dónde se halla Saco actualmente. Ya yo se lo he mandado decir. (Reser va, agrega.) Nuestro general Lorenzo (que es intimo del actual Regente) ha favorecido la elección.» Y acabaron los extractos, y acaba mi luenga epístola, rogándole perdone a mi celo tantas obser vaciones, que no se escaparán a su perspicacia; pero mi ánimo ha sido ponerle en autos, como lo pondré en hechos pelados sobre lo que aquí pasa, pues nada hay más elocuente que los hechos. Y con esto y decir a usted que sobre lo anterior es una misma la opinión de Escovedo, Gonzalo, Domingo, etc., y mis memorias finísimas a Pepe Ibarra, excelente para consultar, se repite abrazándole tiernamente su P[epe]

68. A Manuela Teresa Caballero

A mi señora doña Manuela Teresa Caballero. Habana.[129] Agosto 6. Mohíno estuve ayer todo el día, mamaíta queridísima, con la falta absoluta de cartas; y aun no estaré contento hasta que llegue hoy Panchito, por quien las espero a pares. Me alegraré que el motivo no haya sido más que descuido de algún criado o cosa semejante, y que su merced y todos sigan tan bien como los niños y su amantísimo padre.

Recibí las 2. El saco es de P. B.

---

129 Quizá esta carta sea de 1836, como la número 66, pues se refiere a esta etapa que subsigue a la graduación de abogado de Luz, que tuvo lugar en Puerto Príncipe el 8 de abril de 1836 según atestigua el título; y a juzgar por el interés en la Defensa de Raspail que pide al jurista Funes. (Roberto Agramonte.) A Pancho, que le pida a Funes la «Defensa de Raspail», que le mandé hace un mes desde Guanabacoa por mano de Andrés Gener, y me la remita por Jacinto o por Echeverría sobrecartado.

69. A Mariana Romay de Luz

Alma mía: Sin novedad y deseando una carta tuya más larga que la de ayer.

Recibirías un anón muy regular.

Supongo que Perico continuará bien. Mil caricias a nuestra L. y el corazón de tu P[epe] También me acompaña mucho el hijo mayor de Portocarrero.

70. A José Luis Alfonso

Monsieur Joseph L. Alfonso.

à París.

Habana, enero 21 de 1837.

Pepé mío: Sirva ésta de fe de vida y salud después de la tormenta deshecha que he pasado y de que me hallo afortunadamente convalecido. A la razón también estuvo Antonio bien apurado, aunque de un mal crónico: unas diarreas que le tenían consumido; pero igualmente se halla bueno, si bien no tan gordo como yo. Te admirarías de verme.

Con mucho gusto leí la tuya de 30 de agosto pasado, única que ha llegado a mis manos, y celebro infinito que a Doloritas, la niña y los muchachos les haya sentado tan bien ese clima. A todos mis afectuosos recuerdos, y a Doloritas muy en particular los de Mariana.

Muchas son las noticias que me das y desearía pagarte en la misma moneda, pero ni el campo es tan rico y solo fértil en abrojos y espinas que no pueden tocarse sin que penetren hasta el corazón. Tú, sin embargo, Pepé mío, sígueme comunicando cuanto juzgues digno de atención y para mí lo es todo lo tuyo, pues sabes que siempre te ha querido mucho tu afectísimo

Pepe

No me olvido del amigo Sicilia. He estado a ver a Pepe Ibarra, pero no lo encontré at home. A Saquete he escrito a España donde debe estar tres meses ha.

Por supuesto que he estado en el campo convaleciendo, por lo que no he escrito a nadie hasta ahora. También los médicos me lo tenían vedado. Dicen Mariana y Monsa que, si no has enviado aún sus encargos, no los remitas hasta el invierno entrante para que sean a la dernière.

Haz una muy fina expresión a la paisana[130] que me ha enviado su retrato en litografía. Dile que acaba de llegar a mis manos y que en la primera oportunidad le escribiré.

A Nicolás Gutiérrez le escribo largo.

---

130   La Condesa de Merlín. (Nota de la *Revista de la B. N.*)

71. A José Antonio Saco

Puentes Grandes, 2 de mayo de 1837.

Carísimo mío: no llegaron efectivamente las de usted del correo pasado, por haber sido quemada por los facciosos una buena parte de la correspondencia; pero ahora tenemos el gusto de haber recibido no solo las del 24 de febrero sino, lo que es más, los impresos que las acompañaron. ¿Quién con más razón que usted, amigo mío, podrá exclamar: «todo se ha perdido menos el honor»? Buena es la causa, mejor el abogado, el tribunal pésimo. Mucho he celebrado las Reclamaciones,[131] pero la Protesta,[132] la enérgica y noble protesta, toda ella llena de dignidad, es un verdadero monumento histórico y digno de la historia. Está escrita con el laconismo que debe estar, habiendo usted aprovechado en ella toda la flor de la materia. ¿Era necesario que usted nos declarase quién la había extendido, para que por acá conociésemos la mano? No solo la redacción, sino la idea y hasta el impulso de la protesta es todo obra de nuestro Saco, que a todos arrastra con sus palabras, o mejor dicho, con sus razones. Aquí ha sido aplaudida aun por la gente más moderada, pues al leerla no queda más recurso que decir: «este hombre tiene razón en todos los catorce porqués». También se leyó en el Cabildo; y aunque por el momento conticuere omnes,[133] rompió el hielo Pancho Céspedes, diciendo que la Corporación debía contestar a los Diputados haberse recibido con agrado sus protestas. Entonces se alborotó la gentecilla del opuesto bando, y encrespándose la discusión, o por mejor decir, el altercado, salió Meza diciendo, que no como quiera debía contestarse en los términos propuestos por Céspedes, sino que el Ayuntamiento aplaudía los

---

131 Reclamaciones del Diputado a Cortes por la Provincia de Cuba acerca de la aprobación o desaprobación de sus poderes. Una hoja suelta, impresa en Madrid en enero de 1837. Reproducida en Papeles, tomo III, págs. 95-99. (Las notas históricas de las cartas 71, 75 y 124 son de J. A. Fernández de Castro, en Medio siglo de historia colonial.)

132 Se imprimió como suplemento al periódico El Mundo, de Madrid, en febrero 22 de 1837, con el título Protesta de los diputados electos por la Isla de Cuba a las Cortes Generales de la Nación, suscrita por Montalvo, Armas y Saco. Escobedo, que era el otro diputado electo, no pudo firmarla por no haber llegado aún a Madrid. Reproducida en Papeles, tomo III, pág. 100-104. Véase el expediente que aparece en el Boletín del Archivo Nacional, Habana, tomo XX, págs. 361-382.

133 «todos callaron.»

sentimientos de los Diputados y se identificaba con ellos. En esto salieron otros a meter paz, y celebrando una especie de transacción, acordaron que no se contestase hasta no saber definitivamente si eran o no admitidos en el Congreso.[134] Por supuesto que al momento hubo quien le diera el soplo a S. E. quien sobre la marcha pidió copia certificada del acta. Tanco no estuvo.[135]

Entre tanto, aquí se prepara un gran baile (y tan grande que va a ser en el teatro principal y la cena en la Alameda de Paula, para lo cual se está techando una parte de ella, y se van a levantar arcos triunfales en la calle) para festejar al Vizconde de Bayamo y Marqués de la Unión de Cuba.[136] Esta función es dada por el ejército; dicen que después seguirá el comercio, y yo añado que tras él irán los hacendados y todo viviente, y será a guisa de las exposiciones. Si no fuera porque lo que voy a decir le cerraría a usted para siempre las puertas de la cara patria, le aconsejaría que diese un manifiesto en español, inglés y francés, publicado por supuesto en un país extranjero, en el que se revelase al mundo sin embozo el infame manejo que con nosotros se observa.[137] Pero no haga usted nada, porque además de

---

134 Es decir, para ganar tiempo y dar lugar a que España llegara al convencimiento de que a la Isla le era benéfica esa medida, y se toma ese acuerdo a instancias de la camarilla de Tacón, que sobrado sabía el que en definitiva tomarían las Cortes, porque fue el mismo recomendado por Tacón, El General, como por antonomasia lo llamaban sus adeptos.

135 «¿Has visto canalla más incorregible que la de este Ayuntamiento de La Habana?...» Carta de Del Monte a Alfonso (marzo de 837). En abril relata el mismo acontecimiento que refiere a Luz con las siguientes palabras: «Este Ayuntamiento recibió un oficio de nuestros diputados con la Protesta. Pancho Céspedes, viendo que todos callaban, pidió que se leyese y después, que se les contestase dándole las gracias por lo bien que se habían portado... Se armó una zambra entre aquellos viles que da vergüenza en contarla... se levantó Zamora, síndico que por instinto es arrastrado y servil, y dijo que si tal cosa se acordaba, protestaría por creerlo contrario a los intereses bien entendidos de la Isla...»Revista de la Biblioteca Nacional, tomo III, pág. 80.

136 Nosotros, dados a inquirir la razón de las cosas, a falta de datos, aventuramos esta hipótesis: las razones por las que fueron otorgados a Tacón estos merecidos títulos fueron, por la gloria de haber desterrado a Saco que había nacido en Bayamo; Vizconde de ídem, porque contribuyó como ninguno a la desunión de peninsulares y criollos, Marqués de la Unión de Cuba.

137 El «biógrafo» Rodríguez, que en la Vida que de Luz «compuso», adulterando y falseando su figura como luego hizo con la de Varela, asegura que aquél únicamente: «hubiera aceptado la revolución armada como un hecho consumado ante el cual no hay más remedio que

quererle yo mucho, le necesitamos por acá y aunque tarde su vuelta, al fin no será tanto. Usted ha hecho el último esfuerzo; ¿qué más pueden exigir sus comílentes? Ya habrá usted visto por los periódicos lo que se ocupan de nosotros en los Estados Unidos. Entre tanto, disparates y guerra, y déficit y apuros en España: el que está lejos disparatando y arrancado; el que está cerca, avisado y rico y con ganas. Advierto que en la cuestión suscitada por los periódicos angloamericanos, no soy precisamente de la opinión de los periodistas, ni de la de muchos de aquí, pues sabe usted que siempre busco la verdad, procurando no alucinarme.[138] En fin, ya manifestaré la mía en otra ocasión. No tengo lugar para entrar en materia, y ya ésta es más que larga para un convaleciente. A propos, me he retirado aquí a Puentes Grandes por una temporada de seis meses, a ver si me fortalezco completamente, pues, aunque gordo, no tengo todavía el vigor antiguo.

A Pepé, que ya le escribiré, que en el momento no alcanza el tiempo. A Nicolás Escovedo (a quien supongo por ahí al llegar ésta) que la tenga por suya, y al otro Nicolás (Gutiérrez), que ya le supongo con menos deseos de regresar tan pronto. ¡Quiéralo Dios por él, por la ciencia y la patria! Nada he dicho a usted de la muerte de Pancho Arango, acaecida el 22 de marzo: figúrese usted cuánto no le habrán sentido todos los bandos.[139] Todos los de mis dos familias, y el mundo entero se acuerdan de usted. Adiós.

Pepe

---

inclinarse», y en su osadía y mala intención, llega a comparar a los revolucionarios de Yara entre cuyas filas se encuentran numerosos discípulos de Luz a «los bárbaros que están a la puerta de la ciudad». De sobra conocía estas ideas y hubiera tenido a mano, de desearlas, estas cartas... Atribuir tales pensamientos a don José de la Luz, que escribe los anteriores párrafos, es tener mala comprensión por lo menos...

138 Ve ya don José de la Luz, el inicio de la tendencia anexionista en los Estados Unidos y como bien dice no se alucina.

139 En efecto era uno de los poquísimos cubanos que mereció bien de su patria, al mismo tiempo que obtuvo del Gobierno español consideraciones y honores.

72. A Domingo del Monte

Señor don Domingo del Monte.

Habana.

[Mayo 10, 1837.]

Mi querido Domingo: Devuelvo el informe, que he leído y merece ser estudiado; pero pues se ha de imprimir, ya lo gozaré a mi sabor.

Estoy mejor efectivamente, y véngame usted a ver cuanto antes. Póngame usted a los pies de Rosita y de su madre, mandando como siempre a su apasionado J. de la Luz

73. A José Luis Alfonso

Señor don José L. Alfonso

rue Neuve du Luxembourg, No. 31.

Habana, 2 de julio de 1837.

Mi querido Pepé: Tú sabes que yo miro como un deber el recomendar a todo joven aplicado. ¡Cuál no será, pues, mi empeño respecto del portador de la presente, don Gonzalo Jorrín, que sobre ser hermano de uno de mis discípulos predilectos[140] (porque dilectos todos lo son), se ha distinguido en cuantos ramos ha emprendido! A esa le lleva su ardiente deseo de profundizar en la Medicina, no dándole recomendación especial para nuestro Gutiérrez porque éste le conoce harto bien. Así que me lo presentarás al amigo von Koreff y me lo pondrás en contacto con todo lo que haya de más distinguido en la profesión, como se dice y hace por allá. Y cuidado que no me contento con eso, pues también le harás conocer al amigo Sicilia y otros literatos. Y aún no paro aquí, sino que como experto del luogo, le has de dar reglas sobre el modo de vivir en ese maremagnum y atenderle en cuanto se le ofrezca. Todo esto por varias razones: la primera, porque es joven de muchas esperanzas; la segunda porque le he dicho que le basta para su propósito una recomendación para ti y otra para Orfila, y son las mismas que le he dado; y la dernière, y pare usted de contar, porque tú quieres mucho a tu verdadero amigo

Pepe

He recibido con muchos días de diferencia dos tuyas, una de 18 de enero y la otra de 7 de abril, así como los encargos a que alude la primera. Dentro de breves días te escribiré largo así como a toda esa buena gente que debe estar ahí congregada. Por supuesto que ni Mariana ni yo nos olvidamos de Doloritas, y yo ni aun de los muchachos.

---

140 José Silverio Jorrín alumno sobresaliente del Colegio Carraguao. (R. B. N.)

74. A José Luis Alfonso

Monsieur Mr. J. L. Alfonso à París.

Puentes Grandes, julio 7 de 1837.

¡Conque a la hora de ésta, mi querido Pepé, es más que probable que hayas perdido a tu Florinda! Tú que me conoces, que sabes cuán de veras te quiero, podrás graduar hasta dónde sentiré tu pena, mayormente siendo padre, y padre afectuoso. Tampoco hemos podido ni Mariana ni yo separar un instante de la imaginación a la pobre Doloritas, pues sobre ser madre, habrán influido doblemente en ella para aumentar la amargura de su situación, las circunstancias de estar tan lejos de los suyos y haber perdido a su hija en tierra extraña. Solo el tiempo, Pepé mío, podrá consolar a vuestras mercedes en parte dándoles otra prenda de su cariño. Pero no hablemos más de eso porque yo no sé consolar en tales casos.

Tengo a la vista tus dos apreciables de 17[141] de enero y 7 de abril, que aunque tan distantes en la fecha las he recibido casi juntas, gracias a la larguísima navegación del bergantín Begoña. Ya sabrás que necesitando una convalecencia más larga de lo que se creyó al principio, tuve que venir aquí a Puentes Grandes, hace como dos meses y permaneceré hasta octubre, pues no podía resistir el calor de la ciudad. Me hallo precisamente en la estancia de la Criolla, donde estuviste tú ahora dos años, y me siento mucho mejor y me sobran carnes.

A todas las personas que han tomado tanto interés por mi salud, señaladamente las que nombras, haz mis más cordiales expresiones. Monsa, Mariana y la otra señorita agradecen mucho a Doloritas el empeño que se tomó en las capas y sombreros: se han recibido y entregado a nuestro Gonzalo los 135 $ a que asciende la factura.

Aunque mi niñita sigue mucho mejor, enderezando naturalmente el pie, con todo le tomaré la medida según me indicas y te la enviaré, agradeciéndote entre tanto el interés que me manifiestas en la minuciosidad de tu descripción.

Antonio sigue perfectamente y se acuerda mucho de ti, pero ya sabes que es perezoso en todo y sobre todo en escribir. Te quiere mucho.

---

141 Sic. Véase la postdata de la carta anterior.

¿Y qué no me les dirás a los Nicolases? Al Escovedo, que iba a escribirle, pero que no hay lugar porque ahora temprano se va Gonzalo a La Habana y es el portador, que también está aquí de temporada. Por poco ni aún acabo ésta que tenía comenzada desde ayer, y que así como la de Saquete la tendrá por suya. Por supuesto que no nos olvidamos de Inesilla.[142] A [Nicolás] Gutiérrez, que ya ahora con su antiguo y necesario pasto (la sociedad de Escovedo) no tendrá tantas ganas de volver tan pronto. ¡Qué tertulias tan sabrosas se forman ahí! Que se acuerden de mí los tertulianos tanto como yo me acuerdo de ellos. Y con esto, Pepé mío, se despide por ahora tu invariable

Pepe

---

142 Inés de Ayala, prima y compañera de viaje de Escobedo.

75. A José Antonio Saco

Puentes Grandes, julio 7 de 1837.

Carísimo mío: ¡Cómo nos hemos saboreado con el Examen Analítico![143] Y tanto, que nadie se contenta con leerlo solo una vez, y a todos nos tiene en la expectativa de la contestación a Sancho y a Argüelles, que en su particular quedarán tan enfoncés y, si cabe (que si cabrá por lo mucho que han desbarrado), aún más que la difunta Comisión: difunta y bien difunta. Insensatos, que para siempre perdisteis vuestra reputación literaria, política y aun moral; aunque para mí nunca fueron cosa esos señores, incluso el capataz, como usted repetidas veces me habrá oído decir.[144] Decir que su papel de usted no tiene respuesta, no es decir más que una cosa que distingue a todos sus papeles: está lleno de dignidad, de moderación, y en medio de eso, con el calor y sentimiento que es debido: le sobra lo que más falta al de la Comisión: lógica. Aquí ha corrido y está corriendo con muchísima aceptación hasta entre los mismos europeos, que no pueden menos de exclamar: «Tiene razón en todo y por todo». Y ya que ellos han hecho mal en la sustancia y en el modo, quédenos a nosotros la satisfacción de tener justicia y de haberla sabido alegar con vigor sin propasarnos en lo más leve. Pero no es esta sola la ventaja de su papel de usted: él ha de ser la primera hoja del gran expediente que ellos han movido; que ya va corriendo y que el tiempo no tardará en terminar. Que se enrede la Europa... y veremos si...; pero intelligenti pauca.[145] [146]

---

143 Examen Analítico del Informe de la Comisión Especial nombrada por las Cortes, sobre exclusión de los actuales y futuros diputados de Ultramar, y sobre la necesidad de regir aquellos países por leyes especiales. Madrid, 1837. Rep. en Papeles, tomo III, págs. 105-148.

144 Alude a Argüelles, a quien [Luz] dijo en Londres, en conversación con él sostenida, la verdad de lo que, con respecto a su actitud frente a las cosas de América, aquel politicastro merecía.

145 «Al buen entendedor pocas palabras.»

146 Ya Varona, en su trabajo sobre el libro de Sanguily en que estudia la verdadera personalidad de Luz, hizo notar todo lo que estas frases encerraban: «Y no estaba por cierto en el número de los sumisos», tampoco fue «de los que se alucinaron», «desde el primer momento midió la trascendencia del suceso le dio su verdadera significación y no creyó en la posibilidad del remedio». Artículos y Discursos, Habana, 1891, pág. 296.

Antes que se me olvide. ¿Quiere usted creer que el Gobierno envió a llamar al regidor Rodríguez Cabrera (a la sazón en Guanabacoa), para que hiciese una moción en el Ayuntamiento encaminada a que se diesen gracias a S. M. por habernos privado de la representación, a consecuencia de los atinados informes de S. E.? Pues se atrevió a hacerlo el viernes pasado; pero como el paso era tan vil, no pudo menos de ser recibido con la mayor repugnancia hasta de parte del Alcalde Presidente Palatino, a pesar de ser europeo. Mas el gran campeón que se le echó encima de firme fue José María Calvo, quien tiene preparado un gran papel para el cabildo de hoy, pues en el pasado hizo presente que tan grave materia no podía quedar resuelta por el momento, y así se acordó. Quizás nuestro Gonzalo, como que va diariamente a la ciudad (que también está aquí de temporada), impondrá a usted del resultado. Yo no lo espero, porque tengo que enviar ésta con anticipación, pues pasado mañana sale el paquete.

No crea usted que el Examen me haya hecho olvidar la Primera Pregunta.[147] Está la materia perfectamente tratada con muchos datos y muy bien digeridos y en unos términos... ¡vaya! se conoce que usted ha querido que le lean los hacendados, aun los más prevenidos en contra; tal es el tono en que está escrito, y añadiré, hasta los más negados: ¡perspicuidad que le distingue! Mucho le estamos haciendo circular, y trabajo por que se reimprima; pero estoy de acuerdo con un amigo en que es menester dejar pasar algunos días para coger al Censor en coyuntura más favorable.

---

147 Mi primera pregunta: ¿La abolición del comercio de esclavos africanos arruinará o atrasará la agricultora cubana? Madrid, 1837. Estudio que luego refundió Saco a instancias de Del Monte, en París el año 45, bajo el nombre de La supresión del tráfico de esclavos africanos en la Isla de Cuba examinada con relación a su agricultura y seguridad. A pesar de que una y otra vez estaba redactado este folleto «con moderación y mesura» prohibió el Gobierno ambas veces su circulación en la Isla. Así reza la orden que, firmada en 1837 por Mendizábal, inserta L. M. Pérez en su estudio sobre Saco, Habana, 1909, pág. 28. El año 45 los periódicos de Madrid, a quienes Del Monte les envió el folleto para su conocimiento y difusión, nada dijeron sobre el mismo. Véase lo que escribió a Salustiano de Olózaga sobre el asunto. En su forma primitiva se encuentra reproducida en la edición de Obras de Saco que F. J. Vingut imprimió en Nueva York en 1853, tomo I, págs. 75-97. En su segunda forma se encuentra en Papeles, tomo III, págs. 85-155.

Advierto que algunas de las que he dirigido a Madrid lo han sido bajo aquel nombre supuesto. Me remitió el licenciado Valdés Rodríguez el paquetico con la obra sobre Caminos de hierro, etc. Reitero mis gracias.

Olvidábaseme decir que para lograr la reimpresión de la Primera Pregunta, fuera de su tono de moderación, puedo alegar dos precedentes aquí mismo, y uno de estos mismos días: la Memoria de Dau, titulada Ingenios sin esclavos.[148] En otra ocasión hablaremos.

Adiós.

Luz P. D. En el correo de abril no tuve carta de usted.

---

148 *Ingenios sin esclavos*. Memoria escrita por don José María Dau. Habana. Imprenta de don José María Palmer, 1837.

76. A José Luis Alfonso

Señor don José L. Alfonso. París.

Habana, marzo 31, 1839. Pepé mío queridísimo: El principal objeto de ésta es recomendarte a los dadores, nuestros paisanos de Cuba, a quienes dirijo a ti para que los sirvas y los orientes en cuanto hayan menester, según sus respectivos gustos, propósitos y circunstancias. Estos señores son: don Eligio Salazar y señora (la que de derecho es la primera y de derecho pertenece a tu Lola para el obsequio, presentándola también a nuestra paisana la Merlín, así como a los demás amigos en mi nombre, pues estrecha el tiempo y no hay lugar para escribir más), don Manuel del Castillo y su sobrino y mi discípulo muy apreciado don Vicente Jústiz. Este último, como va con ánimo de seguir algunos cursos, hazme el gusto de decirle a Gonzalo Jorrín que es cosa mía y lo presente en mi nombre a Orfila, etc., etc. Por de contado que, aunque mi recomendado Jústiz no es joven que necesita que le tiren del freno, por ser no menor su sensatez que su pudor, debo decir, ésta es la expresión, con todo siempre le vendrán bien tus indicaciones para aprovechar y evitar en esa Babilonia, tan campo del saber como de las tentaciones.

Con él trataba de enviarte, pero se pensó ya tarde, los cuadernos del Diccionario italiano que te pertenece y quedo arreglándolos para entregárselos a Domingo, según me había propuesto y tú mismo encargas.

La demora en esto ha consistido en que hasta ahora, desde mi enfermedad, habían estado todos mis libros y papeles clavados en cajones. Te advierto desde ahora que algunas de las entregas han llegado faltas de algunos pliegos, y no todas duplicadas. Cuando te las remita te irá informe exactísimo de cómo van.

No puedo ser más largo. Jústiz te impondrá de todas mis cosas y actuales tareas, ya mejor de salud, etc.

Tiemblo de hablar de nuestro Nicolás Escovedo. A Saquete lo considero ya viniendo para los Estados Unidos, por supuesto que, si Nicolás ha escapado (¡qué malas noticias, qué crueles las hemos tenido!), ésta es para él y para Saquete, si está.

Ahora que hay ya Museo de veras y que se está aumentando la Biblioteca, como ya verás, tienes ocasión de emplear tu patriotismo enviándonos cuanto puedas en todos ramos. Ya sabrás que estoy de Director de la Sociedad; pido, y pido para el público, y pido para mi queridísimo Pepé, que tiene el corazón en su lugar, y uno muy notable en el de su invariable

Pepe

Gran noticia para don Pepé: Tenemos escuela, o mejor dicho, proyecto de Escuela de Gimnástica. Se ha presentado el joven Castro[149] (el yerno, viudo de Zuaznábar, discípulo de Amorós) a la Sociedad Patriótica, comprometiéndose a enseñar gratuitamente, y 50 jóvenes se han constituido ya con un doblón de a cuatro al mes por un año, por vía de ensayo, destinado este fondo a la compra de aparatos, etc. Veremos si crece la suscripción; ante todo tratamos de ver si prohijando la Sociedad el proyecto, como lo prohíja, nos concede el gobierno un local, que podrá ser en el Jardín Botánico, para gastar menos. En fin, Jústiz te informará de todo, si no es que ya Domingo lo ha hecho. Venga alguna obra clásica en la materia.

¿No había de quedar un huequecito para las memorias de mi Mariana a Lola, y mil cariños a la chiquitica? La mía robustísima.

Tu microscopio ya te diría Domingo como hace meses que se lo entregué.

149 Rafael de Castro, habanero. (R. B. N.)

77. A José Luis Alfonso

Habana, abril 13 de 1839.

Yo las busco y tú no las excusas, mi querido Pepé: quiero decir sin más ni más que tratándose de reformar y enriquecer la biblioteca de la Sociedad Patriótica, única pública que tenemos, he puesto los ojos en ti para encargarte de la adquisición de libros que pediremos a esa capital. Esta es, pues, carta de instrucciones. Tengo ya en mi poder 1 500 $ destinados a este objeto, pero de ellos solo libraré para allá de 7 a 800, pues los restantes se distribuirán entre los pedidos a España y a los Estados Unidos y aún a Inglaterra. Mas no creas que la cosa sea tan en pequeño: de aquí a cinco meses sacaré de las cajas de la Sociedad otros 1 500, que ya están caídos, pues hay asignados 100 pesos mensuales al fondo de la biblioteca, de suerte que habrá para entonces hasta 2 000 $ más. Los caídos hasta la fecha ya pasan de 3 000 $ y solo he tomado 1 500, así porque una biblioteca se puede y aun se debe ir formando gradualmente, como por tener fondos para urgencias eventuales de la Sociedad. Por consejo de Gonzalo no te acompaño ahora la letra de 700 a 800 $, pues me dice que no lo haga hasta el mes entrante, que se conseguirán a menos premio. Pero por aprovechar la ocasión directa del paquete, y contando con que tú tienes fondos de sobra y harás con mucho gusto la anticipación de lo que se ofrezca, quiero desde ahora acompañarte listas para que vayas buscando y reuniendo. Por supuesto, que no esperes a juntar demasiado para remitir acá, pues es bueno que la gente vaya viendo algo para que se anime.

Quiero que la biblioteca llene las necesidades de todas las clases y profesiones de modo que desde el teólogo y el jurisconsulto hasta el carpintero y el albañil encuentren en ella lo que busquen para ilustrarse en su ciencia o en su arte. No se diga que como la biblioteca la formaron los literatos se olvidaron de los artesanos, que es la clase que más necesita de formarse así en lo material de su oficio como en lo moral para la conducta.

Otro principio que debe guiarnos en la materia es la adquisición de aquellas obras voluminosas y costosas, como atlas, etc., que no están al alcance de la generalidad y que por consiguiente son tan propias de una biblioteca, pues hay ciertas obras que aunque excelentes andan en manos de todos; y aquí de lo que se trata es de acudir a la mayor necesidad. Algunas, empero, existen, que si bien cortas y al alcance de todos por su baratura, no son sin embargo conocidas, y éstas conviene comprarlas para que la biblioteca sea un medio de divulgarlas. También es menester tener cuidado de enviar algo de cada cosa desde la primera remesa, siempre surtido, para que todos vean que se ha atendido a las necesidades de todos. Así es que yo haré una clasificación de materias, que será como un cuadro o estado, cuyos huecos iremos llenando, y digo iremos porque tu comisión no se reduce a ir enviando lo que se te pida sino a indicar lo que te parezca mejor o lo que parezca a los inteligentes a quienes consultes en los ramos que no sean de tu resorte.

De aquí se deduce otra regla que quiero también sirva de norte, y es que estoy mucho más por las especialidades u obras que traten ex professo y exclusivamente de una materia, que no por las grandes compilaciones o diccionarios, que suelen no ser más que empresas de librería: a complete humbug or book-making,[150] como dicen nuestros paisanotes allende el canal. Sin embargo de que hay sus excepciones y acaso sea una muy honrosa el gran diccionario de ciencias médicas. Es tanto más necesario informarse uno por sí mismo en esto de libros, y caso de no poder hacerlo, apelar al juicio de peritos abonados de nuestra confianza, cuanto sabemos lo prostituida que se halla en Europa la profesión periodística, celebrándose y reprendiéndose en los papeles lo que no lo merece y hasta escribiendo los artículos los mismos autores de las obras revisadas.

Será conveniente comprar la mayor parte de los libros, o todos, si es posible al mismo librero, para lograr aún más rebaja de la que comúnmente hacen sobre el precio del catálogo, a cuyo fin, me parece del caso que hasta se les imponga de que los encargos seguirán periódicamente y así tendrán mucho que ganar. Creo que el alemán Brockhaus tiene el tren de librería muy en grande y hasta podrá hacer venir de Alemania muchas de las obras (traducidas o en latín se entiende, pues no he de encajarles yo aquí libros alemanes para que no los lean) que en París no se encuentren, bien que yo pediré algunas de esas directamente de aquí a Hamburgo. Se trata, mi don Pepé, di fare il miracolo,[151] es decir, de hacer mucho con poco; que se

---

150 «un verdadero fraude o ficción de libro.»
151 «de hacer milagros.»

conozca que la comisión se habrá desempeñado con toda la eficacia del patriotismo que es el que sabe hacer milagros.

Esta consideración me hace no pedir más que pocas obras españolas de ahí, porque son muy subidos los precios de Salvá para las impresas en España; así, pues, aunque sea más largo y molesto acudir a Madrid por muchas de ellas, y aun pagando el seguro por el riesgo de los facciosos en la travesía de Madrid a Cádiz, todavía saldremos mejor librados. Porque ¿dónde hay estómago para pagar en más de 3 $ 5 reales cada volumen de las Memorias de la Academia de la Historia (precio del catálogo de Salvá) ni soltar 8 $ por cada entrega litográfica de solo cuatro estampas de la Descripción de los Museos de Madrid, Escorial, etc.? Mira a ver también, y dame cuenta, de otros libreros de ahí que vendan libros españoles. Yo me alegraría mucho por otra parte de entenderme con Salvá, pues le aprecio, y no da gato por liebre, pero es demasiado caro y debemos ser muy prolijos con el dinero del público, aunque se trabaje y se machaque mil veces más. Así lo concibo yo.

Excusado es decirte por punto general que quiero que estés al tanto de cuanto pueda convenirnos en materia de bibliografía; pero no así como quiera sino brujuleándolo todo y recorriendo los rincones y los baratillos de libros de los boulevards y por la Universidad, etc., donde se suelen hacer hallazgos de consideración, y a veces por nada. Es menester estar a la mira, ya que estás a la piquera para aprovechar los lances. Mucho es el trabajo que te doy, mi querido Pepé, pero yo sé que lo toleras y aun lo desempeñas con gusto por tu tierra y por tu amigo, fuera de que puedes repartir la carga con los que por allá tienes, sobre todo los paisanos, que no faltarán que quieran trabajar. A propos, hace 15 días que di a uno muy apreciable una carta de recomendación para ti: se llama Vicente Jústiz, es cubano, ha sido mi discípulo y va ahí a estudiar. Este es de los que pueden ayudar y con gusto. Gonzalo Jorrín tampoco se desdeñará de ser del número. ¡Ah! ¡Si cogieras a Saquete por allá siquiera un par de meses! A la hora de ésta le supongo ya de regreso de Italia; pero como no sé, ni hay tiempo, su determinación en virtud de la que le escribí en febrero próximo pasado, no podemos contar con su permanencia ahí: si ésta, sin embargo, le alcanzare, cela va sans dire[152] que es para él también en todo y por todo.

152 «Por supuesto.»

No necesito advertirte que cuando haya alguna obra en cualquier materia mejor que otra de las pedidas o más moderna o de mejor edición, etc., etc., tienes derecho para enmendar la plana, pues acá no procedemos sino según las últimas noticias que nos llegan. En fin, tú con el buen discernimiento que te caracteriza llenarás los vacíos y harás las modificaciones debidas en las presentes instrucciones. En cuanto a encuadernación, estoy por que se hagan de pasta entera y no cartonné ni demi-reliure, pues la experiencia me ha enseñado que en este cálido país sobre todo, no solo son más atacados de la polilla los libros así empastados, sino también de la inmunda cuanto no menos devoradora cucaracha, y se trata de que pasen los libros a la posteridad. Sea, pues, la pasta sencilla, pero en basane, sin olvidarse por eso de cierta elegancia y neatness, que bien puede hermanarse con la sencillez. Tú entiendes sobradamente de esto y sabes que se hace bien y barato en París, sobre todo contratándose para un crecido número de volúmenes.

En esta comisión me ha ayudado nuestro Felipe.[153] Por ahora no irá más que una pequeña parte de las listas que hemos formado, y en las ocasiones sucesivas aprovecharé la oportunidad para irte enviando poco a poco más notas, pues sale el paquete mañana sin falta y he escrito y me queda que escribir más que el Tostado. Sin embargo, no puedo olvidar lo que más tengo en el corazón, que es a nuestro Nicolás Escovedo, cuyo estado de salud me tiene sin sombra. Aquí pregunto a su hermano Antonio, a nuestro Gonzalo, a Juara, a cuantos más se interesan por él y mejor pueden informarme, muy señaladamente su querido, y mi querido, Nicolás Gutiérrez. Estoy deshecho por acabar de recibir noticias.

Con Jústiz te doy cuenta de tu Diccionario italiano, cuyos cuadernos serán entregados a Domingo. Jústiz ha ido por los Estados Unidos y acaso llegue antes que ésta. También te hablo de la escuela de Gimnástica que se piensa establecer aquí para la cual ya tenemos el permiso. En fin, mil afectos de mi Mariana para tu Lola con otras tantas caricias para la parísiencita con el afecto invariable de tu muy reconocido

Pepe

153 El gran naturalista cubano Felipe Poey. (R. B. N.) 49.

Recuerda también que en Bruselas suelen hacerse ediciones muy baratas.

Suscribe también a un periódico moral acomodado a la capacidad del pueblo, quizá el de la sociedad de la moral cristiana. El dinero ya lo tengo depositado en una casa de comercio, la de Ricard, para enviarte las letras el mes entrante.

78. A Domingo del Monte

P.S.

[circa, mayo 1839].

Una idea. ¿No podríamos discutir la materia muy a nuestro sabor en su propia morada de usted a presencia de un par de amigos inteligentes, o de cuantos usted guste; pero en todo caso, acompañados de un buen taquígrafo (que lo tenemos afortunadamente en La Habana)?[154] Son harto obvias las ventajas de este plan para que yo me detenga en especificarlas.

Otra vez de usted y siempre fair-play.[155]

P.S.

Una idea: Pues que somos amigos y no media más interés que el de buscar la verdad, podríamos discutir la materia muy a nuestro sabor en su propia morada de usted, a presencia de un par de amigos inteligentes o de cuantos usted quiera o a solas, como usted guste, sin otra compañía que la de un buen taquígrafo, que le tenemos afortunadamente en La Habana y se prestará gustoso a trasladar nuestros discursos al papel para después dar cuenta al público de todo lo actuado, bien sea en alguno de los periódicos o por cuaderno separado.[156]

Siempre de usted y siempre fair-play.

---

154 Sigue tachado: «Así, una vez trasladados nuestros discursos al papel daremos cuenta al público de todo lo actuado».

155 Pseudónimo de Luz en la polémica filosófica.

156 Vid. vol. III, tomo II, de Obras de Luz, de la B. A. C. y la carta 79.

79. A José Luis Alfonso

Habana, mayo 15 de 1839. Queridísimo Pepé mío: Tú sabes el gusto con que siempre veo tus cartas y harto nos conocemos para atribuir nuestro mutuo silencio a otras causas que las verdaderas y naturalísimas de nuestras ocupaciones. Por poco no me dejan hoy, que es día de fiesta, ni aun este rato que te estaba predestinado desde que recibí la tuya del 25 de febrero, hace como ocho días.

Solo tú, Pepé queridísimo, me harías tocar un asunto al cual debo tener la mayor repugnancia, hija de mi natural carácter, por no ser posible defenderme sin ofender: aludo al negocio de Domingo. Efectivamente, todos los datos y aclaraciones obran tanto en su contra, que aun poniendo, como lo haré, un empeño particular en abstenerme de reflexiones, no podrás menos de condenarle más y absolverme, como aun desde allá, y sin haber oído más que a una parte, lo han hecho tu fina perspicacia y tu inflexible imparcialidad y entereza. Yo no lisonjeo ni tú comes esa fruta. Me cuesta trabajo, me hago la mayor violencia al entrar en esta historia... ¡Cuántos motivos que han debido agitar mi espíritu antes y después! Domingo, tú, Gonzalo, los estrechos lazos... ¡Cómo puedo yo conservar ni restos de prevención! ¡Cómo puedo yo haberme dejado arrastrar por ajenas influencias, con tantos contrapesos, que no solo era bastante a echarlas por tierra! No se hable de esto. Vamos a los hechos, supuesto que me pides y te debo una explicación, porque has de saber que a otros amigos que me la han pedido no la he dado, prefiriendo dejarles hacer hasta el juicio más desfavorable de mí al duro trance de tener que presentarles a nuestro Domingo bajo peor luz de la que le veían o podían ver. Siendo muy de notar, por otra parte, el contraste de mi silencio con el empeño de Domingo de escribir a todos nuestros amigos de dentro y fuera de la Isla sobre el particular.

Y cuidado que no alego este hecho para menoscabarle en lo más leve sino como una señal cierta de que su espíritu no estaba tranquilo y buscaba el reposo en el seno de la amistad, bien que siempre podría quejarme yo de los términos en que con todos lo ha hecho, pues siempre me ha pintado como arrastrado por ajenas influencias y como tenazmente resistido a admitir sus satisfacciones, siendo lo primero falso y lo segundo, algo más que falso, es decir, calumnioso. Pero también le absuelvo completamente de

176

estas culpas menores a que naturalmente le arrastraba la crítica y especial situación en que su misma conducta le puso respecto a mí. Tú conoces el corazón humano, Pepé mío, y solo porque le conoces y te conozco, me atrevo a hablar con esta franqueza a un hermano de su hermano. ¿Qué partido le quedaba a Domingo en las circunstancias en que le puso con el público la impugnación y sobre todo el modo y ocasión que adoptó para impugnar mis ideas, máxime cuando todo el público a una dio a sus palabras la misma interpretación, cuando todos le señalaban con el dedo? Y tanto, que algunos se extendieron hasta propalar que lo que había puesto la pluma en su mano era el empeño de combatir mis doctrinas, no siendo la religión más que un pretexto para hacerlo más a su salvo, y que la herida fuera más profunda. Cogió iglesia, dijo más de uno, aún entre sus apasionados, para poder tirar sin que le tiren. Pero yo prescindo de todo esto, pues solo lo traigo a colación para explicar que viendo Domingo el descubierto en que se hallaba, no le quedó más arbitrio que tratar por cuantos medios estuviesen a su alcance de desvanecer esa impresión desfavorable, siendo uno de los más eficaces el divulgar, como lo hizo en consorcio de sus amigos (muchos de los cuales han dejado de serlo míos porque les ha dado la gana) que yo era un energúmeno arrastrado por ajenas influencias y tercamente resistido a admitir satisfacciones, fundando esto último en el hecho positivo de que Domingo había estado personalmente en mi casa, pero que yo no le había querido admitir las satisfacciones que me prodigaba.

¿Crees tú esta última parte? No digo yo a Domingo... al último hombre del mundo se las hubiera yo admitido, pues sé y me gusta olvidar hasta los grandes y verdaderos agravios. No, jamás; no puede entrar ni ha entrado nunca el odio en este pecho, cuyos latidos sientes tú aun a la distancia que nos separa. Así pues, yo habré quedado para algunos en concepto cuando menos de precipitado, de poco indulgente; sin embargo, no he querido defenderme ni en público ni en privado, ni para con Gaspar Betancourt, a quien he dicho: «Piensa lo que quieras; no me defiendo». ¿Y por qué? Porque ofendo a Domingo en su parte moral, y ya mi defensa ante el público me ha forzado, sobre todo instigado por la indiscreción de Félix Tanco, que se metió a escribir cuando más debiera callar (que hay gentes que no se callan ni cuando están por debajo), a ofenderle en la literaria.

Pero vamos a la sencilla exposición de los hechos, pues aun cuando esta carta llegara a un volumen, no quedarías al cabo de las cosas y las personas que han jugado en la escena. ¡Y qué propia es la palabra escena! ¡Cuántos cómicos y cuántas máscaras han caído! Me duele decirlo y no los conocerás por mi pluma. Ninguno de ellos puede sentirlo más hondamente que yo. ¡Ojalá que en algo fueran profundos y consecuentes! Vi el papel de Domingo en aquellos términos tan dogmático y traída la filosofía tan por los cerros de Ubeda, y dándole un lugar tan preferente en un artículo en que se trataba de inculcar religión a las masas, y apenas volvía a mi sorpresa. No había dos meses que en mi discurso de apertura de la clase de Filosofía había yo impugnado alguna doctrina de Cousin, por parecerme muy perjudiciales a los progresos de las ciencias, estando yo lo más ajeno del mundo de que Domingo, que tanto se había reído conmigo del Cousinismo exagerado de algún joven aplicado, fuese tan acérrimo defensor del pseudo-eclecticismo. A él sí que no podía quedarle duda de cuáles eran mis opiniones en la materia, pues Ramón Palma, que asistía diariamente a mi clase, también se veía diariamente con Domingo; a mayor abundamiento, J. Antonio Echeverría, que había almorzado en mi casa pocos días antes (en octubre) de la publicación del papel, tuvo una larga conversación conmigo sobre materias filosóficas en abstracto, es decir, sin contraernos ni a personas ni a países ni a periódicos. Mas, habiéndose leído el papel de Domingo delante de Echeverría, se levantó éste diciéndole que sin duda saldría a la palestra, pues el ataque se enderezaba muy directamente a mis opiniones, profesadas nada menos que en una cátedra. A lo que contestó Domingo que no quitaba lo cortés a lo valiente, pues podía muy bien ser mi amigo y sostener doctrinas contrarias a las mías. Todavía más: es de advertir que Domingo estaba en aquellos días que no se le cocía el pan, como suele decirse, pues apenas había amigo de confianza a quien no enseñase su artículo antes de entregarlo a la prensa, no ocultándoles la zozobra que le agitaba sobre que le salieran al frente (sin mentarme a mí, pero me tenía in petto)[157] y mostrándose a las claras poco seguro de son fait.[158] No para aquí: pues este mismo hombre que me enseñaba todas las cosas de entidad que escribía y aun algunas de menos

157 «en lo público sin miramientos.»
158 «su acción.»

178

importancia, no me enseña ésta en que más titubeada (y que de seguro conocía menos), y cabalmente en materia en que me juzgaba competente, y habiendo estado en mi casa en un tête-à-tête de más de una hora, ocho o diez antes de haber visto la luz su artículo, moviendo cuantas teclas hay en el mundo, hablando de rebus omnibus et quibusdam aliis,[159] iy ni palabra de Plantel ni de moral religiosa! Yo estaba entonces enteramente inocente de lo que se preparaba, pues todos esos hechos los he sabido después, porque habiendo tenido alguna noticia, en mi natural franqueza, le hubiera movido el punto, mucho más con mi amor ardiente por la verdad, que me hace idólatra de la discusión y mayormente con mis amigos. Traslado a mi siempre extrañado Escovedo.

Ahora ¿cuál fue mi respuesta al beligerante papel de Domingo? Fue estudiadamente moderada, fue la más rigurosa aplicación de los principios que había él manifestado a Echeverría. Así fue que tomé hasta la forma de una simple pregunta para que desaparecieran hasta los asomos de pasión, para que se viera a las claras que yo trataba de las cosas con absoluta abstracción de las personas. Ni puse su nombre ni el mío. Mi artículo, poco más o menos, estaba concebido en estos términos: «Al autor del artículo Moral religiosa inserto en el Plantel»: «Supone usted aniquilada la doctrina de la sensación en virtud de las impugnaciones que le han hecho R. Collard, Cousin y Jouffroy no menos que la escuela escocesa y los idealistas alemanes. Pues yo opino precisamente lo contrario, esto es, que ha quedado en pie dicho sistema a pesar de tales impugnaciones.

Pero ni usted ha dado la razón de su dicho, ni yo tampoco: Usted habló primero; a usted, pues, toca el explicarse para proceder en la materia con el orden y detenimiento con que desea ventilarla un apasionado de usted; pero que lo es más de la verdad.—Fair-play».

No recuerdo, o mejor dicho, me parece que también agregaba como motivo para tratar la cuestión con detenimiento, el haberla él hecho aún más grave mezclando la filosófica con la religiosa. ¿Puede estar esto más sencillo ni más moderado? Yo podía hacer trizas el papel de Domingo y aun ridiculizarlo hasta el extremo, pues conocí a la legua que la materia no estaba entendida, que cada palabra suya se convertía en una espina contra él;

159 «de todo y de algo más.»

quise por el contrario abrirle juego para que se defendiera y pudiera quedar con honor, dándole a la discusión el sesgo que él gustase. Por eso me firmé Fair-play, para que me entendiera él, que es buen entendedor, y aun esto lo hice por hallarme sentado en una cátedra, donde había hecho profesión pública de mis opiniones y a la sazón que en alguna otra cátedra recién establecida también en aquella época se profesaban esas mismas doctrinas, de que él se constituía campeón, o cuando menos, órgano. Prueba de ello, que ya en otras ocasiones había dejado yo pasar por alto alusiones en que el mismo Domingo y otros me habían tocado, y algo en lo vivo: no quiero citar, y quisiera, sin embargo, para satisfacción tuya, que fuera posible tener en tu presencia una conferencia con Domingo y algunos de nuestros amigos comunes; pero dejemos esto. Sigamos con el asunto en cuestión. ¿Qué había en mi respuesta, o mejor dicho, en mi pregunta, para poner tan en émoi[160] a nuestro Domingo? ¿Qué menos podía esperar de mí? ¿Faltaba yo a la amistad, a la cortesía? ¿Se descubría algún síntoma de pasión en mis palabras, que casi estaban con una sencillez y templanza matemáticas? ¿Por qué, pues, así en privado como en público, en su contestación, trató de sincerarse de que no le habían movido a tomar la pluma ruines intenciones? ¿Quién habló ni insinuó semejante cosa? Lo que hubo fue que el público mezcló estas cosas y que Domingo vio entonces amenazada a un tiempo su reputación literaria y moral: la literaria, porque mi pregunta lo hizo confrontarse con su grado de instrucción en la materia y el espejo de su buen juicio le declaró que no se metiera de ningún modo; la moral, porque todos decían: «Aunque no sea señal de enemistad el sostener opiniones contrarias ¿no podía este hombre, en su intimidad con el otro, haberle manifestado sus dudas, o haberse dirigido a él expresamente por la prensa con el ánimo de ventilarlas y no recetando materialismo para la escuela contraria a usanza de los tan poco caballerosos como filósofos Cousin y compañía?»

Día 16

Sobre que ya me voy y te iré fastidiando con haber tomado el cuento tan de atrás, si no acabo hoy, será para otra. (Ahora me interrumpen. ¡Quién

160 «fuera de sí.»

sabe cuándo vuelva a tomar la pluma! ¡tantas son las cosas que tengo encima! Vous ne vous faites pas une idée;[161] pero no lucrativas. ¡Guarda, Pablo!)

Día 17

Antes de pasar adelante, no quiero que se me olvide advertirte que no hay nada de traición a Domingo en el testimonio de Echeverría, pues lo que me dijo fue a sabiendas del mismo Domingo, habiéndose manejado antes y después siempre como su verdadero amigo. Digo esto para aclarar, y no se crea que aquí ha habido nada de chismecito ni de ajenas influencias, siendo así que Echeverría vino después del hecho, así como Ramón Palma, a mi casa en nombre de Domingo a justificarlo. Todo fue obra, consecuencia forzosa de los hechos, por cuyos datos irrefragables y amontonados juzgué yo.

Sigamos con la narración. Apenas salió mi[162] artículo, publicó Tanco desde Matanzas su primer papel contra mi moderadísima respuesta a Domingo. Entonces me vi en el caso de replicarle con alguna energía, aunque sin tocar sino lo muy indispensable al artículo de Domingo, a pesar de la provocación de tan indiscreto amigo. No me bastó hacerle ver así, en globo, lo mal parado que ponía a su amigo con seguir moviendo la cuestión. ¡Ni por esas! ¡A vuelta de correo, otro artículo más circunstanciado del señor Tanquito, no como quiera, haciendo del maestro, cual había intentado en el primero, sino tratando de candonguearme y ridiculizarme! ¡Digo, estar destituido de razones y sin muchas fuerzas naturales y hacer del san-benito gala! Entonces ya no hubo más arbitrio, aunque bien malgré moi, sino de sentarle la mano de firme, y para ello tuve que enseñarle un poco las uñas, bien que muy sobre peine, en cuanto al papel de Domingo, porque es hombre el señor Tanco de aquellos a quienes es menester tocar para ser tocado: quise hacerle ver que las mías no eran solo bravatas sino que cuando me atrevía a afirmar una cosa, no lo hacía sin un escuadrón de razones al canto; pero a todas estas, sin entrar yo todavía en el análisis del papel de Domingo, pues quería que hablase primero y guardarle consideración hasta el extremo, resuelto hasta

161 «no te puedes dar idea.»
162 Las palabras «apenas salió mi» se encuentran borradas en el manuscrito sin haber sido sustituidas con otras. Sin embargo las imprimimos para que el párrafo que con ellas comienza tenga su recto y completo sentido. (N. de la *Revista de la B. N.*)

181

a quedarme callado, como lo he hecho, si él no contestaba, contentándome con solo publicar cuando Dios quiera mis comentarios sobre Cousin que anónimamente había yo muy de antemano, al abrir mi curso de Filosofía, cuando no se soñaba en polémica ni en cien leguas, prometido a la juventud estudiosa.

Confieso francamente que algún pasaje de esta mi segunda respuesta a Tanco debía hacerle escozor a Domingo, y tanto más cuanto éste estaba ya perturbadísimo, sin saber con la que perdía, como suele decirse, y casi resuelto a no [continuar][163] por la sencillísima razón de que cuanto más medía sus fuerzas, más claro le decía su clarísimo entendimiento que rehuyera el lance. Y aquí también confesaré, porque soy más ingenuo que nadie, que [de] haber adivinado yo el aprieto en que iba a poner a Domingo, a pesar de todos los motivos que me impulsaban a tomar la pluma, jamás hubiera escrito una línea. Pero yo me figuré que él estudiaría la materia y daría un buen papel, que yo le contestaría, y muy en paz y armonía quedaría redondeado el expediente. Que aquella manifestación fue indispensable con Tanco lo demuestra tanto más la circunstancia de que éste había escrito al mismo Domingo y a otros amigos que ya el negocio era entre él y don José de la Luz, que estaba resuelto a llevarlo a cabo, y esto cuando el mismo Domingo le rogaba con el mayor encarecimiento que lo dejase de la mano; pero todo en vano, y vanitas vanitatum; el empeño de quedar por encima lo dejó abajo in saecula saeculorum al segundo viaje. ¡Cómo no conocía este santo varón que con solo tocar la cuestión perjudicaba a su amigo! ¡Cómo podía concebir la posibilidad de que yo me defendiera sin ofender! ¡Cómo podía pretender que yo callara en mis circunstancias y estando cargado de razones! Porque yo soy hombre que, si me conociera en conciencia desprovisto de ellas, sería el primero a salir gritando que no las tenía. Pero Tanco sin duda no es de este temple, y por su corazón juzga el ajeno. Por lo demás, el público en general, y muy en especial y certeramente cuantos me conocían ya, me daban la palma, fundados en que: «Luz jamás se metía en una polémica sin estar muy apertrechado de razones». ¡Tú sabes hasta qué punto y con qué delirio amo yo la verdad! Desde mi primera respuesta a Tanco, cuya publicación por retrasos de imprenta y de censura coincidió con la de

---

163 En el original: borticar; posiblemente vorticar, replicar.

Domingo a mí, estuvo éste a verme y darme satisfacciones, que admití con la mayor franqueza del mundo, o mejor dicho, que no admití, porque le dije que no eran necesarias, pues yo no podía llevarle a mal que opinase de distinto modo a un amigo en semejantes materias, antes al contrario vería ahora el público una prueba de que nosotros no teníamos la tolerancia solo en los labios, sino también en el corazón. Y tan satisfecho quedé de él, que toda la conversación giró sobre las fuentes en que podía beberse, indicándoselas yo con la mayor franqueza y no con la desconfianza y reserva con que lo hubiera hecho otro cualquiera en mis circunstancias, pues todos, y yo entre ellos, estábamos entonces persuadidos que él tomaría la pluma no haciendo yo con mi franqueza en tal caso más que darle armas contra mí mismo en los materiales que le proporcionaba.

Por supuesto, que yo le di desde luego a la conversación este sesgo enteramente literario para alejar todo cuanto pudiera mortificarle. En suma, fue un coloquio tan íntimo y familiar como todos los que nosotros acostumbrábamos a tener. Me halló el mismo; no hice la menor novedad; antes, estuve más locuaz y complaciente, si cabe, pues ya tú has definido mi carácter como sobradamente generoso, y el paso de venir él en persona a satisfacerme me conmovía doble y vivamente. Recuerdo por más señas que al levantarse, volviéndose a mi Mariana, que se había mantenido distante y ajena de nuestra larga y animada plática, le preguntó que «si ella también estaba satisfecha de la pureza de sus intenciones», a lo que ella repuso que jamás había dudado de ellas, y que ya sabía que su respuesta no era dictada meramente por la urbanidad, pues acostumbraba siempre a decir lo que sentía o a callarse, y que en prueba de ello, al paso que le absolvía a él, culpaba, y mucho, a algunos que habían mojado en el negocio, etc. Queda, pues, más claro que la luz que no solo admití satisfacciones, sino que obré con la mayor franqueza imaginable, y más que imaginable, y en un sentido eminentemente conciliador, no ya meramente como quien decía que se podía separar todo sentimiento de la cuestión literaria, sino como quien realmente lo practicaba, según se dice muchas veces y no se hace.

¿Por qué, pues, el empeño de Domingo en hacer creer lo contrario antes y después? ¿Por qué en su respuesta se contrajo a que no le movieron ruines intenciones? Así es que su respuesta no es respuesta a mi pregunta; y tanto menos cuanto me dice: Porque eres mi amigo no te contesto; ahora, si me estrechas por la especie de reto que me haces ante el público, me pondrás en el caso de contestarte. Pero, señor, ¿no decía usted mismo, y es la verdad pura, que nada tiene que ver con la amistad el que se sostengan distintas opiniones? Entonces, ¿por qué no dijiste más bien que te alegrabas en entrar en el examen de la cuestión con un hombre que a fuer de amigo no haría generar la polémica en personalidades? Vese, pues, que Domingo de ninguna manera quería contestar y su amor propio herido le hacía escogitar esos efugios. Ni se diga que él en su respuesta se contrajo a las viles y ruines intenciones, no por lo que decía mi papel, sino por lo que había llegado a sus oídos. Eso estaba bueno para que me lo dijese a mí privadamente, pero no al público. En fin, su contestación tímida, ambigua, contradictoria, le hizo más daño que provecho. Contestó, pero no respondió. Así, pues, yo en mi contestación brevísima, única que le di, prescindiendo de todo, le manifesté que la circunstancia de ser amigos era favorable a la cuestión; pero que estaba tan lejos de compelerle y apremiarle a su examen, que había jurado, como lo he cumplido, dejarla ahí; mas, para ofrecerle un medio decoroso, un verdadero manto de amigo con que cubrir el expediente y la debilidad en que le veía, le propuse que podíamos discutir la materia privadamente, en su misma casa, a presencia de un par de amigos, acompañándonos un taquígrafo[164] que a la sazón había en La Habana, para que recogiera las especies que jugasen en la discusión y presentarlas como la mejor ofrenda a la juventud estudiosa de nuestra patria; y por supuesto que mi despedida era la más tierna y sentida del mundo, como que la escribí casi con lágrimas. Quisiera que la vieses. Pero un día de estos haré modo de reunir todas las piezas de este proceso en el que de derecho te compete conocer y fallar, y te las embocaré en cuerpo y alma.

Te advierto que cuando digo repetidamente que no podía defenderme sin ofender, se entiende por ofender, tocar el papel de Domingo, no la persona ni en mil leguas.

Por conclusión de tan desapacible relato, pretendo, pues, no solo haberme portado bien, sino con sobrado miramiento, a pesar de lo que las circunstancias encrespaban el negocio, miramiento que me era dictado por

---

164 Vid. supra, carta 78.

mi propio carácter, pues no solo soy incapaz de golpear al que se muestra caído, sino que me duele en el alma ver mal parado a cualquiera, y máxime a un amigo, y a un amigo de tanto mérito; miramiento que me inspiraba, para decirlo de una vez, mi Pepé queridísimo, su familia entera tan digna, nuestro sin igual Gonzalo, la más honda gratitud. Todo esto que se agolpaba y que me hizo no salir hasta el cabo de ocho días, y eso con solo aquellos cuatro renglones... y casi, casi convencido... te lo diré todo de una vez, te abriré mi pecho de par en par, de que Domingo había escrito contando quizá con que todos estos motivos acaso sujetarían mi pluma... ¿Qué genio del mal movió la suya en aquellos instantes?.. Doblemos esta hoja que me arranca lágrimas. Ahí tienes ya datos que bastan para tu criterio, no para la plenitud de mi corazón, y que para el caudal de hechos que han influido, pueden apenas considerarse como un átomo.

Por supuesto que yo estoy reconciliado, reconciliadísimo, con él, ¿es menester repetirlo? ¿Quién siente más hondamente que yo los quebrantos y duelos de la patria? ¿Por qué han querido algunos muchachos indiscretos enarbolar el estandarte de la división entre nosotros mismos? Pero no debo hablar de reconciliación, pues ni he reñido, ni he tratado de cortar relaciones con Domingo. Él ha seguido así sin frecuentarme; pero más lo atribuyo a estar como corrido, que a ningún otro sentimiento de prevención, y yo no he ido a su casa por creer que mi presencia podía mortificarle. He pensado hablar con Gonzalo acerca de esto, y aun fui el otro día a su casa con el objeto y tu carta, pero no estuvimos a solas lo bastante. Será otra ocasión. El tiempo, que todo lo borra y lo arregla, irá trayendo la coyuntura más favorable. Para mí todas lo son. Entre tanto tú juzga y hiere, o más bien, restaña. Traslado a Escobedo y a Saquete en lo que te parezca conveniente sobre el particular.

¡Qué contentos estamos con la noticia de la buena salud del primero! En cuanto a su negocio, paréceme, y parece a Gonzalo, que puede volver aquí sin zozobra siempre que no sea a ejercer la abogacía, como antes, sin estar recibido, porque habiendo aquí ahora audiencia, es más probable que sus enemigos le renovaran aquella bastarda guerra; mas estando recibido, mejor para su elocuencia que haya audiencia. Respecto de Saquete, por ahora paciencia; ya le tengo escritas dos, una larguísima sobre la materia. Te acompaño la letra de 700 pesos para los libros de la Sociedad, según te indiqué lo haría en la mía de mediados de abril. A la vuelta va el endose a tu favor.

Que te diviertas grandemente en Nápoles, y que la rozagante Lola logre consolidar su salud en unión de la lindísima Blanca, a cuyos votos se junta mi Mariana, comme de raison.[165] ¿Y podré olvidar al gran José Jesús y a su amable Rosa? No escribo porque no puedo, no porque no quiero. En marzo lo hice y no tan deprisa a J. de Jesús; digo ¿quieres creer que aún no he tenido tiempo de seguirte arreglando los cuadernos del Diccionario italiano? En cuanto pueda se los pasaré a Domingo. Tampoco yo me olvido del buen Sicilia. Antonio con hembra y varón y muy agradecido a tus finísimos recuerdos. Yo in statu que en cuanto a prole. Toda mi familia te agradece mucho tus memorias, y mi madre, que te quiere mucho por lo mucho que quieres a sus hijos. Celebro mucho que estés tan mejor, y escríbeme siempre, pues así me obligarás a hacer milagros, que lo es realmente con mis ocupaciones haberte llenado siete pliegos de papel, tu amantísimo

Pepe

165 «como es natural.»

80. A José Luis Alfonso

Monsieur Joseph L. Alfonso.

S'adresser a Mssrs. Chauviteau, frères et Cie.

à París.

Habana, junio 22, 1839. Pepé mío queridísimo: El dador es don Juan Fernando Proenza, profesor de Medicina, que va a esa capital de las ciencias con ánimo de perfeccionarse en la suya. Es paisano de nuestro Gasparete, por quien me ha sido recomendado para que yo lo haga contigo... «Pues pare usted de contar», me dirás al llegar aquí, pues tú sabes lo que es Gaspar para mí y yo no ignoro lo que es para ti. En suma, nosotros le queremos por natural inclinación y por deber de patriotas y de correspondencia, pues es una de las joyas de nuestra tierra y todas las puertas las abre en diciendo Pepe o Pepé. Ponme, pues, al amigo Proenza en contacto, no solo con aquellos sabios e instituciones que puedan coadyuvar a sus pesquisas, sino con la gente de la buena sociedad para hacerle más agradable su mansión. Para lo primero le será excelente cicerone el despierto cuanto aplicado Gonzalo Jorrín, quien tendrá ésta por suya. También iba a darle carta para Escovedo, según me indica el mismo Gasparete; pero en este momento me dice Domingo Vázquez que tú le decías lo mal de salud que se hallaba ¿Será posible que se nos malogre este hombre irreemplazable? No me puedo conformar con que así se cercene el número de los buenos. Me tiene agitadísimo esta cruel nueva.

También servirá ésta para Saquete, si le coge por ahí, pues tampoco hay tiempo para más por estar yo ocupadísimo y salir mañana el buque para Nueva York, donde va mi recomendado.

Por el paquete de Burdeos, que sale dentro de una semana, te escribiré largo. Entre tanto, diviértete por Italia.

Mil afectos a Lola con cariños a doña Blanca, así de mi Mariana como de tu invariable

Pepe

81. A José Luis Alfonso

Monsieur Joseph L. Alfonso.

París

Habana, junio 22,1839.

Pepé queridísimo: ¡Mira cómo el Camagüey va dando señales de vida que es un primor y me llena el alma de alborozo! Allá te va una caravana completa de principeños, unos a perfeccionarse y otros a formarse. Entre los últimos va un niño, hijo del licenciado don Gregorio de Quesada, a cargo del señor don Juan Fernando Proenza, a quien te recomiendo también con esta fecha; de cuyo niño me habló el mismo Gaspar en estos términos (advirtiéndote que me ha sido además recomendado muy especialmente por mi íntimo y querido pariente Tatao Orozco): «El niño va a París para [que] se coloque en un colegio. Usted me le da a ese muchacho cartas para Saco, Escovedo, Alfonso. Cartas para todo, incluso dinero y cuidado, con facultades de padres y tutores que vigilen sobre su conducta como buenos paisanos, y que nos avisen puntual y fielmente todo lo que pase, como que no estamos para mandar muchachos tan lejos y con tantos sacrificios para que se vayan a desgaritar y perder por allá. Mire que el muchacho es bonete y puede sacarse de él cosa buena»... «Por acá decir París es lo mismo que decir Pekín y nada se puede proporcionar, ni aun dinero, porque es preciso valerse de La Habana para todo. Yo cuento con todo lo que usted pueda facilitar de relaciones al niño en Francia...»

Héme aquí, pues, Pepé mío queridísimo, con el mayor gusto y en la obligación, pues para mí es sagrado cuanto me viene de Gaspar, de encomendarte tan grave negocio, y no solo respecto de este niño, sino también de un primito que le acompaña con el mismo objeto, hijo del licenciado don Francisco de Quesada, persona de mucho aprecio para toda la familia de mi suegro, y que como padre celoso ha querido aprovechar tan buena coyuntura.

Ahora, cuestión mía: ¿qué será más conveniente, enviar los niños a Suiza o a Alemania, donde sin duda reinan mejores costumbres, o bien ponerlos en algún colegio, donde estén cerca de tu inspección, porque esta circunstancia puede compensar y aun ser de mayor influencia que todo lo demás? A ti te queda resolverla con conocimiento de causa y sur les lieux.[166] Des-

---

166 «sobre el terreno.»

pués preguntaré a sus familias a qué carrera quieran dedicarlos en lo sucesivo, para participártelo. Por lo que hace a dinero, ya me ha dicho el doctor
don Francisco Quesada que quedan las cosas arregladas.

Adiós, Pepé mío; no hay lugar para más. Tu amantísimo

Pepe

82. A José Luis Alfonso

Habana, junio 29 de 1839. Pepé mío queridísimo: Siempre deprisa, pues pensaba hoy, que es día de fiesta, escribirte largo y he tenido visitas hasta la hora de comer, y sale mañana sin falta el paquete.

Aprovecho la ocasión para acompañarte, como lo hago, las demás piezas del proceso, esto es: mis contestaciones a F. Tanco, etc., y te confieso que, aun habiéndotelo ofrecido, no quisiera remitírtelas, pero te son debidas y no hay que replicar. Por supuesto que ahí no se examina la cuestión sino solo se le apagan los fuegos al inexperto artillero. Te repito que me vi en el caso de enseñarle un poco las uñas respecto a Domingo porque Felillo[167] se había figurado que todo se quedaba en amago. Sin embargo, aun así he andado con mil ménagements.[168] Me tienen muy desazonado las últimas noticias de nuestro amadísimo Escovedo. ¡Quiera Dios que se desmientan! ¡Qué sorpresa tan dulce! A nuestro Saquete ya lo hacemos en camino para los Estados Unidos; si no, que ésta es suya. A propos de los Estados Unido, sé que nuestro don Félix está bien apurado de dinero y aunque bien al cabo yo de lo muy reiteradamente que lo has socorrido, y no en pequeño, no he podido menos de decírtelo. Su segundo tomo de Elpidio no se ha vendido tanto como el primero, y así han fallado sus cálculos. En el ínterin yo â son insu[169] le estoy juntando alguna cosita entre los amigos.

Te acompaño el duplicado de la letra de cambio. Recuerdo (y mira mi memoria, con tanto negocio) que entre los encargos (y eso que no tengo ese apunte) iba una obra sobre sistema nervioso, sin nombre de autor. Debe ser por Seuret.

Vaya otra molestia, Pepé mío: Esa lista de libros publicados en Bruselas me la ha traído don José María Casal, rogándome que te los encargara para él, que abonará todo. Dispensa, Pepé mío ¿Cómo te [ha] ido de Italia? ¿Y nuestro José de Jesús? Mil cosas a Lola y caricias a doña Blanca de Mariana y mías. Cuidado con mis recomendados de Puerto Príncipe; ya sabes lo que es Gaspar para mí.

---

167 Félix Tanco, colaborador de Del Monte en la polémica sobre Moral religiosa. Vid. vol. III, tomo II, de Obras de Luz de la B. A. C. (Roberto Agramonte.)

168 «miramientos», «consideraciones».

169 «sin que él lo sepa.»

Tu invariable
Pepe

La Sociedad recibió con sumo agrado tu magnífico regalo de la mesa de mármoles.

83. A José Luis Alfonso

Habana, noviembre 29 de 1839.

Pepé mío queridísimo: Más que deprisa, de noche y para entregar ahora mismo al dador, te pongo estas cuatro letras con solo el objeto de recomendártelo muy eficazmente. Es el sujeto don Toribio Zancajo, sobrino del Señor actual Director del Colegio Seminario. Le aprecio sobremanera, no solo por sus buenas prendas, sino por su mucha aplicación y aprovechamiento en las ciencias naturales, y señaladamente en Farmacia, Química y Mineralogía. Ya ha hecho algunas excursiones científicas por el interior, que espero producirán preciosos frutos para nuestra industria futura. En fin, le hemos incorporado en nuestra Sociedad como premio de sus afanes. Bastantes noticias podrá dar a ustedes de mí y de mis tareas. Digo a ustedes en plural, porque ésta es también para nuestro Saquete, a quien desea mucho conocer, a quien escribiré largo por ocasión directa y más despacio. Tampoco me olvido un instante de nuestro Escovedo. Mil afectos a Doloritas de mi Mariana, con caricias a doña Blanca, quedando siempre todo tuyo

Pepe

Presenta mi recomendado a mi querido Jústiz y demás paisanos.

84. A José Luis Alfonso

Habana, febrero 4 de 1840.

Es usted todo un hombre, mi Pepé queridísimo, un homme comme il faut,[170] según se dice por allá, y excusado es manifestar que estoy contento, contentísimo como unas pascuas, como un muchacho, con tu desempeño de la comisión de los libros; y no así como quiera sino contento de la substancia y del modo con que se ha desempeñado. Verdaderamente que has hecho milagros con los 700 $, los que yo esperaba de tu patriotismo, inteligencia y eficacia, agregando con tu acostumbrada generosidad el regalo de los clásicos griegos, edición tan cómoda como completa. Por fortuna, ya hay cuatro o cinco clases de griego entre nosotros y podrá nuestra juventud sacar partido del presente. De todo di cuenta circunstanciada a la Sociedad en la última junta a fines del pasado; y para que formara una idea más exacta del modo con que habías evacuado tu encargo, quise leerle tu misma carta, donde hay además tantas buenas indicaciones para lo futuro; y todo fue recibido con el mayor agrado, acordándote las gracias más expresivas, inserción en el acta, etc., etc. Una cosa quiero decirte, aunque te me sonrojes un poco: siento una satisfacción interior, una emoción viva, cierto orgullo íntimo cada vez que noto algunos rasgos de tu conducta y de tu modo de pensar, como si se reflejara hasta mí el honor de tus acciones... No, no está bien expresada mi idea porque en ella no, no hay nada, ni pizca de vanidad; es el placer secreto de un padre que se deleita a sus solas, aun sin decírselo a nadie y aun sin que alma viviente sepa que es padre, en las bellas acciones de su hijo. No creas que hago esta observación solo con motivo de los libros. Cuando en aquel desagradable negocio (que a Dios gracias el tiempo y circunstancias han ido arreglando y arreglado completamente: aludo a Domingo), los que estaban cerca y con más datos que tú, distante y sin más antecedentes que los que te diera la otra parte, me juzgaban o afectaban, algunos, juzgarme menos imparcialmente, ¿cómo no había de formar una idea ventajosa de tu capacidad y de tu candor? Hay mucho, mucho, muchísimo vulgo en este mundo aun entre los que pretenden pasar por ilustrados y sagaces. Pocos son los que piensan con su propia cabeza y que dan muestras de ese golpe de vista certero que tantas veces he descubierto

170 «un hombre como es debido.»

193

en ti. Pero volvamos a nuestros libros. (Por supuesto que estamos Domingo y yo en las mismas relaciones que antes, sin que por mi parte pueda caber ni chispa de extrañamiento ni desvío.) Todo se ha recibido con arreglo a la factura y en el mejor orden, y solo por hablar mercantilmente, pues tú también con tus cuentas y facturas tan formales has procedido con mercantil exactitud, te diré que no he encontrado el tomo o Memoria sur les Maladies du bétail.[171] Pero eso, así como todo lo demás pendiente, se dejará para el año de 41, no solo por lo que me indicas de tus planes de viajes, sino para dejar engordar un poquito los flacos fondos de nuestra Sociedad, que casi vive de la caridad de los fieles cofrades. Para entonces también dejaremos lo de suscripción a periódicos, habiendo celebrado sobremanera el envío de la Exposition, que tanto cumple a uno de los fines que me he propuesto con el enriquecimiento y reforma de la Biblioteca, que es difundir y ennoblecer entre nosotros el gusto de las artes útiles, pues todo ello es salir a blanqueo, única panacea de cuantas dolamas nos aquejan.

Bien hecho en no haber tomado ahí nada español, y máxime habiendo yo enviado mis instrucciones a Pepe Bulnes, quien ya me anuncia que pronto tendré cuanto ha podido recabar de las ferias y librerías nuevas y viejas de Madrid, bueno y barato. Siento que no se hallara un buen Fra Paolo; veremos en Londres y, si no, regalo el mío a la Biblioteca, que es obra importantísima. La obra de Savigny que ha venido es la historia del Derecho Romano en la Edad Media y, como me das a entender que se encuentra ahí también, en francés supongo, o en latín, pues me dices «las obras de Savigny (a excepción de la Possession), las de Thibaut, etc. no se han encontrado sino en alemán», envíala, si se puede. Quedo enterado de todo lo demás. Entre las obras que, por no acabadas de publicar, no has remitido (regla que apruebo mucho), la que más siento es la Fisiología de Burdach; pero afortunadamente ya se ha acabado de dar y la tiene la Biblioteca de nuestro Museo de Anatomía, que gracias a nuestro Gutiérrez, va cada vez más alzando la cabeza, a lo que tú también sé que cooperas. A propos de cooperación, para el arreglo de Biblioteca, puede que se necesite alguna casilla para estantes, etc. Estoy haciendo un pequeño presupuesto y voy a ver si me lo llenan los amigos, y entre ellos, por supuesto, te pondrá Gonzalo, que será otro de

171 «Sobre las enfermedades del ganado.»

tantos, cuando vuelva del campo a fines de éste. Admírame que no se hayan encontrado las Cartas de Chevalier sobre México que tanto ruido hicieron. Aquí creo que nadie las tiene. Muy bien me parecen las fábulas del Argentino. Otra ocasión hablaré de ellas porque ya el tiempo me estrecha, y ahora me salen con que sin falta se va mañana el Hâvre y Guadalupe, que lo habían anunciado para el 10. Como se detenga un día más siquiera, le escribiré largo a Saquete, pues ahora dos meses solo lo hice brevemente contestando a la suya de agosto, que es la última de él que hemos tenido; pero, si no, dímele en sustancia que no he cesado de aprovechar coyunturas aquí y en España, siempre, siempre, aun sin sus indicaciones, pues lo tengo clavado en el corazón. Ya pronto tendré alguna respuesta de las instrucciones y encargos que sobre él hice a España y que he renovado y reforzado ahora 12 días con la ida de un buen paisano, y aprovechando la circunstancia de haber llegado Juan Kindelán, etc., y otras no menos favorables. En el tumbo de un dado ha estado que yo fuera a España, y entonces sí es seguro que me lo traigo yo a la vuelta. Sin embargo, confío en los de allá y en un plan que hace dos días se me ha ocurrido por acá y que aún no te comunico ni le comunico, por no estar todavía más que en mi cabeza. En cuanto marche algo y me prometan, lo participaré. Que no pierda las esperanzas. No se me desaliente. Que su causa es muy buena, mejor que la de todos esos, y yo he de tener la gloria, el gusto, de estrecharlo acá en mis brazos. El tiempo es un gastador que todo lo va redondeando.

¡Cuánto aplaudo la mejoría de nuestro Escovedo! Mucho nos ha hecho penar y aún nos hace por obstinarse en no salir de ahí a clima más benigno para asegurar lo adquirido. Yo, que soy maestro en estos males nerviosos; creo que su obstinación en cabeza tan racional es hija de sus mismas dolencias y así lo siento, pero no le condeno.

¡Figúrate si me la habré dado buena con Gonzalito, hablando de ti y tu familia! Ya a la hora ésta tendrá compañero doña Blanca. Por supuesto que mi Mariana conmigo saluda afectuosamente a tu interesante Lola y envia mil caricias para los chicos. La mía robusta, graciosa, divirtiendo a su madre y a su padre y aprendiendo algo burla burlando. Muy juicioso y sentado me ha parecido Gonzalito. Ya le he hablado sobre plan de estudios, que arreglaremos a su regreso del campo a fines del mes.

Nuestro Gaspar Betancourt, que fue quien me recomendó los camagüeyanos, muy agradecido por el empeño y eficacia que por ellos has mostrado. Se hallaba en La Habana a la sazón y le leí el párrafo de tu carta. De él son las adjuntas para sus títulos, que me encargó te incluyera, porque no se extraviasen, y yo además te agrego ésa para el joven Pérez, cubano. Cobra los portes o que los cobre Chauviteau, que no es justo te graves. Mil memorias a todos los paisanos de todas partes de la Isla: Jústiz, Salazar y señora Castillo Proenza, etc.; a Jorrín (¿qué tal sigue?), a Santurio, etc., etc.

Entregué a Gonzalito el importe de los libros de Casal, y te doy las gracias por la molestia que te tomaste. El muchacho Ayestarán me ha enviado a decir que quiere hacerme una visita larga: la deseo mucho porque me hablará largo de nuestro Escovedo: está en el campo.

Un mot sobre el nuevo General: aún no se ha dado a conocer, es decir, no hay todavía por donde juzgarlo fija e imparcialmente para ver si acredita o desmiente lo que de allá se escribió. En mi cumplido para la Sociedad se mostró fino y dispuesto en obsequio de tales corporaciones. Ello dirá.

Adiós, Pepé mío. Tu

P.

P. S. Mil gracias por la obrita Bibliotéco-économie que me entregó el joven matancero Hernández. Venga el cuadro bibliográfico que me prometes.

85. A José Antonio Echeverría

[Feb. 9, 1840.]

Amigo mío: usted sabe que sé de su salud (¡y vaya esa runflada de eses!), que Dios conserve.

¿Habrá inconveniente en que asista a este taller en clase de aprendiz o de mirón o de manipulante (pues ansía por trabajar) un alumno muy aplicado (según me informan) de la Escuela de Maquinaria, llamado Federico Zenea? Sí, o no; como usted sabe, que en ello tiene empeño su apasionado J. de la Luz

86. A Domingo del Monte

Señor Domingo del Monte. S.A.[172]

P.

[Abril 7-1840.]

Mi estimado Domingo: Agradezco infinito su prontitud en haberme enviado los autos, que devuelvo puntualmente, aun antes de la hora exigida.

Siempre suyo

Pepe

172 Su afectísimo, o su amigo, Pepe.

87. A José Antonio Echeverría

Mayo 4 [1840]

Amigo mío: Porque se saboreara más nuestro don Cirilo, no se le había reclamado el sin-par viaje, que ya hace días nos lo piden.

¿Cuándo se deja usted ver por donde siempre se le quiere? Su afmo.

J. de la Luz

88. A José Luis Alfonso

Monsieur
Joseph L. Alfonso
aux soins de
Messieurs Chauviteau et Cie.
à París.
Habana, mayo 31 de 1840,

Pepé mío queridísimo: También yo tengo de juro que ser lacónico al contestar la tuya del 19 de abril Estoy sin sombra con lo que me dices de nuestro sin par Nicolás, y lo dices con una fijeza, que me hiela el alma, como que será consecuencia de una enfermedad crónica... ¡Con que sin esperanza... que! Yo no he quedado en el mundo más que para llorar muertos y ausentes a los hijos predilectos de la patria, a los que más ella necesita! Esto es cruelísimo, cruento.

Se espera por momentos a la Merlín de los Estados Unidos, y por supuesto que aquí será atendida y obsequiada comme il faut[173] por todos sus compatriotas. Acaba tú de venir, Pepé de mi alma, si posible es, que ya para octubre estés aquí. ¡Me has encendido tanto mis ya vivos deseos de abrazarte! Me apresuro a decirte (pues solo hace tres o cuatro días que recibí la tuya, y ésta es la primera ocasión, que el Tigre salió anteayer y no lo supimos) que, si no han comprado esos otros libros para la Biblioteca, no lo hagas porque aún los fondos que estaban destinados a ella, como estaba ya algo surtida de libros, se han dedicado a urgencias imprescindibles de la instrucción primaria y estamos sin blanca. Sin embargo, lo que hayas comprado ya, tráelo, que se pagará con arbitrios. Ahora cabalmente, para hacer los nuevos estantes y reparar el local, estoy con una suscripción que llega a 1 000 $ recogidos. Ahora, si allá hay quien te vuelva a tomar dichas obras, puedes hacerlo, pero en ningún caso saldrás gravado. Lo que si quisiera, fuera que la Sociedad además del Instituteur, quedase suscrita con puntualidad a un par de revistas o periódicos grandes, de lo mejor en ciencias y letras, como por ejemplo la Biblioteca de Ginebra y los Anales de viajes o a tu elección enteramente, y algún diario de los buenos, como el Temps o cosa

---

173 «como se merece.»

así en que brevemente se dé cuenta de las cuestiones científicas y literarias, pues con arreglo a este meridiano, se necesitan las cosas en compendio.

Ahora en mi particular, deseo me traigas la Réfutation de l'Ecléctisme par P. Leroux, primer volumen, y una Memoria de Jouffroy leída en el Instituto, en la clase de ciencias morales en septiembre de 1838, con la respuesta de Broussais en octubre inmediato. Esto no se halla en las imprentas ni librerías porque solo se imprime para los miembros del Instituto o en la colección de sus Memorias, y si es menester, tráeme todas las Memorias de esa época, esto es, todo el cuaderno. El asunto de la Memoria es sobre «la distinción, dice Jouffroy, entre la Psicología y la Fisiología». Quiero zurrarle duro, aunque sé que Broussais lo hizo à merveille.[174] Mil cosas a Lola de tu

Pepe

P. S. Ha llegado el correo de España y no he tenido carta de Saquete, pero es algo atrasado el correo: 48 días.

174   «a las mil maravillas.»

89. A Mr. A. H. Everett

Havana, Jane 3, 840. My dear friend: My numberless avocations had prevented me up to the present moment from returning you my best thanks, both for the works of J. P. Richter and for the hereat felt expressions of kidness you have bestowed upon me.

Your acquaintance, my dear Sir, has been 80 very interesting for me, that I'll only regret not to have had more leisure hours to spend in your amiable company.

Would to God, it were in my power to go [and] revisit again and again your own happy country! In the meanwhile remain here quite at your disposal, as your most obliged friend and well wisher (and only everwisher).

J. de la Luz

(Traducción)[175]
Habana, junio 3 de 1840.

Mi querido amigo: Mis muchas ocupaciones me han impedido hasta este momento, darle las gracias por las obras de J[uan] P[ablo] Richter y por las expresiones sentidas de bondad que de usted he recibido.

El conocerle, mi estimado señor, me ha sido tan interesante, que solo he de sentir no tener más horas libres para pasarlas en su amable compañía.

¡Quisiera Dios me fuese posible ir y volver a visitar vuestra feliz nación! Entretanto queda aquí a vuestra disposición, como su más obligado amigo y buen queredor (y siempre buen queredor).

J. de la Luz

---

175 Por Roberto Agramonte Solo se conserva un borrador muy defectuoso de esta carta, sin el nombre de la persona a quien va consignada.

90. A José Antonio Echeverría

Señor don José Antonio Echeverría.

Habana, junio de 1840

Mi muy apreciado amigo: Bien hace usted en creer que necesito de recuerdo, sobre todo mediando la instrucción pública; usted también, amigo, a quien aprecio de veras. En efecto, no he cesado de hacer diligencias, así por ver si daba con el francés, como buscando otro, y hasta ahora sin fruto; pero sigo con el mismo empeño, y daré cuentas del resultado.

Advierto que la carta de usted fecha 12, no la recibí hasta anteayer.

La gente capituló: pidió por Dios, por conducto de la censura, que escampara yo con mis granizadas.

Ahora, después de este nuevo acto de generosidad, están esparciendo las fábulas de Frenólogos en cuadernitos, y haciéndolas reimprimir en la Gaceta de Puerto Príncipe. Entretanto, yo en silencio sigo mi impugnación al Caudillo,[176] que no tardará en ver la luz, y me río de todo lo demás.

Mariana agradece mucho los recuerdos de usted, de quien se repite afmo. amigo y apreciador como usted se merece José de la Luz

---

176 Se refiere a la Impugnación a Cousin que publicó Luz.

91. A José Antonio Echeverría

Señor don José Antonio Echeverría.

Habana, junio 24 de 1840.

Mi muy apreciado amigo: Dimos por fin con lo que habíamos menester: está aquí esperando órdenes de usted para su partida a ésa. Don Antonio Valiente, profesor público de Dibujo lineal y natural, el mismo que tiene una Academia de este ramo extramuros, para el uso de los artesanos, [es] discípulo y muy recomendado de Cuyás, y que cabalmente acaba de obtener un honroso testimonio de la Sociedad Patriótica por resultas del examen que ofreció al público. Es además inteligente en Geometría, joven, algo acostumbrado y aficionadísimo a las enseñanzas, y sobre todo entusiasta por su profesión. Paréceme que quedarán ustedes contentos de la adquisición. Entretanto, yo como él renuncia[mos] al tren que ya aquí tenía.

Quisiera yo que usted le recomendase para dar lecciones de Dibujo y demás ramos que posee, en las casas particulares en las horas desocupadas. Por lo demás, él está corriente a ir bajo todas las condiciones que usted ha expresado: a saber: 4 onzas de sueldo, comida (y no sé si casa) y 5 horas de trabajo. Desde luego posee las obras de Francoeur y otras colecciones del caso, y está dispuesto a llegar allá a ejucutar algo de su mano y a más acreditarse.

¿El viaje lo costea él, o se lo costean? usted dirá francamente. Él nada me ha indicado. Es preguntar mío.

Y contento, a Dios, que me le guarde, amigo mío, que no es mala vaca para quien está tan ocupado como su muy afecto y muy de corazón

J. de la Luz

92. A José Antonio Echeverría

S. don José Antonio Echeverría.

Habana, julio 3 de 1840.

Mi muy apreciado amigo: Esta no es más que credencial para el profesor de Dibujo lineal don Antonio Valiente, quien ha conferenciado ya conmigo y estamos todos de acuerdo en los principios bajo los cuales habrá de conducir esta enseñanza, así como en las condiciones que usted ha propuesto.

No resta más sino que usted, cosa que es excusado recomendarle, le haga ahí las veces de amigo y de todo, a fuer de extraño en la tierra y de enviado por su muy afecto amigo

J. de la Luz

93. A José Luis Alfonso

Monsieur

Joseph L. Alfonso

aux soins de messieurs

Chauviteau et Cie.

a París

per [sic] Ville de Lyon.

Encheminée par votre

hble, serviteur

Jean B. Lasala.

New York, julio 24, 1840.

Habana, julio 5 de 1840.

Pepé mío queridísimo: Tengo que contestarte más que deprisa pues el amigo Picard, que ha de ser el portador de ésta, parte en media hora. ¡Figúrate cómo estaremos con la muerte de nuestro irreemplazable Nicolás! Cuando lleguen sus reliquias, le rendiré el tributo que me permitan mis fuerzas y... mis censores.

Ya habrás recibido la que te escribí a fines de mayo, diciéndote que no te metieras en más gastos por ahora para la Biblioteca, porque estábamos sin blanca, etc. ¿Quién más que yo sentirá que nos quedemos sin esa interesante colección de los clásicos latinos? Pero nada, nada; ni un solo libro más compres. Ahora, lo que ya hayas adquirido, haré por que se te pague, aunque sea con algún placito, pues yo hasta me alegro de la casualidad acá, dentro de mí, aunque no tengamos dinero por el pronto. Si pudieras hallar para mí, bien ahí, bien de Alemania, una colección completa de las obras de Leibniz, me alegraría. En Alemania hacen en la actualidad una edición muy buena. La mayor parte de sus obras las publicó en latín y francés.

A Saquete, que tenga ésta por suya. Que no le escribo, pues le hago en camino de España, donde encontrará una o dos mías. ¡Qué palabras tan tiernas las últimas de Nicolás para mí! Estoy pensando en otra cosa, y viene su imagen a interponerse. ¡Ah, Pepé mío! Yo idolatraba, yo veneraba a uno de los hombres más interesantes que vieron la luz.

Queda comunicada a Gaspar Betancourt la historia de los muchachos de Puerto Príncipe.

Mi Mariana devuelve a tu Lola sus cariñosos recuerdos; y tú, Pepé mío, acaba de venir para abrazar a quien te quiere como a hijo, a tu amantísimo Pepe Mil cosas de Felipe y demás amigos. Nuestro Ñoñito, muy achacoso con su estómago. ¡Qué pena me da!

94. A José Antonio Echeverría

Señor don José Antonio Echeverría.

Habana, julio 24 de 1840.

Mi muy apreciado amigo: Siempre ocupado hasta los ojos, y siempre contestando a la hora de la vela; pero siempre con gusto, cuando es a personas como usted Por lo cual no me deje usted de escribir cada vez y cuanto apetezca, por el temor de quitarme tiempo, o de que no pueda tenerlo para la contestación, que al fin siempre hago yo un poder, y nihil difficile volenti,[177] y Cristo con todos.

Mucho celebraré que siga usted cada vez más satisfecho con el profesor de Dibujo lineal, participándome con la franqueza que yo siempre inspiro, si hay algo en contrario, pues yo no deseo más que el acierto; pero me parece un buen muchacho, y merecedor de la recomendación que de él me hicieron. A usted toca decidir si ha correspondido.

¿Quién mas dispuesto que yo en favor de Vallecito[178] en un principio? ¿Quién más renuente que yo en creerle cómplice? Sin embargo, bien visto todo, él ha negado el cargo, pero no lo ha desvirtuado. Lo cierto es que ustedes le hicieron avergonzar de tan inmunda responsabilidad (epíteto con que él mismo la bautizó el día que vino a sincerarse), y entonces salió tan suavemente quitándosela de encima; pero sin brío, como quien no habla ex corde.[179] Muchos datos tengo que ofrecer al buen juicio de usted en el particular, datos a que no podrá usted resistir. Bien siento yo en el alma que sea tan reducido el número de almas puras, como yo concibo y siento la pureza.

¿Quién puede dudar un instante que los artículos del Ontólogo no son de Matanzas, sino concebidos y dados a luz en esta culta Capital de las Antillas, hijos legítimos y de legítimo matrimonio del mismísimo Manuel González del Valle? Ya se está imprimiendo la Impugnación a Cousin. Mucho aprecio el voto de usted sobre mis artículos. Ya he enviado un recado con Agustín (Zintín) al amigo Manuel Muñoz poniendo a su disposición todas las aritméticas, como lo está siempre a la de usted cuanto penda de su constante apreciador y amigo J. de la Luz Mariana en cama con su destemplanza.

---

177 «nada hay difícil cuando se quiere.»
178 Se refiere a Manuel González del Valle.
179 «de corazón.»

Sirva también la presente al portador, mi querido discípulo Marcelo Bottino, que desea tratar a usted

95. A José Antonio Echeverría

Señor don José Antonio Echeverría.

Habana, septiembre 4 de 1840.

Mi muy apreciado amigo: Mire usted si le creeré con fe implícita cuando me dice que no había tenido lugar de escribirme antes, viéndome forzado a adoptar mi estilo mercantilmente lacónico, cuando me daban ganas de platicar largo y tendido con usted.

Culpa es de la imprenta que no ha salido el primer cuaderno, y todavía creo que tardará sus seis u ocho días; pero no más. Desde luego, habilito a usted plenamente para abrir ahí la suscripción.[180]

La ocurrencia de achacar a usted los abortos del Ontólogo[181] es del mismísimo taller donde fueron ellos concebidos. Todavía no los conoce usted tanto como yo: pero la explicación es larga: en viéndonos quedará usted en autos.

Vallecito anda como arrepentido. ¡Quiera Dios que sea sincero! Mala atmósfera ha respirado el pobrecillo desde el primer instante de su ser racional.

No había visto el planetario de Desvernine, pero tan luego como recibí la de usted, fui en persona a informarme. Es mucha la variedad que hay de instrumentos de esta clase. El de Desvernine es propiamente planetario y telario combinado: está en buena condición, nuevo, y su precio (último), según me dice en la adjunta esquela, cinco onzas. Quizás le parecerá a usted caro para una escuela primaria. Hay también de venta aquí cerca de casa, en la calle de Cuba, unos globitos y esferas armilares, que pueden lograrse las 3 piezas en dos onzas: son nuevos, y acaba de traerlos de Francia Me. de Crepsan. Tendrán los globos sus 12 pulgadas de diámetro. Me parecen pequeños para una clase algo numerosa; pueda ser que venda sueltas las esferas armilares, o acompañadas con unos planetarios muy sencillos que también tiene. En fin, usted resolverá con conocimiento de causa, en la inteligencia que el instrumento de Desvernine es superior en género y ejecución, bien que cada cosa tiene su objeto; y la armilar y globos, aun habiendo

180 Refiérese a la Impugnación a Cousin.
181 Vid. carta anterior.

planetario, pueden hallar aplicación. Acompaño la descripción que me envió Desvernine.

Supongo que sigue bien la clase de Dibujo lineal, y que me le busca usted ocupación fuera al profesor, que siempre anhela por el establecimiento de la natural. Hace más de un mes que me escribió muy reconocido a las atenciones que le han prodigado usted, el Cura y Gabriel Palomino.

Mariana agradece a usted sus recuerdos; tiene particular gusto en departir con usted su muy apasionado amigo y servidor, q.b.s.m., J. de la Luz Varios de Matanzas están ya suscritos.

96. A José Antonio Echeverría

Señor don J. Antonio Echeverría.

Habana, octubre 1.º, 1840.

Mi muy querido amigo: Cuando iba a contestar a su última interesante carta con el gusto con que siempre lo hago, me acometió un dolor de muelas que vino a parar hasta en calentura. Todavía no es esto contestar a usted; pues todavía no puedo realizarlo con deseo, no teniendo más objeto la presente esquela sino acompañarle un ejemplar de la primera entrega de mi Impugnación, por la impaciencia en que de leerle le supongo, ínterin Arazoza remite por el vapor a usted las pertenecientes a los suscriptores de allá con los 15 o 20 más, que usted encarga.

Escríbame usted siempre que pueda, pues en tales pláticas tiene un gusto muy especial su apasionado

J. de la Luz

97. A Juan Manuel Valerino

Señor don Juan Manuel Valerino, Secretario de la Real Sociedad Patriótica de Cuba.

Habana, octubre 12 de 1840.

Achaques, aunque leves, que me molestaban el correo pasado, me estorbaron contestar a usted S. sobre la grata comunicación que me hace con fecha 26 de agosto último a nombre de esa Real Sociedad Patriótica, encargándome de dar los pasos conducentes para el establecimiento del colegio proyectado en Santiago de Cuba por el infatigable patriota don Juan Bautista Sagarra. Excusado es manifestar a usted S., para que se sirva hacer[lo] a esa Real Sociedad, porque todo Cuba está cerciorado de mis sentimientos, que no pudiera haberse excogitado una comisión que reuniese más títulos para desplegar todos mis esfuerzos: la causa de la educación, mis simpatías por esa digna Corporación, por esa interesante juventud, y en fin, por el hombre que no suspira sino por el engrandecimiento de su patria.

Dios guarde a usted S. muchos años.

José de la Luz

98. A Domingo del Monte

Señor don Domingo del Monte.

S.A.

J.L.

[Feb. 4-1841.]

Mi estimado Domingo: Devuelvo con mil gracias al francote Heine, que es de los míos, a fuer de tal; celebrando me remitiese usted la obra de la Francia, o la de Panteísmo de Maret, cualquiera de las dos que esté desocupada.

Siempre afmo.

Pepe

99. A Domingo del Monte

Señor don Domingo del Monte.

S.A.

J.L.

[Feb. 13-1841.]

Mi estimado Domingo: Con la puntualidad que acostumbro envié al Secretario el informe al día siguiente de haberlo recibido. Pero si no está en parte ninguna (y cuidado que yo lo he buscado de firme entre mis papeles, a pesar de la evidencia de haberlo remitido), quid faciendum?[182] Lo siento en el alma. ¿Se habrá perdido en manos del portero? Pero esto jamás ha sucedido. No queda más arbitrio sino que ustedes lo vuelvan a extender, pues con reprender a los empleados no se ha de recobrar.

Mil gracias por el Panteísmo. El lunes irá la Francia de Heine. También he recibido las gacetas de Matanzas,[183] y con esto queda siempre de usted afmo.

Pepe

---

182 «¿qué hacer?»

183 Las gacetas, según la terminología de Luz, no parecen referirse a Gacetas de Gobierno, sino genéricamente a periódicos. Vid. (Roberto Agramonte).

100. A María Luisa de la Luz y Romay

For my Louise.

5th May 845.

Most dear daughter: I got your two letters, the long, and the little one with the greatest pleasure: and the more so, when I see that you take advantage of every oportunity for writing to your beloved father.

I remark with some satisfaction that your handwriting resembles much mine. And what is not the source of pleasure for a father? Even the most insignificant trifle.

I am very glad to hear your cold is subsiding.

I will correct your Orthography some other time. Mr. Brusa had some interesting talk with me about you. God bless you, my dear, as your father constantly prays him to do.

Pepe

(Traducción)[184]

Para mi Luisa.

Mayo, 5, 845.

Muy querida hija: Recibí tus dos cartas, la larga y la corta, con grandísimo placer, mayor aún viendo que aprovechas todas las ocasiones para escribir a tu querido padre.

Observo con cierta satisfacción que tu letra se parece mucho a la mía. ¿Y qué no es motivo de satisfacción para un padre? Hasta la más insignificante bagatela.

Me alegro mucho que tu catarro vaya cediendo.

Corregiré tu ortografía en otra ocasión. El señor Brusa tuvo conmigo una conversación interesante acerca de ti.

Que Dios te bendiga, hija mía, como tu padre se lo pide constantemente.

Pepe

---

184 Por J. Artiles, las cartas 100 y 101.

101. A María Luisa de la Luz y Romay

May 26th 1845.

My dear little daugther: I am glad to hear that the little oranges got [there] well; and very much gratified to know that your excellent mother is quite satisfied of you.

Pray, my dear, be a little more orderly in your correspondence, and for that, read again my letters the very moment you sit down to answer them. I have asked you twice about your present studies and pursuit, and I would be most happy to hear something about them from your pen. Be also a little more careful about your Orthography.

I believe, I shall have the pleasure of embracing you and dear mother in a very few days. In the meanwhile, God bless you.

Pepe

(Traducción)

Mayo, 26, 1845.

Mi querida hijita: Me ha alegrado mucho saber que las naranjitas hayan llegado bien, así como que tu excelente madre esté muy satisfecha de ti.

Procura, querida mía, ser un poco más ordenada en tu correspondencia, y para ello lee de nuevo mis cartas en el mismo momento en que te sientes a contestarlas. Por dos veces te he preguntado por tus estudios y ocupaciones actuales y me agradaría muchísimo que me escribieras algo acerca de esto. Cuida también un poco más de tu ortografía.

Creo que tendré el placer de abrazaros, a ti y a tu madre querida, dentro de muy pocos días. Entre tanto, Dios te bendiga.

Pepe

[Habana]

Güines, julio 5, 45.

Muy apreciado amigo mío: Como cosa de Domingo[185] no podía ser más oportuno, ni adecuado; y por supuesto lo tendrá usted cuanto antes, siendo yo mismo el portador, pues con motivo de haberle [dado] las tercianas a don Ignacio Herrera, salimos el martes para ésa.

---

185 «Domo.»

Siempre suyo afmo.

J. de la Luz

103. A Francisco de la O. García

Señor don Francisco de la O. García.

Habana, septiembre 21, 1846.

Mi buen amigo don Pancho (que así le he llamado siempre de preferencia): siento en el alma no haberle encontrado anteayer en Guanabacoa, pues a más de privarme del gusto de haberlo vuelto a ver, teniéndole tan cerca, me impidió también de enterarme palabra acerca del estado de salud e intereses de nuestro sin par Lugareño. Bien que usted no es hombre que necesite de muchas palabras para penetrarse de la situación de otro hombre. Para sacarlo de la apurada en que se ve Gaspar, le ha ocurrido a su íntimo amigo y mío Tatao Orozco que entre varios amigos de por acá, patriotas y pudientes, en número de diez o doce (para facilitar la realización), se le reúnan 12 000 pesos, que es cuanto necesita para salir de aprietos y de Puerto Príncipe, a buscar su salud en los E.U., donde podrá ser útil al ferrocarril, su eterno delirio. Por supuesto que cuando a esto se apela, es porque allí ni puede ni debe aparecer solicitando favor, por razones que omito y están al alcance de usted También queda entendido que no pedimos en calidad de regalo para el Lugareño, pues por virtud de los repartos de tierra que tiene hechos, a la vuelta de tres años puede pagar doble cantidad de la pedida.

Este plan aún no se le había comunicado a Gaspar; pero creciendo esas dificultades, ya iba Tatao a participárselo, según me dice en su última de 9 del corriente.

Ignoro cuál sea el estado actual de los intereses de usted, pero conozco demasiado su corazón y sus principios, y así estoy seguro que hará cuanto esté de su mano sin ulteriores encarecimientos.

En el concepto de ser usted de aquellos pocos con quien para casos tales cuenta su apasionado antiguo amigo, José de la Luz Mi Mariana hace a usted finos recuerdos.

Si halla usted algún amigo de aquellos que no consideran el lance como chasco, engánchele usted Ya tengo hablado a algún otro, y promete, y cumplirá, pero la docena es lo que me apura.

104. A José Antonio Echeverría

[Señor don José A. Echeverría.]

[Octubre 23, 1847.]

Los ojos y el calor tienen la culpa de todo, amigo mío: y esperando un día fresco, se me han pasado tantos con las ganas de platicar largo y tendido. Pero mientras llega ese día, me tiene usted en casa de mi madre, y siempre el mismo su afmo.

J. de la Luz

105. A José Antonio Echeverría

[Noviembre 8 de 1847][186]

Amigo mío: Tenga usted la bondad de enviarme los dos librotes sobre Cuestiones Coloniales, que dentro de breves días se los devolverá su apasionado J. de la Luz

---

186 Posiblemente 1847 o 1848.

106. A Carlos del Castillo

Señor don Carlos del Castillo

Cerro, julio 13 de 1848.

Mi más estimado amigo y señor: Nuestro Aparicio entregará a usted cuatro onzas para la compra de un par de globos y demás que incluye la adjunta nota a los señores Morrison y Cía.

Si acaso no son muy buenos los globos de Chamberlain en Boston (por no ser ese su ramo o especialidad), búsquense allí mismo de otro fabricante o bien en Filadelfia o New York. En cuanto a los demás artículos es Chamberlain muy competente, y quizás lo sea también en los globos porque es habilísimo.

No he menester decir que, si costare más el encargo (aunque creo bastante la cantidad remitida), estoy pronto a abonar lo que fuere. Y ya que hablamos de gastos, tenga usted la bondad de advertir a esos señores (Morrison) que tan luego como lleguen las máquinas (y lo mismo con el encargo actual), me lo participen a fin de representar al señor Intendente para eximirme del pago de derechos, como ya lo hice con éxito cuando era director del Colegio de Carraguao.

Y dispense usted, amigo mío, tantas molestias como le da su apasionado amigo y s.s.q.b.s.m.,

J. de la Luz

107. A José Antonio Echeverría

Señor don José Antonio Echeverría.

Dic. 2, 48.

Queridísimo amigo: Supongo que sigue bien la salud. Díganos usted lo que se puede hacer en favor del sujeto a quien se contrae la adjunta nota, que me ha sido muy recomendado por ... Perico y me alegraría, si es posible, quedara servido.

Pedí a Manuel González del Valle l'Unité Spirituelle de Ch. Bonnet[187] y me contestó que solo un tomo estaba en su poder, hallándose los otros dos en el de usted y [...] Muñoz; le agradezco a usted me los recoja y envíe, pues ni por el forro la he visto, como usted sabe.

En cuanto parezca la brújula, pues como no he abierto todos los cajones [...] deseando [...] ver a usted [...] todo suyo, apasionado José de la Luz

---

187 Influyó en José Agustín Caballero. Carlos Bonnet. Vid. el guión del elogio de éste por Luz. (Roberto Agramonte).

108. A José G. Villegas

Señor don José G. Villegas.

Cerro, julio 8, 849.

Muy señor mío y estimado: Su muy apreciable sobrino José María impondrá a usted latamente del plan que he adoptado con los niños para corresponder más dignamente a la confianza que hace usted de mí, encargándome su educación. Les he hablado con un lenguaje paternal, convenciéndolos de su verdadero interés, sobre todo en la edad que cuentan y estado de instrucción en que se hallan. Me lisonjeo de alcanzar el objeto, contando como cuento con la eficaz cooperación de usted y de sus primos.

Respecto de Ignacio, tampoco hay que variar en nada, pues se halla casi bueno[188] de los ojos y el ahogo ha desaparecido enteramente. Le inculco a cada paso que sin[189] constancia ni conseguirá curarse ni hacer cosa alguna en este [mun]do. Así pues, no debe pensar en moverse de aquí. Si yo tuviera el más leve recelo de que se empeorase su salud, sería el primero en devolverle al seno irreemplazable de su familia. Entre tanto queda siempre de usted afectísimo amigo y s.s.q.b.s.m.,

[José de la Luz][190]

---

188 «enteramente», tachado.
189 «la», tachado.
190 Sin firmar.

109. A José Miguel Angulo

Señor don José Miguel Angulo

Cerro, 16 de enero de 1850

Mi muy estimado amigo: Con enternecimiento he leído su apreciable del 11, que me ha trasladado a aquella época de entusiasmo, en la cual cultivábamos la ciencia de las ciencias. Usted fue merecidamente de mis predilectos; y espero que su Antonio lo será, y lo sería, aun cuando no hubiera traído la recomendación de su padre: tanto me ha cautivado su aspecto, a su tiempo modesto y entendido, sobre todo cierto candor que refleja el fondo de su alma. Creo que tenemos cabeza y corazón, que es lo que más vale para mí.

Su afectuosísima madre (digna de capítulo separado) me lo ha entregado regándolo con sus lágrimas, riego que mucho puede en el alma de su apasionado amigo y antiguo maestro

[J. de la Luz][191]

Mi señora retorna sus muy atentas expresiones. También mi madre se acuerda de usted

191 Luz rubrica solamente.

110. A María Luisa de la Luz y Romay

Para María Luisa de la Luz y Romay.

Febrero, 8, 50.

Hijita de mi corazón: ¡Con cuánto gusto veo tus letricas! El niño continúa perfectamente, comiendo desde ayer y mamaíta bien, gracias a Dios, a pesar del trajín.

Ya me figuraba yo que necesitarías lo que pides, pero envié lo que me indicó Carbonaj. A mamaíta le he hecho un apunte para que te lo mande y desde aquí agrego un lápiz de pizarra y un poco de arenilla que casualmente anda escasísima por acá.

Veo lo que me dices de la visita de Monsa y de haber escrito a Mimia, la que me habla mucho de ti No te olvides nunca de poner la fecha, aunque sea en un apunte: that shows order, and the love of it.[192]

Mil afectos a Quela, María y demás, y adiós, hijita mía queridísima, hasta que pueda abrazarte, tu amantísimo padre

Pepe

---

192 «Eso indica orden, y amor al orden.»

111. A María Luisa de la Luz y Romay

Para María Luisa de la Luz y Romay.

Febrero 10, 50.

Hijita mía queridísima: ¡Qué no nos parecerá a mamaíta y a mi esta ausencia de nuestra prendecita! Pero ya pronto será el día de abrazarnos.

No sé si habrá quién vaya hoy por allá. En tal caso, no dejará de irte el diccionario de Boyer. Hoy probablemente tendremos a Monsa por acá y te extrañaremos más todos. Tú no puedes saber lo que se quiere a un hijo.

Mimia siempre habla de ti en todas sus cartas; así es menester que tú le correspondas a tanto cariño.

Mil cosas a Quela, María, etc., con la bendición de tu amantísimo padre

Pepe

112. A María Luisa de la Luz y Romay

Para María Luisa de la Luz y Romay.

Febrero 12, 50.

Hijita mía queridísima: Por fin se fue ayer tarde Santiaguillo, pero creo también que mamaíta dejará pasar algo antes de traerte, y tú tampoco lo tendrás a mal porque eres precaucionera en alto grado.

Como quiera, supongo que no pasará de mañana como lo espera tu padre, ansioso de abrazarte

Pepe

Memorias a Quela, María, Augusto, etc. Hoy tendremos por fin a Monsa y Juan.

113. A Mariana de la Luz y Romay

A mi señora doña Mariana de la Luz y Romay.

Habana.

[Marzo] 19, San José, a las 5.

Nana mía queridísima: Anoche recibí la tuya del 17 junto con la graciosísima de nuestra L,[193] que contestaré otro día.

¡Dios quiera sea éste el último San José que pase ausente del alma de mi vida! Pero pues es mi deber y tu placer, ya me sobra para pasarlo, no diré resignado, sino gustoso.

Nuestro don Ignacio volvió a tener novedad antenoche. Mira como se han realizado otra vez mis temores. Sea el nortecito último (aunque estaba encerrado), o lo que es más probable, que aún subsiste la causa, lo cierto es que la quinina no lo cura, pues ha seguido tomándola en más o menos fuertes dosis hasta el presente. Como quiera, está resuelto a irse de aquí en pasando Pascua (y si novedad tiene, le empujaré yo antes con el voto de tu padre,[194] que ya he hecho valer); ahora, si es a Madruga (lo más probable a Güines o a La Habana), no sabemos aún.

Sigo perfectamente. ¡Eh! y adiós, que sale el arriero. Tú siempre, siempre, siempre

P[epe]

---

193 María Luisa, su hija.
194 Don Tomás Romay, insigne médico.

114. A Mariana de la Luz y Romay

A mi señora doña Mariana de la Luz y Romay.

Habana.

[Día 19 de marzo] ... a las 7 de la noche.

[2.ª carta]

Estaba abatido, Nana de mi vida, y me ha reanimado la tuya y de María Luisa, que acabo de recibir.

Me admira que no haya llegado la de recomendación para María, y por si acaso se ha perdido, mañana mismo, que va Brusa a Güines, te acompañaré otra.

Envíale a Monsa la obra del Colón en 4 tomos que me prestó Bruno Seydel y la ha pedido ya. Estaba en tu cuarto en una silla, y [tiene un] millón de registros de su dueño y quizá alguno mío; por cuya razón recórrela así por sobre peine antes de devolverla.

Aprobado lo que me dices para P S., como todo lo que te ocurre, vida mía, aunque corra el riesgo de que nuestro buen Saquete me juzgue mejor de lo que estoy

A la chiquitica que I feel very sorry for her cold and very glad for her letter, which will be most reandilly answered.[195]

Esta va junto con la que te escribí a medio día.

Acá hemos tenido mejor día; pero creo que aún no está bien sentado el tiempo.

Adiós, hasta mañana, vida mía, que vuelva a tener el gusto de escribirte ya que aún no de abrazarte tu

P[epe]

195 que... «siento muchísimo su catarro y me alegro por su carta, que será contestada enseguida».

III. Agonía y fin 1850-1862

115. A Domingo Arozarena[196]

Habana, 20 de enero de 1851.

Mi muy querido Domingo: desde el 27 del pdo. recibí tu grata del 30 de noviembre, y ésta es la hora en que aun no he recibido el retrato de que me hablas. Como ha de venir por conducto de Pepe Frías y sé que éste ha estado indispuesto, a eso atribuyo el no haberlo recibido. Muy pronto, pues, creo que lo tendré, pero te respondo a tu carta antes que fueras a considerarlo como indiferencia o frialdad de mi parte. Muy lejos de eso; de ti me ocupé en mi carta a Pancho Frías[197] aplaudiendo la idea que habías tenido de publicar ese tomo, y siempre te tiene muy presente tu afectísimo maestro

J. de la Luz

---

196 Identificada por J. A. F. de Castro.
197 El Conde de Pozos Dulces.

116. A Manuel Francisco García

Señor doctor don Manuel Francisco García, Canónigo Maestreescuela, de su afectísimo J. L.

Señor doctor don Manuel Francisco García.

Mi muy apreciado amigo: Con el mayor gusto desempeño el encargo que usted se sirve hacerme en su grata de ayer, así por la materia sobre que versa como por la persona que lo recomienda.

No me parece el librito adecuado para la niñez ni en la substancia ni en [el] modo porque, si bien es verdad que cont[iene] máximas saludables, no todas respiran aquella moral sublime y desinteresada, que es la única que se aviene con el espíritu del Evangelio, pues notará usted que muy a menudo se trata de inculcar un principio por consideraciones terrenales y ventajas materiales, cuando se debe apelar principalmente al resorte interno de la conciencia, hasta pisando la honra y otros motivos puramente externos, por más que el mundo los adore y preconice. Es necesario preparar al hombre desde sus más tiernos años para los recios temporales de la vida con alimento más fortificante y sustancioso. Y en cuanto al modo, no es eso ni buena prosa ni buen verso, fuera de que hay cierta vulgaridad en la expresión y falta de orden en las materias, sin contar con la mezcla de cosas que nunca deben decirse a los niños. Y tal vez así lo presentía el mismo autor cuando juzgó sus máximas aplicables a las personas de todas edades y condiciones. Concluyo, pues, invocando el principio de la antigüedad, sin embargo de no haber sido alumbrada por la antorcha del Cristianismo: Maxima debetur pueros reverentia,[198] sancionada por su divino autor[199] así de palabra como de obra. Y con esto queda siempre a sus órdenes su afmo. amigo q.s.m.b J. de la Luz Podría citar un sinnúmero de lugares en comprobación de mi juicio, pero no lo hago porque están tan de bulto, que fácilmente tropezará usted con ellos. Modelos de esta clase de composiciones[200] son las máximas que se encuentran en la obra titulada Escuela de costumbres que corre traducida al castellano, así como las máximas del libro para los niños del señor Martínez de la Rosa.

---

198 «Se debe a los niños la mayor reverencia.»
199 Entre líneas, sobre «Jesucristo», tachado.
200 En el original «cops».

117. A los promotores de un bazar

Gustosos contribuimos mi compañera y yo al santo fin que[201] anima a los promotores del Bazar, cada uno con su objeto respectivo, teniendo ustedes la bondad de reservar nuestros nombres, como ofrecen hacerlo, si se pide, y quedando siempre agradecidos, a ley de cristianos, por todo llamamiento que se enderece a realizar el bien.[202]

A nombre de mi señora y por mí, su muy atento servidor

[José de la Luz][203]

201 «el bazar se propone» tachado.
202 «Es», tachado.
203 No hay firma ni rúbrica.

118. A José Antonio Echeverría

Feb. 28, 51.

Carísimo: ¿Cuándo se aparece usted por estos barrios? Quisiera que sin pérdida de momento hablara usted con el señor Correa para que influyera con don Servando Echavarría a fin de restablecer la compuerta del baño del Colegio; puesto que lejos de seguírsele perjuicio habiendo ya terminado la fábrica y teniendo él también que hacer su baño, sería ventajoso para entrambos.

Siempre afmo.

José de la Luz

119. A José Antonio Echeverría

[Junio 1.º, 1851.]

Amigo mío: Me encarga Micaelita tenga usted la bondad de hacer que llegue ese cesto de piñas a Fortún, que son para remedio de su hermana María.

Nunca se deja usted ver de quien tanto le quiere; deseándolo aún más en la actualidad por el bien que hacen sus visitas a mi desolada Mariana.[204] Como quiera, y con mil afectos a nuestro Manuel, queda siempre de usted afmo.

J. de la Luz

---

204 Se refiere a la muerte de María Luisa (Roberto Agramonte).

120. A José Toribio de Arazoza

Señor don José Toribio de Arazoza.

Julio, 15.

Amigo mío: Quiero absolutamente que salga a la mayor brevedad en el Diario la memoria sobre goma elástica que se publicó en las de la Sociedad.

¿Dónde están los papeles ofrecidos? ¡Qué palabra! Ni en cien leguas se acerca a la de su

P.

¿Qué hay de los demás encargos?

121. A Ramón Ramos y Romay

Señor don Ramón Ramos y Romay. Colegio del Cerro.

[Agosto, 10.]

[Querido] Ramón: Las [ocho onzas] que pone de alcance J. Ma. me parecen saldadas con 5 que me debe Bruno (pues solo me entregó una de las 6 que le presté en 28 de junio) y con el rebajo que él mismo indicó haría a Pancho por [...] haber [...] el mes, la c[...] sica. Tanto [me lla]ma la atención que habiéndole prestado a Aparicio 10 ducados el 28 de junio, y dándosele 50 y pico de pesos a principios de julio, si mal no me acuerdo, todavía en principios de agosto alcance 63 $ y reales [...] son [...] los libros que ha suministrado. No dejará de ser así; pero tengo estos reparos.

Haz por cobrar el recibo de doña Lorenza. Antonia mandará el andador[205] para Pourtaillr. Siempre tuyo

P[epe]

205 Palabra dudosa.

122. A José Giroud Trinidad

Señor don José Giroud Trinidad.[206]

Cerro, diciembre 24 de 1851.

Muy apreciable señor mío: He tenido el mayor gusto con su favorecida del 18, pues me complace mucho ver a un padre que se interesa por su hijo. Yo por mi parte procuraré corresponder a la confianza que ha puesto usted en mí. Don Joaquín ha hecho algunos progresos en el inglés; me parece podría dedicarse a la carrera de ingeniero civil; sin embargo, indicándole usted la Medicina, y teniendo él ya la edad para elegir, le preguntaré, en volvíendo al colegio, cual es su deseo; y enteraré inmediatamente a usted más detenidamente sobre su consulta.

Entre tanto él determina esto con la calma debida, yo quedo a su disposición, afmo s. y amigo q.l.b.l.m.

José de la Luz

206 Publicada en El Mundo, 22 de abril, 1933.

123. A María de los Ángeles Romay de Fortún

Señora doña María de los Ángeles Romay de Fortún.

Marianao.

Diciembre 31, 51.

Mi querida María: Nadie más penetrado que yo del estado de Quela, que he procurado y procuraré remediar mientras tenga un aliento de vida. Solo por no lastimar su delicadeza le mandé la cuenta conforme la pidió,[207] pues tú sabes que yo nací para hollar[208] el interés y sacrificarme a la justicia.

Los ojos no me permiten continuar, pero ahí está Ramoncito que será intérprete de los sentimientos de tu amante hermano

P[epe]

Por Bruno sé que está mejor. Y las medicinas tal vez las llevará Antonia en trayendo aquél.

207 Entre líneas, sobre «he consentido en esa cuenta de rédito y demás», tachado.
208 Entre líneas, sobre «pisar», tachado.

124. A Fernando de Peralta

Señor don Fernando de Peralta.

En el Ingenio Eco.

Cerro, marzo 8 de 1852.

Mi muy apreciado amigo: Gracias a Dios que anoche, superados todos esos contratiempos de que ya tenía especie, llegaron los niños sanos y salvos a este Colegio, donde como usted sabe, estarán en su casa y con su padre.

Quedo enterado de las señas de todas las personas a quienes puedo dirigirme. J. María y sus hermanos retornan sus afectuosas expresiones; y dispensando usted el laconismo en gracia de mis ocupaciones, sepa que le aprecia mucho su afmo. q.s.m.b.

[José de la Luz][209]

Los muchachos me han parecido famosos y robustecidos. Ahí está la comparación.

209 Rubricado solamente. De la biblioteca particular del doctor Francisco de P. Coronado.

125. A José de Jesús Romay

Señor don José de Jesús Romay.

En su potrero.

Junio, 8, 52.

Mi estimado Pepe: Cuando yo hablo es cuando me parece que sobra la justicia. Puede la leche de Nana haber salido muy buena en corta cantidad y la de acá cortarse, como ha pasado delante de mí en mi misma mano en estos días. Y durante más de tres meses tampoco ha habido reclamación de parte de acá. Pero cuando se nota una cosa con frecuencia, es menester decirla para ver en que o en quien consiste, y remediarla.

Soy hombre ajenísimo de las pasiones mundanales y mucho menos mediando un hermano de mi Mariana, que lo es tuyo de veras

Pepe

Mil afectos a Margarita.

126. A José Antonio Saco

Para Saco.

Habana, septiembre 8 de 1852. Y yo lo siento más que usted, queridísimo Saco; no porque yo necesite oírle precisamente para penetrar sus motivos, sino por el gusto de leer cuanto sale de su mano, o por mejor decir, de su corazón. Ya por aquí entenderá usted que no ha llegado a mis manos esa preciosa carta del mes de mayo a que alude usted en su última de 15 de julio. He leído con placer, con orgullo (pues lo tengo en ser su paisano y su amigo) esa enérgica peroración en que da usted a todos la más grave y oportuna de las lecciones: ha cerrado usted verdaderamente con llave de oro.[210] Por lo que a mí toca que hace tiempo que no pertenezco a la política, ni a mas bandera que la del cristianismo, estoy más que nunca y que nadie en disposición de comprender a usted Alguna explicación requiere mi doctrina para la generalidad, no para usted, que como yo y más que yo ha luchado porque se amplíe el *et in terra pax hominibus bonae voluntatis*.[211] Es decir, queremos el bien positivo de todos los hombres y el negativo de disminuir el mal, cuando más no se puede alcanzar; queremos que se oiga la razón en medio del torbellino de las pasiones (y aun para esto es menester apasionarse); queremos que se abracen y se fundan en uno solo, la religión y la filosofía. Pero dejo correr la pluma, y aún no he dicho palabra sobre lo primero, que es la salud de usted, alegrándome que se reponga con esos aires frescos de las montañas. Mi Mariana, aunque siempre triste, ve siempre con interés cuanto viene de usted, así como mi sin igual madre con sus 82 años (¡se admiraría usted de verla y oírla!) y toda mi familia, que no ha

---

210 Alude La Luz a los párrafos finales del folleto que mencionamos en la nota (125) y que rezan: «Con esta sentencia —[o España concede a Cuba derechos políticos, o Cuba se pierde para España]—, pongo un término a su Contestación—[la de los que impugnaron su folleto anterior]— (106), y con ella cierro también mi carrera de escritor político. Tiempo ha que medito retirarme de ella...» «hoy puedo, cumpliendo con mi conciencia, realizar mi antiguo deseo. Sé muy bien cuán aventurado es contraer compromisos con el porvenir, pero así como tuve fuerzas para hablar cuando en Cuba todos callaban, creo que también las tendré para callar cuando tantos hablan.» [Los números citados se refieren a la obra de J. A. F. de C.]

211 «y paz en la tierra a los hombres de buena voluntad.»

cesado de vivir con usted Nuestro excelente Gonzalo, en su paseo al norte acompañado de su buen Ricardo, mi discípulo, y dos de sus niñas.

De la salud de Varela no tengo buenas noticias. ¡Quiera [Dios] él conservarlo siquiera para ejemplo! Su sincero,

Pepe

127. A Benigno Gener

Señor don Benigno Gener.

Matanzas.

Cerro, enero 21, 53.

Benigno mío: Se trata de salvar la vida a nuestro Varela, que yace postrado, desvalido en un rincón de San Agustín, trayéndole a mejor clima y al seno de los suyos. Yo te he designado como el hombre para la empresa: todo está dispuesto y no hay más que partir y volver, que es negocio de breves día.

Estoy seguro que solo siéndote imposible, dejarás de hacerlo. No se me oculta él ha resuelto antes inmolarse que abandonar el suelo americano; pero si ésa es su resolución, éste es nuestro deber: conque a desempeñarlo, sea cual fuere el resultado, quedándome solo el sentimiento de la imposibilidad de hacerlo, que de veras aflige a tu invariable

J. de la Luz

IV. Cartas inéditas de don José de la Luz

Las cubanos veneran, y los americanos todos conocen de fama, al hombre santo que, domando dolores profundos de alma y de cuerpo, domando la palabra que pedía por su excelsitud aplausos y auditorio, domando con la fruición del sacrificio todo amor a sí y a las pompas vanas de la vida, nada quiso ser, para serlo todo, pues fue maestro, y convirtió en una sola generación un pueblo educado para la esclavitud en un pueblo de héroes, trabajadores, y hombres libres. Pudo ser abogado, con respetuosa y rica clientela; y su patria fue su única cliente. Pudo lucir en las academias sin esfuerzo su ciencia copiosa; y solo mostró lo que sabía de la verdad cuando era indispensable defenderla. Pudo escribir en obras —para su patria al menos— inmortales, lo que ayudando la soberanía de su entendimiento con la piedad de su corazón, aprendió en los libros y en la naturaleza sobre la música de lo creado y el sentido del mundo; y no escribió en los libros, que recompensan, sino en las almas que suelen olvidar. Supo cuanto se sabía en su época; pero no para enseñar que lo sabía, sino para transmitirlo. Sembró hombres.

El noble anciano[212] que poco antes de morir puso en manos de *El Economista* las cartas que hoy publica, no las dio como cosa común; sino como quien al irse de la vida lega a quien sabrá guardarlo su mejor tesoro: «He vivido mucho» —decía—: «de tanto esperar en vano la justicia en el mundo y la libertad para mi patria[213] se me ha espantado el entendimiento, pero en ningún país traté jamás a un hombre tan sabio y tan bueno. Se me deshacía a veces en lágrimas el corazón cuando lo oía hablar. Perdonar: ¡yo no sé, después de Jesús, quien haya sabido perdonar mejor! ¡Saber! ¡Oh, era un saber cristiano, que no se contentaba con repetir el último libro que leía, ni rechazar lo que no se avenía con su criterio, sino estudiaba más lo más hostil, y hablaba de una ojeada la verdad de todo! Cuando lo afligíala fealdad de la vida, se consolaba embelleciendo las almas para que fuese patente la beldad universal. Yo era un pobre, yo era muy pobre y muy infeliz ante él,

---

212 José Podbielski. Cartas publicadas en *El Economista*, en Nueva York, marzo de 1888.
213 Polonia.

y me trató siempre como a un hermano y como a un monarca. Amo la vida porque me fue per mitido conocerlo».[214]

JOSÉ MARTÍ

---

214 Son palabras del maestro polonés Podbielski sobre Luz, con quien colaboró en el Colegio del Salvador. Podbielski donó estas cartas de Luz a Martí.

128. A José Podbielski

Señor don José Podbielski.

Habana, mayo 8 de 1853.

Muy señor mío y amigo: Siento sobremanera no poder dar a usted mejor informe de la Mneumónica; pero apenas salió usted de aquí cuando enfermó el profesor de historia (a quien por mis muchas ocupaciones había comunicado la idea) y después ha seguido muy delicado de salud, sin haber podido hacer nada. Entre tanto, otro joven profesor de mi colegio ha comprendido el plan perfectamente, y aun ha verificado algunas aplicaciones en los cuadros. Con todo, creo que en un país cuyos hijos están dotados de sobra de memoria y de falta de actividad, no cuajará la idea. Como quiera, lo intentaremos.

Muy largo tendría que escribir, Si tratara de comunicarle cuanto me ha inspirado su esclarecido compatriota.[215] Su Filosofía, inspirada por los grandes pensadores alemanes, merece el título de Universal, con que su autor la caracteriza, sin dejar por eso de llevar el sello de la originalidad en cada página. A mí en particular me ha cabido la satisfacción de coincidir en muchos pensamientos, con las mismas metáforas; tales, entre otros, el de la página 78, in principio. Por lo demás, su palabra de fuego hallaría eco en esta tierra de Sol, confirmándome en toda su obra en el concepto en que para la Filosofía ha tenido a los polacos su afectísimo amigo.

José de la Luz

---

215 Bronislaw Trentowski. (Vid. carta de éste escrita en polonés en De la Vida Intima. Cartas dirigidas a Luz.) En la presente edición no se incluyen estas cartas. (N. de la E..)

129. A J. A. de C.

Señora doña J. A. de C.

Junio, 27, 53.

Muy señora mía: He titubeado en contestar su carta del 25: tales son los términos en que está concebida y[216] tan delicado el asunto que nos ocupa. Empeñado desde que rayó en mí la luz de la razón en apagar pasiones propias y ajenas, no espere usted de mí que vuelva sobre cada uno los puntos que usted se sir ve [tocar]. Bástame advertir que aun suponiendo que las cosas pasaran como a usted han informado (lo cual no fue), es gravísima, vital para un colegio la cuestión; y solo el amor de madre, que yo venero al igual de las demás virtudes que a usted adornan, podría oscurecer su claro juicio en la materia. Pero afortunadamente Pancho está al cabo de todas las circunstancias y a él me remito[217] enteramente, dejando al tiempo que[218] falle sobre la conducta de un hombre que pretende destrozar[219] el corazón[220] más dulces vínculos será a quebrantar[221] la ley de su conciencia, que es su Dios.[222]

Con el más vivo sentimiento por su virtud (de que siempre he sido admirador) y de afecto hacia su Emilio y todos los suyos, queda de usted.

[J. de la Luz][223]

---

216 «tal es el asunto», tachado.
217 «como», tachado.
218 «confirme» tachado.
219 Entre líneas sobre «aunque destroce», tachado.
220 «rompiendo los», tachado.
221 Entre líneas, sobre «fiel a», tachado.
222 En lugar de este párrafo está tachado este otro: «Queda siempre a las órdenes («los pies», tachado) de usted su muy atento s.s. y amigo q.s.p.b.
223 Firma ilegible.

130. A José Antonio Echeverría

Señor don José Antonio Echeverría.

Calle de Paula no. 17.

Habana, julio 17 de 1853.

Mi muy estimado amigo: don José Romay, dador de ésta, es primo de mi Mariana, y sujeto apto para cualquier encargo, por su versación y expediente. Celebraría, pues, que usted lo colocase en lo que tuviese a bien cuando haya ocasión.

Dice Mariana que parece continúa aquella enfermedad cuando en tanto tiempo no ha dado usted señales de vida. Cosa que no admira a su siempre afectísimo

J. de la Luz

131. A José Podbielski

Habana, julio 26 de 1853.

Muy señor mío y amigo: Con tanta mayor satisfacción contesto su favorecida del 12, cuando veo la viva simpatía que le mueve hacia mí, fundada en la identidad de fin, que a fuer de amantes de la verdad (que es Dios) nos proponemos entrambos. Esta circunstancia me hace sentir no tener el tiempo que quisiera consagrarle, pues así podríamos comunicarnos nuestras ideas filosóficas, que, por lo poco que he visto, creo van muy de acuerdo.

Por supuesto que cuando recibí su carta (hace 8 o 10 días) ya había dado el último paso en busca del señor Ostrowski o sus herederos, así por los periódicos de La Habana como por los de Matanzas y del interior. Ahora veo que usted me dice que puede haber sido Savannah, en lugar de Havannah.

Mucho agradezco a usted las noticias que me da sobre las obras de nuestro predilecto Trentowski; pero nunca me ha dicho usted si hay algo traducido de Mickiewicz, de ese genio poético que, según dice el mismo Trentowski, puede ponerse en parangón con los Dantes y los Cervantes, y a quien por lo mismo tiene hambre de conocer su afectísimo amigo y servidor.

José de la Luz Usted dirá: ¿cómo va de Mneumónica y de Palacio de Cristal?

132. A Manuel Montejo Caballero

Señor don Manuel Montejo Caballero.

Puerto Príncipe.

Cerro, agosto 2 de 1853.

Mi muy estimado amigo: Tengo la satisfacción (pues soy tan padre de él como usted) que nuestro Eduardo sigue portándose intachablemente, habiéndome prometido continuar siempre así y manifestándose muy arrepentido de sus faltas, pues, como le dije a él mismo, habían llenado a usted y a su apreciable madre de amargura. Creo la cura será radical, estando además aplicadísimo en todos sus [estudios].

Y así por el gusto que tendrá usted en ello, como por habérselo yo ofrecido al niño, me apresuro a participárselo.

Póngame usted a los pies de la señora con expresiones de la mía muy especiales.

Repitiéndome siempre de usted invariable amigo q.s.m.b.

J. de la Luz

P. D. Dice Eduardo que volverá a escribir a usted el viernes, pues lo ha hecho dos veces estos días.

133. A José Podbielski

Muy señor mío y amigo estimado:

Habana, septiembre 11 de 1853.

Con singular placer he leído su apreciable del 26 de agosto, estándole muy agradecido por la circunstanciada noticia que me da de los escritores más notables de su interesante nación. Cabalmente ahora días tropecé en un catálogo con esas Lecciones de literatura slavona y el Conrado de Walle-mrod, ambas en alemán, y desde luego las encargué. Ahora, si usted tiene la bondad de encargarme otras dos obras de las que juzgue más importantes del mismo autor, sea en francés o en alemán (aunque si están bien traducidas al francés será preferible, por estar al alcance de mayor número), así como otro par de ellas de ese famoso Krasinski, se lo agradecería sobremanera, pudiendo usted entregarlo todo a los señores Appleton y Co., libreros de ahí, que son los corresponsales de mi amigo el señor Spencer, por cuyo conducto recibirá usted su importe, sin gravarse en lo más mínimo. También quisiera que usted con el mayor empeño me consiguiera del librero Carrigue, Der biblische Catechismus von Krummacher, y si no lo tiene, que me lo pida pronto a Alemania. Y cualquier otro catecismo que se encuentre por ese estilo. Vea usted si puede igualmente remitirme un catálogo de Carrigue.

Siento en el alma no poseer el polaco para bañarme en esas obras de mi predilecto Trentowski; pero podrá consolarme con esos Vorstudien der Wissenschaften der Natur y ese Messianisme de Wronski[224] en francés. Y ya ve usted como le pago con simpatías polacas sus simpatías cubanas, amigo y hermano mío, que con este vocativo del cristianismo deben llamarse los verdaderos amigos de la sabiduría y de la humanidad. Apenas queda espacio para el Palacio de Cristal, temperatura y otros puntos con que usted ameniza su favorecida. Concluyendo con rogar a Dios me le conserve tan bien como desea su afectísimo amigo.

J. de la Luz

---

224 Hoene Wronski, matemático y filósofo polaco. N. en Posen (1778). M. en 1853; autor de notables trabajos sobre mecánica celeste y física. Los arriba citados: Prolegómenos de ciencia de lo naturaleza y Mesianismo. (Roberto Agramonte.)

134. A José Podbielski

Muy señor mío y amigo estimado:

Habana, noviembre 16 de 1853.

No he contestado antes su muy grata de 12 de octubre por haberme hallado indispuesto, y después harto ocupado. Pero lo hago ahora, como siempre, con mucho placer, agradeciéndole sumamente los encargos de libros que me ha hecho y las noticias que me da, así como los catálogos que he recibido por mano de nuestro amigo don Nicolás Gómez, a quien los entregó el señor Dalcour. Y a propósito de noticias de literatura slavona, dígame usted si ese famoso Krasinski es el mismo autor de una obra publicada en Londres en 1848, en inglés, bajo el título de Panslavism and Germanism, by Count Valerian Krasinski; y si he de juzgar por algunas citas de la North British Review (august 1853), es libro verdaderamente notable.

Mucho empeño finco en tener ese catecismo bíblico de Krummacher, que me lo extraviaron. Mucho me alegro de que gane ahí terreno su Mneumónica, y procuraré incluirle en esta misma carta la instrucción en español que usted me dejó para corregir; o si no, en primera ocasión, por habérsela yo prestado al profesor de Historia de mi Colegio con ánimo de ver lo que se pudiera hacer. Mucho celebraría esa visita que promete usted para este invierno, pues sabe usted que le aprecia de veras su afectísimo amigo.

J. de la Luz

135. A José Podbielski

Habana, enero 26 de 1854.

Mi muy estimado amigo: Hace pocos días que recibí su apreciable del 8, que en parte queda contestada en la última mía, cabiéndome la satisfacción de añadir ahora mejores noticias sobre la salud de su amigo Dalcour, comunicadas por nuestro don Nicolás Gómez, quien me asegura que hallándose ya libre de las calenturas, acaso vendrá a la ciudad para principios de febrero. Entre tanto no ha resollado la consabida obra de Vorstudien, etc.: tal vez sea él mismo el portador. En cuanto a la familia de mademoiselle Bellechasse, no hay la menor novedad.

También yo he dado a usted en mi anterior el «happy new year»; quedándome el sentimiento de habérselo hecho comenzar (a lo menos contribuir a ello) unhappy con la tecla que moví sobre el costado melancólico que me pareció leer en su alma. Pero a bien que scimus, et hanc veniam petimusque damusque vicissim,[225] y no nos quedaremos a deber. Pocos habrá que simpaticen más de corazón con usted y todo su heroico pueblo, como el hombre que traza estas líneas. «A good shaking of hands here, my dear!»[226]

Mucho celebraré recibir cuanto antes el Krummacher. Aquí no hay frío ni calor, como usted sabe, y quisiera tener en mi mano hacerle gozar este dulce clima. El amigo don Nicolás agradece sobremanera los repetidos recuerdos de usted a quien se ofrece siempre con todas veras su apasionado amigo

J. de la Luz

---

225 «lo sé, y reclamo facultad para ello, al mismo tiempo que la otorgo.»
226 «Un buen apretón de manos aquí, mi querido.»

136. A José Podbielski

Habana, enero 30 de 1854.

Mi muy apreciado amigo: Hace 4 días escribí a usted, pero vuelvo a tomar la pluma solo para encargarle me busque con empeño el Repport, o Repports de Faraday on turning tables, que aquí no se encuentra: dicen que también salió en un número del Courrier des Etats Unis a mediados del año pasado. Como quiera, tenga usted la bondad de enviármelo por conducto de Appleton a Spencer. Si hubiere alguna otra obra buena sobre estos fenómenos ódicos (Odipsa) en cualquier lengua (hay las cartas de Reichenbach, que creo las han traducido al francés bajo el título de Lettres magnétiques (Odische Briefe), tenga usted también la bondad de remitírmela. Se lo agradecerá infinito su afectísimo amigo

J. de la Luz

137. A José Podbielski

Habana, marzo 21 de 1854.

Mi muy apreciado amigo: Sin otra de usted a que contestar, tengo sin embargo el gusto de anunciarle recibo así del 2° tomo de Vorstudien como del Catecismo de Krummacher.

No hay duda que me he salido con la mía —que fue figurarme *a priori* que los polacos forzosamente hablan de distinguirse en la filosofía, a ley de sentidores, imaginativos y desventurados. Estoy nada menos que entre Mickiewicz y Trentowski. ¡Qué vuelo de águila tiene aquel poeta, y qué profundidad este pensador! De esta hecha me vuelvo polaco, y solo siento las ocupaciones y la vista que no me permiten consagrarme al idioma de gente tan esclarecida. Me ha caído a las manos el tomo 1.º de L'Eglise officielle et le messianisme, que, según quiero recordar, encargué tiempo hace a Spencer; pero solo ha venido el primer tomo, el que es continuación de otras lecciones anunciadas en el Colegio de Francia, que no conozco.

En cuanto a Trentowski, está espléndido en los Vorstudien kräftig und praktik.[227] No me dice usted el importe o precio de esta obra para abonarlo a Spencer. El Krummacher es una peseta, y para aumentar la cuenta, que me encargue el señor Carrigue lo que publicó Fröbel en alemán bajo el nombre de Junius. Deseo recibir carta de usted, no vaya a ser por falta de salud el no haberla tenido: lo que sentiría sobremanera su afectísimo y semipaisano.

J. de la Luz

---

227 Sic. Debe referirse a la obra Vorstudien zur Wissenschaft der Natur oder Uebergang von Gott zur Schöpfung, Leipzig (1834-1840) (Roberto Agramonte.)

138. A José Podbielski

Habana, abril 5 de 1854.

Mi muy estimado amigo: Estoy bien penetrado del interés con que mira usted mis encargos, como se ve nuevamente por su favorecida del 26 último, que me apresuro a contestar.

Desde luego he conferenciado con el amigo don Nicolás como persona que tanto aprecia a usted, sobre su idea de venir a mi lado, o de ocuparse de otro modo en este país. A entrambos nos duele, mediando un sujeto como usted, no tener una digna colocación que ofrecerle, sobre todo careciendo yo, después de mi traslación a la ciudad (pues en el Cerro me sobraba espacio), de una pieza donde alojar a usted. Sin embargo de todo, si usted quiere pasar el noviciado, en mi colegio tendrá usted algo en qué emplearse y la mesa a su disposición; y entre tanto y después haremos diligencias por más, dentro o afuera de casa. Piénselo usted, pues, amigo mío; pues aunque yo estoy dispuestísimo a emplearme con su obsequio y tengo siempre los brazos abiertos para quien lo merece, señaladamente para hombres como usted, no quisiera excitar esperanzas que no puedo cumplir. Como quiera cuente usted siempre con su invariable amigo J. de la Luz

139. A José Antonio Echeverría

Señor don José A. Echeverría.

Mayo 1.º, de 54.

Amigo mío: Vea usted esa carta: todo lo que yo puedo hacer es proporcionar la mitad, y hago mucho relativamente. ¿Podrá usted hacer algo? Si no, le diré que cuenta con lo dicho. Siempre con deseos de ver a usted, pero sin esperanzas quien es todo suyo J. de la Luz Mariana tan constante en preguntarme por usted. ¿Qué es de Manuel y Tomás? No los olvido.

140. A José Antonio Echeverría

Señor don José A. Echeverría.

Mayo 3, 54.

Carísimo: Aunque Gumersindo es más fiel que el oro, quiero acusarle a usted el recibo de la suya con las dos suscripciones, que tal vez hace usted tanto como yo, con ellas.

Incluyo a usted la carta para el sujeto, como él lo hizo conmigo. Mas no me he dado por entendido que haya sido usted contribuyente hasta que usted lo permita, indicándole tan solo que un buen amigo me ha ayudado con 2. Mucho celebro que los muchachos, mis queridos muchachos, sigan tan bien.

Bien venida esa tarde que usted me promete; pues de puro sabido tiene hasta olvidado lo mucho que le quiere y aprecia J. de la Luz Mariana celebrará mucho la visita, y memorias.

141. A José Podbielski

Habana, mayo 20 de 1854.

Amigo apreciado: El 15 recibí con sumo placer su favorecida del 8, confirmándome la del 25 de abril, en que me manifestaba su decidida intención de venir a mi lado, de que no puedo menos que regocijarme.

¡Ojalá me quisiera Dios volver una mínima parte de aquella fuerza que me dispensó en otro tiempo para poder acompañar a usted en todos esos estudios que se propone hacer sobre la lengua y literatura polaca, a que me siento arrastrado de amor y respeto! ¡Ya ve usted que sobra simpatía: así pues, no hay más que venir! El señor R. Morrison ha celebrado sus finos recuerdos, así como su apreciable familia, y usted, amigo mío, sepa que vive en la memoria de su afectísimo

J. de la Luz

142. A José Podbielski

Habana, junio 19 de 1854.

Mi estimado amigo:

Con sumo placer he leído su apreciable del 5. El 1.º escribí a usted recomendándole a don Francisco Morales, sobrino mío, que trata de pasar unos meses en esos Estados: le participaré el cambio de domicilio de usted para que lo vea más pronto. Me alegro tanto más de haber recibido esta última suya cuanto me temía estuviese usted indispuesto por no haberme escrito con su acostumbrada frecuencia. Yo estoy ya muy fortalecido; y le agradezco mucho su interés por mi salud. ¡Dios nos la conceda a entrambos para ocuparnos en el bien de nuestros hermanos, todos los hombres! Ya veo que usted me escribirá a principios de cada mes, prometiendo yo ser tan puntual corresponsal como hasta aquí. Cuando llegue su oportunidad, a mediados de septiembre, como usted me indica, participaré a usted nuestro estado sanitario, que por ahora no es el mejor, siendo excesivos los calores y reinando el vómito en los recién llegados. Nuestro amigo don Nicolás Gómez tomó siempre parte en cuanto le concierne a usted. Celebro infinito vuelva usted a entregarse con ardor a las ciencias, para mí de gran consuelo en la vida: adversis perfugium ac solatiem proebent.[228] En cuanto a idioma, usted me dará de su polaco enérgico y yo le pagaré con mi majestuoso español, así como su afecto con el invariable de su verdadero amigo J. de la Luz Daré sus memorias a los amigos Morrison y don Teodoro. Mil gracias por las noticias tan circunstanciadas sobre estudios y grados de medicina.

228 «prestan solaz y tranquilidad en las adversidades.»

143. A José Podbielski

Habana, agosto 21 de 1854.

Mi muy estimado amigo: Contesto la de usted fecha 7 del corriente: quedo enterado de todo lo que en ella se contiene; y solo tengo que decirle en consecuencia, que por acá lo recibiremos con los brazos abiertos, y con la mayor buena voluntad. Siento, sin embargo, no poder ofrecerle cuanto yo deseo para usted, como ya le tengo dicho en otras ocasiones; pero visto lo que usted me manifiesta, solo tengo que decirle que venga cuando guste.

Seria prudente que usted no emprendiera el viaje para ésta hasta que hubiese pasado el mes de octubre. Así se evitaría el riesgo de los tiempos, muy malos en este mes y en el anterior septiembre, y tendría usted casi la seguridad de un viaje corto y feliz.

Con respecto a los libros, quedan abonados a Spencer los 4 pesos 4 reales, valor de la Filosofía de Trentowski y del Iridion. Spencer se entenderá con Appleton para su pago a Carrigue.

En cuanto a mí, sigo con mis achaques: más o menos mal, y nunca enteramente bueno.

Consérvese usted con salud, y disponga como guste del buen afecto de su amigo invariable

J. de la Luz

144. A Dionisio Mantilla

Señor don Dionisio Mantilla.

[Julio 25-1858.]

Mi muy querido Dionisio:

Con pena supe tus padecimientos, y por tus hijos, a quienes siempre he preguntado, me he puesto al corriente de tus alivios, que ahora celebro completamente.

Respecto a Dionisillo no he hecho sino lo que debía por mil títulos; y continuaré sans relâche[229] hasta ver si logramos una buena nota para el curso venidero: vuelva pues para acá a principios del entrante a fin de llenar tus miras y las mías.

Mucho, mucho celebro tu invitación, pues la veo dictada por tu ingenuidad y antiguo cariño hacia un amigo que ha procurado siempre corresponderte con las venas de su corazón, y es tu invariable

Pepe

P. D. Hasta hoy no ha llegado a mis manos la tuya.

(Original en el Archivo de la Academia de la Historia, a cargo del capitán Joaquín Llaverias, Sección Figarola Caneda Caja 201, Signatura 648. Hallado por el doctor Carlos Martínez.)

229 «sin descanso.»

145. A Mariana de la Luz y Romay

A mi señora doña Mariana de la Luz y Romay.

Habana.

Julio, 16, 859.

Nana: Rematado ya el ingenio así como la casa, deben desde el mes entrante cesar sus productos para todos los partícipes de la testamentaría, y tal vez, si hay otra mesada, será la última, que te remitiré como he hecho con las anteriores.

En este estado de cosas, y no pudiendo tomar de mi haber hereditario, ya harto desmembrado con los suplementos al Colegio, he manifestado a la empresa que desde hoy faciliten los fondos necesarios para sostenerlo.[230]

Así, pues, desde esta fecha no puedo abonar el alquiler de la casa ni el Colegio aceptar libramientos, pues no me pertenece. Arréglate mientras duren estas circunstancias, a las otras entradas, que en empleándose lo que me correspondiere en divisoria, te abonaré la mayor parte de sus productos así como de cualquiera otra entrada está dispuesto a hacerlo como siempre.[231]

[Pepe][232]

---

230 Sigue, tachado: «ínterin se traslada al Cerro».
231 Sigue, tachado: «ha acostumbrado».
232 Sin firma. Es copia.

146. A Mariana de la Luz y Romay

Julio, 19, 1859.

Nana:

Lo que te propuse no es una determinación mía, sino el fallo imperioso de la necesidad. Pero tú insistes, yo resisto: con que ya[233] tienes empeñada una lucha diaria e interminable al más leve asomo de pretensión o de repulsa.[234] A fin, pues, de terminar para siempre esta contienda con el menor perjuicio de entrambos, no llevarás a mal (dígolo con dolor) que nombre yo un sujeto tan entendido como respetable y conciliador, para que te exponga el plan que me propongo seguir en tales circunstancias, en el cual brillará el candor y desprendimiento con que siempre ha procedido el hombre llamado...

[Pepe][235]

---

233 Entre líneas, sobre «y que» tachado.

234 «Para», tachado.

235 Sin firma. Ambas cartas se refieren a cuestiones de bienes patrimoniales (Roberto Agramonte).

147. A José Antonio Saco

Guanabacoa, y mayo 1.º 860.

Mi querido Saco:

Contesto su muy grata fecha 31 de enero, que llegó a mis manos hace pocos días.

Veo que no había usted recibido más que dos mías, siendo así que ésta es la quinta que le escribo pues, como en mi anterior le decía, le he escrito invariablemente por todos los paquetes.

Confío en que irán pareciendo.

Respecto al periódico, ya sabía que había hecho fiasco. Se lamenta usted del no poder hablar conmigo para hacerme saber cosas tristes y vergonzosas. Yo, a mi vez, hago otro tanto, pues le comunicaría otras que sé y que son más tristes y más vergonzosas.

Me dice usted que se preparaba a dejar la Francia para fijar su residencia en Barcelona. Sin meterme en la renta del excusado y aunque convengo en que efectivamente Barcelona es más barata y de mejor clima que París, le reitero en ésta lo mismo que le dije en la anterior, a saber: que en mi opinión, le convendría a usted más venir para acá, donde no le faltarían recursos, pues por barata que sea Barcelona, siempre es una capital de Europa y no es lo mismo estar en tierra extranjera que en su patria. Pero nadie mejor que usted para decidir lo que más le convenga.

Excusado creo manifestarle el profundo interés que me inspira usted y todas sus cosas. Usted lo sabe demasiado, y en esta confianza le digo siempre sin embozo lo que siento. Por la de Gaspar, que ya debe usted haber recibido, habrá visto lo mucho que se interesa él también por usted.

Estoy en esta villa desde hace veinte días y tengo el gusto de decirle que he mejorado bastante en mi salud. ¡Quiera Dios que siga así! Le renuevo el encargo que otras veces le he hecho de que siempre que pueda vea a Antonio Angulo. Sus visitas pueden hacerle gran provecho y para mí serán muy gratas las noticias directas que de él me dé usted Sin más por ahora y con mil recuerdos a Dolores, a Mariquita y José Aurelio de parte de Mariana y míos, recíbalos usted también de la misma y disponga en lo que guste de su apasionado

[José de la Luz]

148. A Jesús Benigno Gálvez

Jesús del Monte y abril 20 de/62. Por si acaso puedo alcanzar, Jesús queridísimo, a darte el gusto de recibir carta mía, van estos renglones; pues hasta hoy por la mañana no ha llegado a mis manos tu muy grata del 17.

Nuestro polaco cambió de rumbo contra su costumbre, quedándose por estos días en Guanabacoa, por haber tenido J. I. Rodríguez que modificar su plan de viaje, con quien iba él.

Me alegro de la cruzada en contra de tus tocayos; y también me admiro del artículo apocalíptico de Peoli; bien que de estas cosas se ven algunas a cada paso.

Siento que aún no hayas podido ver a tu padre; ponme a los pies de tu madre, retornando sus expresiones a Wenceslao, y con las de Mariana para ti, queda siempre tu padre espiritual Don

Pepe

Supongo que habrás visto a Laureano, y que el miércoles o jueves a más tardar tendré el gusto de abrazarte.

(Original en el Archivo de la Universidad.)

V. Diario de viaje (1830-1831)

Bought in London. November the 12th 1829.[236]

Francia. La Poste royale[237] al salir de París. Se paga a razón de tres francos. Aunque la ley (determina que...) A posta[238] por hora. Le pagan 20 sueldos a los que van a caballo, a cada postillón.[239]

Bélgica. Al postillón se le dan 40 sueldos.

Holanda. Se paga mucho portazgo.[240]

Hannover, Prusia [y] Austria. Postillones. Pagamento... caro...

1830

Julio 22. Jueves. Salimos de... y pasando por la... departamento del... De allí pasando por... Pont Saint Maxence (río). La noche a ciudad [de] Péronne. Dormimos en el Hotel D'G. terre. Tal era la ortografía de la inscripción de la posada. Departamento de Somme. Aquí piden el pasaporte, como en general en este país. Continuamos viajando de Cambray (departamento del Nord)... donde nos detuvimos por estar cerrada la puerta, que no se abrió hasta el amanecer. Arzobispo de Fenelón.[241] Olanes, batistas, encajes. Distantes...

[Julio] 23. Luego a Valenciennes. Plaza bien fortificada, donde almorzamos. Famosos géneros de hilo y punta de Valenciennes. Distante... 6 l[eguas].

Raya en los Países Bajos en Quorain. Registro de los aduaneros. No es tan bravo el león como lo pintan. That proverb holds true in the whole of travelling business.[242] Sin embargo, registraron casi todos los cofres. [Lle-

---

236 «Comprado en Londres. Noviembre 12 de 1829.» Este diario, en la primera parte mutilado se compone de meros apuntes tomados al momento por el viajero, por tanto ningún concepto esta completamente desarrollado. (Transcripción, traducción y notas de Roberto Agramonte.) El carácter popular de estas ediciones determina las notas que siguen. El lector puede omitir su lectura (Roberto Agramonte).

237 «La posta real.»

238 Posta: conjunto de caballos apostados en los caminos a cierta distancia unos de otros, para facilitar los viajes de los correos y otras personas. Distancia de una parada a otra.

239 Postillón: mozo que va a caballo guiando a los que corren la posta, o montado en uno de los caballos delanteros de una diligencia.

240 Portazgo: derecho que se pagaba en otro tiempo por pasar por ciertos caminos.

241 Fue arzobispo de Cambray.

242 «Ese proverbio se cumple en general en el oficio de viajar.»

gamos] a Mons donde comimos a las dos de la tarde. Distante... Esta plaza está sumamente fortificada. Postas 32 ½... murallas paralelamente. Las plazas son de ladrillos. Es Mons población [de] mucha oscuridad en sus.. de carbón y otras fábricas... Bruselas no hay más que Halle, aunque sí muchas... y caseríos... país, desde París hasta Bruselas. [Llega]mos a las ocho y media de la tarde.

Francia

...pobres de que se ve uno plagado a cada posta. [Hay] gran número de oftálmicos, antes y después de Péronne. Fealdad de los pueblecillos y de sus moradores. Desde que comienza uno a acercarse a los Países Bajos, se va notando la diferencia, así en las caras de los habitantes como en el cultivo.

High state of cultivation.[243] Más primor, más aseo, más actividad, más población que en las provincias francesas que acabamos de abandonar. Preciosos trigales. Bellísimos [campos].[244] Cebada, etc., y pastos excelentes. Los prados divididos en pequeñas porciones, por árboles. Aunque el terreno de la Flandes es tan llano o quizá más que el limítrofe, le distinguen los bosques que tiene a los lados, pues las planicies du Nord son a perderse de vista.

Altares enteros en los caminos en la...

Bélgica. Cristo crucificado, la Virgen, la Magdalena, etc. Ruda.[245] Superstición del país. Diferencia entre estos hoteles y los franceses en ...

...Modo de herrar los caballos en los Países Bajos. Calle de árboles antes...

Bruselas. Distante de París... Este país, y sobre todo la... por una de las calles principales de Bruselas (rue de la Madeleine et rue Royale). Por las tiendas, trottoirs,[246] etc. Nos hizo recordar a Inglaterra.

[Julio] 24. Boulevards. Canal. Arc de Triomphe.[247] Palacio del rey y príncipe (sumamente modesto). Cuadro de la vieja con la lámpara, de Rembrandt, en el gabinete de la reina, que es [el] del arte. Palacio de los Estados Gene-

---

243 «Alto grado de adelanto.»
244 Suplido por Roberto Agramonte.
245 Grafía dudosa.
246 «Pavimento», «aceras».
247 «Arco de Triunfo.»

rales. Discusión, leyes y todo en holandés y francés. Hôtel de Ville.[248] Torre gótica. Catedral o iglesia de Santa Gudule. Buen edificio y grande. El célebre púlpito r......la expulsión del Paraíso. Iglesia de... uria, de orden corintio, muy bella en la Place Royale.

Suma devoción de estas gentes. Las iglesias llenas aún en días de trabajo. Salutación diaria. La iglesia de Santa Gudule[249] llena de emblemas de la Eucaristía. Algunos contra la incredulidad.... o a la española, que llevan... mujeres del pueblo. Es como una gr... de luto. Singular costumbre, o sea, refinamiento de comodidad, en poner espejillos por fuera de las casas para ver al que llama y decir si se le admite o no.

Otra singularidad: verse asaltado (aun al salir de la iglesia) por corredores de oreja, jóvenes, muy jóvenes. ¡Qué degradación! Fuimos a la exposición de la industria belga y holandesa. En muy buen local. No hay... se hayan dedicado. Lo más sobresaliente... losa de China. Coches, muebles, instrumentos músicos. La imprenta muy adelantada. Me refiero al cuaderno, catálogo, en los puntos marcados por mí. En general magnífico. Once salones. Luego por separado la exposición de pinturas. Poco sobresaliente. Lo que había va indicado en el Catálogo.

[Julio] 25. Fuimos a visitar el hospicio.... e imposibilitados. Para hombres... Edificio de dos entradas, cuadrado, con inmensas galerías de arcos, parecido al Hôtel des Invalides, [con] dos patios. Es... Es todo doble.[250] Había como trescientas mujeres y doscientos y pico de hombres. Aseo como lo mejor de Inglaterra y Estados Unidos. Lingerie,[251] camas, refectorio, jardines, etc. Uno de los mejores establecimientos de este género. No me supieron decir lo que gastaba.

Roma

Diciembre 21, a las 2 de la tarde, 1830.

Via Cassia. Pte. Molle. Via Flamminia es el nombre que toma al entrar. Porta del Popolo. Piazza.[252] Obelisco egipcio con su cruz. Dos fuentes de dos

---

248 Ayuntamiento.
249 Patrona de Bruselas, que da nombre a su catedral.
250 Para ambos sexos.
251 Lencería, ropa blanca de la casa.
252 «Puerta del Pueblo.» «Plaza.»

conchas y el bassin.[253] Estatuas. Las dos iglesias iguales. [Palacio sobre la montaña a la izquierda.][254] Paseo. Catorce esfinges. Cipreses a [la] derecha. Tres calles [principales].[255] Leones que arrojan agua en el obelisco. Famosos hoteles.

Templo Claudio. Hoy San Stéfano, rotondo.[256] Frescos: más de treinta de martirios espantosos: asados, plomo derretido, pellizcados, colgados, despeñados, desgarrados. Las pinturas no son buenas, pero no carecen de[257] expresión, portando il capo a guisa di lanterna.[258] (Dante hablando de San Dionisio obispo.) [Santiago complemento][259] de Santa María la Mayor, San Juan, San Pedro. Piso deshecho. Esto tiene el aspecto de un templo antiguo. Pozo diseñado por Rafael en tiempo de León X.

Piazza della Navicella,[260] y el avanzo[261] en medio perteneciente al acueducto.

Enero 8 [de] 1831

Via Appia (Sur). Trivium: augures: Mercure. Isis, et Esculapio Ancora. Triviara vers les trois routes,[262] Termas de Caracalla.

Primer Convento de Santo Domingo.

Origine du mot croisée du temps des Gibelins. Guelfes (croisée) papes: la France a suivi ce parti.[263] Una colonna in mezzo i Ghibelini.[264] Arco di Druso. Por sus vict[orias] sobre los germ[anos]. Inscripciones. De Germain. Colu[mnas]. Mármol africano. Parte alta construida por Francipani, que se

---

253 «Fuente», «estanque», «taza de la fuente».

254 Tachado.

255 En el original: «Prales».

256 «Redondo.»

257 Tachado: «mucha».

258 «La cabeza a manera de linterna.»

259 En el original: «Sag° compr°: grafía dudosa.

260 «Plaza de la Navecilla.»

261 «Los restos.»

262 «Triviara: hacia las tres rutas.»

263 «Origen de la palabra croisée del tiempo de los gibelinos. Los güelfos (croisée) papas: Francia ha seguido este partido.» Los güelfos usaban como blasón una cruz de ocho puntas. Por eso eran croisée.

264 «Una columna en medio de los gibelinos.»

fortificó. Bonita vista à travers la porta Apia.[265] Muros antiguos. Le ciel bleu. Por entre almenas y torreones. Dante habla del color azul de este cielo. Aquí es donde Horacio mató a su hermana. Una gran piedra (un poyo). Miguel A[ngel] que ha hecho su Moisés de un pedazo de mármol del templo de Nerva. Manía de los tiempos. 440 a. de J. C. por el senador A, Claudio.[266] Caminos. Acueductos y puentes. Los Romanos. Vitruvio.[267] Río Almón, donde venían a bañar los pies del Salvador los primitivos cristianos, etc. nel tempo[268] de Cómodo. Prescilla monumentum. Hay una familia que habita en la tumba. Es un mogote altísimo. La casita está injertada al sepulcro.

Créneau guelfe en deux pointes.[269] El sepulcro abajo (llamado de Scipion). Torrecita hecha de mármol griego, y luego una taberna.

Domine, que vadis?[270] Otro gran sepulcro. Todo el camino villas, vignas y pared. Sepulcro con la abundosa yedra. Por un frente. Inscripciones encontradas y esculturas.

Al fondo Monte de Júpiter Latiale, dei Lacio.[271] Con los sepulcros en los caminos se recordaban los grandes hechos. Circo di Caracalla. Dos torreones cuadrados del circo. Ladrillo bond.

Vista de Roma desde el sepulcro de Cecilia Metella. Empedrado de la Via Appia. Lajas grandes como las chinas. (Aquí echamos pie a tierra.) Transporte de la ciudad de la Via Appia a la Flamminia de la parte del Norte.

Vista divina. Montañas de un corte suave son las sabinas. En el dilatado llano el acueducto del agua Claudia que tiene cuarenta millas. Ininterrumpido. Y sepulcros. Pas de culture[272] ni de árboles.

---

265 «A través de la Puerta Apia.»

266 Decenviro.

267 Célebre tratadista de la época de Augusto y el único que escribió sobre arquitectura. Sus escritos se han hecho difíciles, debido a que no hubo ningún tratadista en la materia en su época y se ha imposibilitado cotejarlos.

268 «del tiempo.»

269 «Almena güelfa en dos puntos.»

270 En el original Domina. Que vadis, Domine? es el nombre de una iglesia en que se conserva, según la tradición una piedra con la huella del pie de Jesús en su encuentro con San Pedro.

271 «Júpiter del Lacio.»

272 «Sin cultivo alguno.»

Un sepulcro cuadrado hecho horno de pan. A veces se ven los sepulcros unidísimos: unos redondos, otros como mogotes, otros largos, otros como un paredón.

(Cantos populares de los romanos por Visconti). Cuatro años que se descubrió Il selciato[273] (un pedazo de tres cuadras). Los esqueletos de las tumbas.

«M. Servilius Quartus de sua pecunia fecit»[274] (porque se hacía con la pública). Precioso pedazo de friso. Canova lo encontró. Unico sepulcro que faltaba para completar el número de los que cuenta Cicerón. Una gran parte del acueducto sin interrupción.

Al regresar nos detuvimos a examinar el sepulcro de la mujer de Crasus (Cecilia).[275] Cien mil esclavos. Ejército tan fuerte como su nación. Mme. [de] Staël la hace hija para su novela.[276] O iglesia o fortaleza, eran las garantías. Esta fortaleza ha pertenecido a los Gaetani. Construida la fortaleza con trozos de mármol. La fortaleza es larga y la iglesia en el medio. [Tiene][277] treinta pies de espesor una tumba de los romanos, y en la Edad Media tres pies [tiene] la fortificación.

Partes del sepulcro. Base cuadrada. Cilindro, cornisa, columnas, mausoleo, urna.

La fortificación es güelfa. El sarcófago está en el Palacio Farnesio. Unión de la arquitectura gótica con la romana en las ruinas de la iglesia en frente, que son grandes.

Regularidad de las piedras del sepulcro. Había otro en frente, como se deduce de los fragmentos e inscripciones. Armas de Gaetani, cabeza de buey, etc. Han dado la apariencia de tres piedras. [Tiene] algunas grandes. La puerta del sepulcro. El sarcófago estaba sobre la puerta en un hueco en la pared. ¡Qué bien hecho el enladrillado, con poca mezcla! Adorno de los dientes dobles de la fortificación sobre el sepulcro. Festones.

---

273 «El empedrado.»
274 «M[arco] Servilio Quartus lo hizo de su peculio.» Es una inscripción.
275 Tumba de Cecilia Metella, esposa del Triunviro Craso.
276 «Corina», donde dio a conocer a los franceses la Italia monumental.
277 Luz abrevia la forma verbal tiene con la tercera persona a de avoir.

Pedazo de hiedra que quiere subir a la izquierda del sepulcro. Camino subterráneo hecho para ir a la fortaleza Gaetani. De aquí se ve muy bien la base cuadrada del sepulcro.

Lindo punto de vista al sepulcro, desde una puerta del circo de Caracalla.

Vasos de barro huecos llenos de aire para construir en la pared del circo de Caracalla arriba.

Pocos puntos para paisajes habrá [tan] interesantes como éstos. Puertas, torres, músicos, caballerizas, carceres, esto es, lugar de detención. De aquí arrancaban espinas un poco más a la derecha que a la izquierda. Las carceres eran circulares. Rojos, azules, blancos. Meta.[278] Triunfos magnificos aun más que los de los Scipiones. Moriendo gloria circi non est mihi.[279] Pulvinar, o cojín. Lugar donde se ponían los emp[eradores]. Semejanza de las corr[idas] en el arrang[ement][280] en Angleterre. Los caballos chicos eran los preferidos. «Euge vincas!»[281] Adornos a la entrada. Neptuno. Pólux. Los caballos también eran coronados, como en Inglaterra. Esto lo llamaban circo de Rómulo, porque se habían hecho fiestas en su memoria. (Esto pertenece a Torlonia). Montañas de Albano detrás del sepulcro de Cecilia Metella. A un lado [el] spoliarium[282] para refrescarse el Emperador. La puerta triunfal, que se abría al fin. Dos metas. Cogían los huevos siete veces. Las ovejas paciendo.

Los caballos herrados en plata. Velox, Zefirus: nombres de los caballos. Los cristianos lo rehicieron[283] para hacer olvidar estas diversiones.

Marmor salinum, qui s'use dans la terre.[284]

Bellísimos frisos en tierra. Media milla de largo. Los vasos de barro, como observó nuestro inglés, sujetan la mampos[tería].

Caballerizas grandes: un cuadro.

---

278 Bloque de piedra para indicar un tramo.
279 «Muriendo, la gloria del circo no es para mí.»
280 «Hipódromo.»
281 «Pues bien, ¡qué venzas!» —interjección griega—: euge!
282 Pieza de los baños donde se dejaban los vestidos.
283 Grafía dudosa.
284 «Salero de mármol, que se usa en el país.»

Sepulcro de C. M. en el primer Triunvirato (año 60 a. de J.C.) Caballeriza. Mutatorium.[285] Magníficas bóvedas. Para carros, etc. Vino al preste...[286] en pipas. Una casa encima. Fragmentos de est[atua] que se han encontrado en la toga.

Chiesa di San Sebastiano.[287] Una de las siete basílicas. El San Sebastián de la escuela Bernini, atravesado, distante del bello ideal, pero sin carecer de genio.

Catacumbas Busto del Santo, de Bernini. Altarillo de los primitivos cristianos. Un medio entre los alt[ares] de los paganos [y] los actuales. Origen de las catacumbas: [primeramente], partout;[288] para ocultarse, después. Comunicación de las catacumbas por los cristianos. Estas van hasta el mar. Los romanos tenían a menos ir a perseguir a hombres que se escondían en la tierra (asilo).

Sepulcros. Ídem para muchachitos. No se pueden ver las catacumbas sin contristarse. Altares.

Sepulcro de Papa. Era una caja de piedra o terra cotta. Los cuerpos para aprovechar hueco. Huecos para las cisternas. Tapaban con un ladrillazo. Son unos escalones hasta cinco.

Huecos para frascos, para indicar los mártires. Una cerrada. Callejón todo. Capilla de San Felipe Neri. Mosaico en el fondo de los sepulcros.

Buena vista bajando la escalera. La procesión con nuestras luces. Los depósitos de los mártires como unos pocitos. Los altares los llenaban de huesos (quorum reliquiae hic sunt).[289] Arcos sobre tres altares. (América puerto con la luz.) Otros tres altares. Ornamentos eclesiásticos. ¿Por qué son de tanto abrigo?

Marcellus: templo al honor y a la virtud. Los sacerdotes se opusieron, y lo construyó fuera. Redondo. Conquistador de Sicilia. Reproche aux Romains.[290] Otro horno y taberna en sepulcro. Al fondo la estatua del honor

285 Casa de recreación de César o sitio donde César se mudaba la toga al ir a la guerra, tomando la clámide militar.
286 Grafía dudosa. Quizá preste, sacerdote o párroco que celebra la misa.
287 «Iglesia de San Sebastián.»
288 Se encontraban por todas partes.
289 «Cuyas reliquias están ahí.»
290 «Reproche a los romanos.»

y la virtud en un gran nicho. Aquí se han encontrado grandes pedazos de esmeraldas. Cinco nichos menores de bóvedas en torno brique.[291] El pórtico no existe. Una sola puerta, El otro templo al lado.

Enero 9

Palatino. Jardín al frente. Vicisitudes del Palacio de Augusto. Pantanos. Sabinas.[292] Del otro [lado] el Tíber. Circo. Rómulo. Cuatro puertas para el Palatino que es cuadrado. Etimología de «palacio»: de Palatino. Templo de Vesta donde Rómulo fue expuesto del otro lado del pantano grande en el chico. Higo que pereció cuando Calígula edificó. En tiempo de la República se erigió el templo de Vesta, hoy iglesia. A Santo Teodoro llevaban aún los muchachos, como antes al templo[293] de Rómulo. Santo guerrero. Semejanza con él y Rómulo. Clientes. Entre los romanos. Rafael. Cardenales. En Florencia...[294] Costumbre republicana. Origen y centro de la grandeza y dominación romana. Frente al Balcón de la esquina (de Augusto) donde estaba la choza de Rómulo. Aventino. Nerón. Incendio. Magnificencia. Suetonio. Arquitectura Mármoles. Nuevas construcciones que se hicieron (el Coliseo, v.g.) para devolver al pueblo sus materiales. Casas de oro. Son allí las llamadas Termas de Tito. La Via Sacra se pasaba bajo un arco. Jano cuadrifronte. Para meterse los mercaderes de bueyes. Techo aplastado. En el valle. Lugar de andanada.[295] Silla de Egina.[296] Tres nichos en cada gran cuadro. Patio y fuente [para] el [atsma][297] de Augusto. Se baja una escalera de cuarenta o cincuenta escalones. Cúpula. Nichos de estas colosales hierbas colgantes dentro de las ruinas. Eneida. Tres cuartos magníficos. Techos abovedados. Vitruvio el Arquitecto. Bóveda plana de dos varas de ancho y tres de largo de unos ladrillazos. Forma de los cuartos: octógona. Contraste agradable de los nichos cuadrados y redondos. [Existe un] fresco en un pasillo. Parece ser una fama o una victoria. Cuatro cuartos cuadrados. La casa del jardín

---

291 «Ladrillo.»
292 «¿Salinas?»
293 «Templo.» En el original «tiempo», por lapsus calami. Tempio, templo.
294 Grafía ilegible.
295 Serie de localidades en los circos ecuestres y taurinos. En el original: «and.ᵃ».
296 Grafía dudosa.
297 Grafía ilegible.

está sobre el segundo piso del palacio. Ruinas del palacio de Nerón. El hipódromo. Forma circular. Se unía por aquí al de Augusto. Quedan al otro extremo. Acanthus, planta que ha dado la idea, por su forma y manojo, del capitel corintio. Pertenece a míster Meales. Frescos de la escalera de Rafael y arabescos. Imitación mayor de los antiguos en estos arabescos. Claridad, etc. sobre la puerta, como aún se ve en las chozas. Luz del patio también. En Oriente todas las paredes llenas de rosas, y violetas en los jardines en el mes de enero. Bóveda de laureles inmarcesibles. Estaciones también frente, al salir de la quinta. Muros de la Biblioteca. Palacio de Nerón frente al Templo de la paz. Obra arquitectónica de Farnesio. 1447. [Papa] Paolo III.[298] Farnesio.

Parte de Calígula, donde hizo los cuarteles de la guardia pretoria. Continuación de arcos como en las murallas. Vitelio vela de aquí el incendio del Capitolio. «Nunca he comido con una luz más hermosa», decía. Abajo la Curia Ostilia donde se reunía el Senado. Aquí antiguamente las lupercalia.[299] Las vestales se enterraban aquí. Eran las únicas que lo eran dentro de la ciudad. Templo de Vesta. Vista del arco de Septimio y la Columna Foca.

Intermontium. Tabularium. Capitolium donde está el Ara de Mars extramuraneus,[300] para los embajadores de guerra. Grecotasi[301] para los de paz. A veces se reunía el Senado en el templo de la Concordia, cuando quería ocultarse. Mampostería reticular en los cuarteles. Templo de Rómulo y no de Vesta. El higo. El Velabrum,[302] i.e. el pantano donde está el templo de Rómulo. El rey de Nápoles deja arruinar el palacio, [el] palazzo de Tiberio.

Mármol daciano. Puerta Santa (Ferro fea Itinerario). Baños de Livia. Entrada. Escalera y enredadera. Empedrado serpentina y... dorados. Frescos. Friso azul y cervatón, Vitruvio. Tiberio. Tubos para calentar. Estos también del rey de Nápoles. Columnas medio enterradas. Capiteles fuera. Trofeos de

298 Alejandro Farnesio. Papa de 1534 a 1549. Promotor del Concilio de Trento.
299 Fiestas lupercales de Roma: se celebraban el 15 de febrero, día en que se sacrificaba una cabra al dios Pan.
300 «Altar de Marte (vid. pág. 241) extramuros.» Ver notas 126 y 127.
301 Vid. pág. 238, in fine.
302 Plaza de Roma, barrio de Roma, célebre en otro tiempo: adyacente al Monte Aventino; durante las crecientes del río se pasaba en barco desde este lugar al Foro.

Actium[303] en los capiteles. La vista del Colosseum de aquí. Aquí el templo de Apolo de Augusto. La casa de Augusto tapada por el templo.

Templo de Venus y Roma.

Junto a la Vía Sacra. Meta Sudans.[304] Arco de Constantino con los relieves del de Trajano. Via trionfale,[305] etc. Acueducto del agua Claudia, que Sixto V detournó (sic) al Quirinal. Se ven también restos en el monte Celio.

La iglesia de San Gregorio ha reemplazado la famosa casa de Scarius en tiempo de la República. Magnificencia del palacio de Nerón. Arcos. El crucifijo al fin de la escalera. Las ruinas al otro lado del Coliseo. Allí estaba la casa de oro.

Pirámides al Occidente. La vía Apia al sur y el sepulcro de Cecilia[306] Metella. Tres pisos por lo menos en el palacio, como se ve por la marca de la escalera. La culture sur des voûtes antiques.[307] Aquí tenían el lago para las morenas.[308] Amigas de carne humana (comían la de los gladiadores).

La cúpula de San Pedro por entre las ruinas de Nerón. El palacio de Nerón se une al de Augusto por el hipódromo.

Profundidad grande por donde se ve el primer piso. Este palacio era toda una ciudad de pans entiers ecroulés.[309] (Este Monte Palatino es lo más importante de Roma.) Nerón incendio para reedificar.

Enero 10, 1831
Colosseum.

Había un tablado arriba para el pueblo. Podium[310] era el puesto de honor. Primer piso. El sendero subterráneo llega al vivarium.

Se vestían los emperadores de un traje peculiar para la función.

---

303 La batalla de Actium.
304 Ruinas de la fuente en forma de cono, erigida en la época de Domiciano.
305 Hoy de San Gregorio. La Apia de San Sebastián (Nota de Luz).
306 En el original: «C.»
307 «Cultivos, siembras, sobre las antiguas bóvedas.»
308 Muraena. Pez marino muy voraz, estimado de los romanos y parecido a la anguila.
309 «Unos lienzos de pared completamente desplomados.»
310 Tribuna presidencial para emperadores y cónsules.

Los gladiatores eran los condenados a muerte. Los prisioneros. Se les enseñaba a batirse. Podían interesarse los espectadores. Una vestal podía pedir su perdón. El Emperador podía perdonarlos.

Clases de gladiadores. Mirmidones, los más fuertes; retiarii[311] y... otra especie. Se hacía toda la historia de los animales. Cinco mil fieras en la dedicación. Dos escuelas de gladiadores: una gala y otra romana.

Había gladiadores de profesión, como los toreros. Opinión sobre los gladiatores. Cuarenta libras de carne. Ochenta vomitorios.[312] Del segundo piso se ve perfectamente la forma oval del edificio. La cruz al medio.

[Lo que ha sido sucesivamente el Coliseo.][313] 1.º Los gladiatores. 2.º La representación de la pasión hasta los Francipani. 3.º Que lo hicieron fortificación. 4.º Después de treinta años. El emperador Enrique de Alemania lo dividió entre los Anibaldeschi y los Francipani. Aquí se batieron estas gentes, y de aquí su gran ruina. Después lo tomaron los papas, y lo arrendaban. Lo dieron luego a San Juan de Letrán, que lo hicieron hospital y cementerio. Sixto V quiso establecer una fábrica de paños y los franceses depósito de estiércol para una nitrera.

Por aquí se ve el templo de Claudio, redondo, al Sur. Ver el Sol cortado por los arcos. Todo está agujereado para arrancar las piedras que estaban con bronces en las esquinas. La solidez es verdaderamente imponente. Dos corredores. El exterior más alto. Cien mil espectadores. Termas de Trajano atrás. Créese que un cristiano, Gaudentius, fuese el arquitecto. Ruinas del Palatino al frente. Bóveda toda en ladrillos. El monumento colosal. El venerable Beda. «Quando cadet Roma, etc.»[314] Se tiraban billetes, medallas, etc. Burlas que también había en tiempo de Heliogábalo. Cada barrio de la ciudad entraba por su mundo. Construido en cinco años por los judíos. Como

---

311 Mirmidones: gladiadores armados a la manera de los galos que llevaban la figura de un pez en la cimera del morrión. Los gladiadores en Roma dividíanse en: 1. Mirmidones: gladiadores armados a la manera de los galos que llevaban la figura de un pez en la cimera del morrión. 2. Samnites: llevaban una sola espada corta y un escudo. 3. Thraces: llevaban un pequeño escudo y un puñal. 4. Retiarii: llevaban una red y un tridente. 5. Secutores: Huían del retiario.

312 Puertas de salida de los circos.

313 Suplido por Roberto Agramonte para mejor comprensión.

314 «Cuando caiga Roma, etc.»

también el templo de Babilonia (ctun[315] reparan). Escalera última tablado en el 5.º La pirámide que se ve hacia Ostia, embocadura del Tíber.

Termas de Trajano, o de Tito. Casa de oro. Casitas aquí para el pueblo en el Esquilino. Estucos de colores. Trozos de columnas corintias y dóricas. Mármoles de todos colores. Capilla más antigua de Roma. Pintura del altar. Parte circular añadida a la fábrica de Nerón (*maison d'or*).[316] Lo reticular por lo económico para las casitas del pueblo. Se ven en algunas partes las tortas. Cenefa ordinaria en azul y rojo y amarillo. Piso de los cuartos en mosaicos reticulares. Claraboyas. Figuras. Pinturas en cera, animales. Arabescos. Loritos. Mujer tocando la guitarra. Colorido excelente. Todas las bóvedas altísimas.

En tiempo de Julio II[317] se descubrió aquí el Laocoonte. Más de 12 piezas y 14 más hundidas. Un dátil[318] (representante del África de Mme. Staël) de San Juan y Paulo y de un ciprés

Enero 12

Termas de Caracalla.[319] Reunir para el placer los que se reunían para la gloria. Augusto fue el primero de los Gimnosofistas[320] (en Oriente los cuentistas). Podían contener mucha gente. Agripa. Todos los emperadores procuraban hacer [las termas]. De manera que tienen mucho un fin político. (En las ruinas las alcachofas generalmente.) Los últimos emperadores procuraban hacerlas más grandes. Sumamente altas como se ve por el rehincho de la puerta[321] del exedra. Un patio en medio, donde luchaban, etc. Luego el hemiciclo para los gimnosofistas. Aquí se encontró un mosaico que indicaba todo lo que se hacía aquí. La colonna de la piazza Santa Trinitá Flora.[322] Las paredes no tan gruesas como las de Diocleciano. Un animal (un caballo

---

315 Sic.
316 «Casa de oro, o dorada.»
317 Papa desde 1503 hasta 1513. Fue gran político y tomó parte en las guerras de Italia.
318 Tachado «al lado».
319 Baños públicos mandados edificar por éste en el siglo III.
320 Nombre que daban los griegos y romanos a los brahmanes o sacerdotes hindús.
321 Original: «pta.» Exedra es nuestro portal.
322 «La columna de la plaza de Santa Trinidad Flora.»

marino negro en mosaico en el scavo).[323] Biblioteca griega y latina. Aquí el toro, la flora y Hércules.

Farnesio.[324] ¡Qué chapiteles! ¡qué riqueza! Mil quinientos se podían bañar sin verse unos a otros. Como 20 pasos de ancho los arcos. Conductos para el agua bajo cada nicho. Cinco y medio pies de diámetro el trozo de columna de granito. La cella solearis.[325] Aquí el reloj público no era cuadrante. Aberturas para que entrara el Sol y se viera la hora dentro. Dos pisos. ¡Qué masas tan enormes! Cinco o seis varas de espesor. Un pedazo de bóveda enterrado que parece un moro. Los cuatro moros en cuadro en las esquinas formando como cuatro torres. Capiteles de orden compuesto cerca de dos varas. El emporium,[326] granero frente a ripa.[327]

Grande pirámide de Calo Cestio.

San Paolo.[328] Columnas cipollinas[329] en tierra quebradas y desolladas por el fuego. La explosión cuando rompían. Cronología de los Papas. Retratos.[330] 1824/15 de julio. Andamio de columnas de escaleras. Para la reedificación contribuyen aun de fuera (el rey de Francia, etc.). Ciento treinta columnas. Mosaicos del fondo del altar. Columna magnífica de granito que acaban de poner. L'arco imperiale di Placidia.[331] Las columnas del monte Orfano.

El transporte 3 tantos de la columna. El capitel con columna y base $ 1 000.

Belli, Cachiafelli, arquitectos bajo la dirección de la Academia arqueológica. Cuatro millones costará. (Waterloo bridge costó 12 000 L.)[332] Sumamen-

---

323 «Foso» o lugar donde se ha excavado Farnesio.

324 Tachado: «aquí».

325 «El solario.»

326 «Mercado público.»

327 «A la ribera.»

328 Basílica de San Pablo, edificada donde estuvo la tumba de San Pablo. Don Pepe la visita antes de terminada su reconstrucción. Por eso habla de andamios.

329 Columnas en forma barrigona, enormes, del famoso granito del Simplón.

330 Serie de medallones de mosaico con los retratos de todos los papas cronológicamente.

331 «El arco imperial de Placidia.» Hija del emperador Teodosio. Gran mosaico que decora lo alto de la nave central, que representa al Salvador. Mandó ponerla Gala Placidia en 440.

332 Libras esterlinas.

te ancha. (Presidiarios. Cuatrocientos peones.) Modelos de los chapiteles del Panteón. Cinco navate.[333] 2 500° pesos cada columna puesta.

Día 13 (de noche)

De 6 a 9. Visita a las estatuas, al Vaticano, con antorchas. El tocador de arpa. Gran partida de personas. Venus la del palio. Ariadna. Antinoo. Ganimedes. Apolo. Júpiter. Canova. Laocoonte. Patios del Vaticano.

Día 14

Las estrellas brillaban anoche como nunca. Parecían unos diamantes que estaban en el aire, como desencajados de la bóveda; quiere decir: con poquísima refracción astronómica. Así es que muchas también parecían más pequeñas. Temperatura de estos tres días. De lo más fría de Roma, y aún no ha llegado a helar. En general, en fines de diciembre y medio [de] enero el termómetro se ha mantenido a 8 grados sobre 0. Lluvias, periodicidad. Anuncios. Calles húmedas. Tramontana. Scirocco.[334] Sol y sombra. Malaria.[335]

Enero 14

El templo del retorno de Aníbal: este terreno se vendió en almoneda. Llegó por la puerta Colina. Esto no está lejos del Monte Sacro. Siglo V de Roma. Ladrillos, pilastras y columnas. Grecas al medio. Abajo una caballeriza forma cuadrilonga pequeña. Entramos en el penetralia.[336] El frontis de ladrillo tallado de orden dórico. A orillas del Almón. La valle d'Egeria. Aquí había una gruta donde nació el río Almón. Augusto la adornó de mármoles para divinizarse. Indignación de Juvenal de que este lugar sagrado fuera profanado por mármoles. Bóveda reticular. Yerbas colgantes a la entrada. Tres chorros bajo el gran nicho. Agua tibia (pedacitos de hielo en el camino). Un trozo de estatua sentada como genio del río. Seis nichos, tres de cada lado. Otro ni-

---

333 «Naves de edificios.»

334 Tramontana es el viento del Norte; Scirocco es el viento cálido y nocivo del Sur, que aseguran viene del Sahara.

335 En la época del viaje de Luz no se había llevado a cabo la desecación de las paludes romanas, causantes de esas fiebres.

336 Lugar o estancia interior de un edificio (interiores).

cho grande a la izquierda, entrando. En el Senado se trató de dar a Augusto el nombre de nuevo Rómulo, pero él prefería el de Numa (véase a Horacio también). Cuna de las instituciones religiosas romanas.

Bosque de Numa: quercie (encinas) como de cuadra y media en una colinita. Casa excavada de los aborígenes. Arquitrabe. Entre los griegos empezó la arquitectura por madera; [entre] los romanos y etruscos por piedra. Excavaciones en las paredes para las camas. Cuatro varas de ancho. Caco,[337] emblema de la vida de los antiguos pueblos del Lacio. Gruta de Caco. Parece lo interior de un tinglado. Dos galerías.

Cierta simetría bárbara. Templo de las Camenas, nombre de las musas que favorecen la vegetación. Los troncos enterrados. Parecen muy antiguos. Se ve hacia el acueducto en la vía latina un templo consagrado al pasaje de Veturia,[338] cuando hablando a Coriolano, o sea, fortuna muliebris.[339] Otro templo al Dios de los caminos y en medio un sepulcro. Los templos se ven rojos. Todos son pequeños. Frascati[340] al fondo. A la derecha, ruinas de la Edad Media. (Sátira 4.ª de Juvenal.) Felix ne ingenium violarent marmora topham.[341]

El templo de las Camenas. Arquitectura de la república muy bella en ladrillos. Luego las magníficas columnas de Augusto masquées por los paredones.

Romulus bello, Numa pace.[342] César y Augusto. El quería que lo consideraran en ese parangón; huecos en lo interior para las leyes de Numa. Trofeos de Augusto en estuco en el friso (capiteles de gota de agua sencillos). Frescos del siglo XI. En las opiniones de los anticuarios, digo yo también con

---

337   Bandido que tenía su antro en el Aventino. Vid. Eneida, libro VII y Divina Commedia, canto XV.

338   Madre de Coriolano, cuyas suplicaciones decidieron a su hijo a renunciar a sus propósitos contra Roma.

339   «Suerte femenina.»

340   Pintoresca villa, de bellísima vegetación y casas campestres de familias acomodadas.

341   ...nec ingenuum violarent marmora tofum.

(Juvenal, Sát. III, 20.) Cita de Luz de memoria. No es la Sát. 4.ª

...y los mármoles no profanarán la natural toba.

La palabra Felix no es de Juvenal. Está ahí añadida por Luz como para expresar que la gruta podría llamarse dichosa (felix), si los mármoles no hubieran echado a perder la toba natural.

342   «Encubiertas» (masquées). «Rómulo en la guerra. Numa en la paz.»

Séneca: aliquio et meo vindico.[343] (Capiteles meandros.) Principio del siglo VI de Roma. Gocciolatojo: adornos en forma de gotas.

Sepulchra Scipionum. Muy cerca. Arriba el templo de Mars extra-muraneus, donde se recibían los embajadores de guerra. Costumbre del tiempo de los patricios a la edad de 17 años. Les llevaban a las tumbas. De aquí la pompa en la expresión de las inscripciones. Retratos de la familia en los entierros. El de Bruto faltaba en el entierro de Augusto —dice Tácito. Varias cámaras sepulcrales. Inscripciones y lápidas al estilo de la Cartuja de Bolonia. Los originales de las inscripciones en el Vaticano. Se ve dentro ahora el arquitrabe del templo. Esto es del siglo IV. Arco grueso al entrar en el sepulcro. Esto se excavó en tiempo de Pío VI.

Chiesa de San Giovanni e Paolo. Suelo alexandrinum. «Louis martirii S.S.S. et p. ni Edibs propriis».[344] Fachada del Vivarium.[345] Construcción como la del Coliseo.

Mica aurea di Domiziano conosciuta sotto il nome di tempio di Minerva medica.[346] Por no tener la forma de templo y por extenderse más, según las excavaciones. No [es] extraño que estuviera aquí la Minerva, que era Diosa de la familia de aquel emperador. Se está desplomando. Ocho grandes nichones en circulo. Esta ruina es tan bella que fue copiada por Rafael en las Loggie.[347] (Acueducto restaurado por Sixto usted) Arco de crociera,[348] que eran bellísimos. Aquí era lo más populoso de Roma.

Inscripción dell'acqua Claudia.[349] Orden de arquitectura para los vivarios y acueducto. Cuatro paralelas. Las cornisas muy sencillas.

Restos del Anfiteatro Castrense del tiempo de la república (en ladrillo). Aquí los reclutas se adiestraban a ocultas y salían duchos. Columnas solas, muy bien hechas y arcos. Aquí los frailes de San Juan de Jerusalén. Los arcos por adorno en ladrillos rojos. Muy buena conservación.

---

343 «Algo (logro) y me estoy satisfecho.»
344 «Iglesia de San Juan y San Pablo.» Suelo alejandrino. Una inscripción.
345 Vivero o acuario.
346 «Mica (o pequeño comedor) áurea de Domiciano, conocida bajo el nombre de templo de Minerva médica.»
347 «Logias»; salones-pasillos del Vaticano.
348 «Arco de cruce», por donde cruza la gente.
349 «Del agua Claudia», del acueducto de Claudio.

Antiguos muros, bien conservados, del tiempo de Aureliano, frente al acueducto y al lado de San Juan de Letrán. Nichos para tirar. Pórtico. Cámara del Centurión donde se tenían consejos de guerra. La arcada es como la de un acueducto. Totila[350] entró solo corrompiendo a los soldados de otra suerte eran intomables. Dieciséis millas de recinto cuando era más débil. Dicho de Strabon: «Los muros son para ser defendidos», etc.

Triclinium[351] de la coronación de Carlomagno.

Frente del bautisterio de Constantino, que es un pedazo del jardín que hubo aquí, columnas las más grandes de pórfido; lindura de las dos cornisas.

Los siete escalones de los siete vicios y los de las virtudes los destruyeron en la restauración. Caballeros del baño estaban a prueba una noche en un baño aquí. Idea de los cuartos romanos. [Dibujo de] la capillita, [de] otra capilla [y de la] sala.

Pirámide de C. C.[352] del tiempo de Augusto. Via ostiensis.[353] Un pedazo en la zanja del cementerio protestante. Se ven los carriles. Columnas de Agripa. Vict[orias]. Pinturas. En la cámara sepulcral. Otras pinturas. El camino lo han abierto a pico: estaría abajo como en las de Egipto.

1792-1822. Shelley Cor Cordium.
Nothing of him that doth fade;
But doth suffer a sea-change
Into something rich
and strange.[354]

---

350 Rey de los ostrogodos, que entró triunfante en Roma. Vencido en Tagina por Narsés.

351 Lecho o escaño, según Vitruvio, en que podían recostarse tres personas para comer. Equivale a salón-comedor o refectorio.

352 Posiblemente de Caio Cestio.

353 «Camino a la ciudad de Ostia.»

354 Corazón de corazones//. Nada de él puede fenecer,// Sí ser víctima de la traición del mar, //Para transmutarse// En algo rico y extraño.

Esta inscripción, de escaso valor literario, es la que está en el bello Cementerio Protestante de Roma, a que se refiere supra el viajero Luz. Las cenizas de Shelley fueron depositadas en un ánfora de mármol que está encima del cenotafio, el 18 de julio de 1822, después de morir ahogado. La primera mujer de Shelley, Harriet Westbrook, murió también ahogada. La segunda mujer, Mary Wollstonecraft Godwin, era escritora brillante y distinguida.

La obra de su mujer Lady Bathurst ahogada en 1823.

Jano cuadriforme

Para los mercaderes de bueyes aquí venían hasta los emperadores a escoger sus toros para los sacrificios. (Hermosísimos toros de Italia.) Enormes masas de mármol; hecho por Septimio Severo. Tres nichos de cada frente, i.e. seis —tres a tres— doce en cada frente entero. Esto es lo más sólido. Los nichos en conchas. San Gregorio. ¿Qué iglesia de Roma habrá que no tenga Indulgenza plenaria?

Frescos

El coro de los Angeles de Güido.[355] Martirio de San Andrés. Dos frescos, uno de id. y el mejor del Domenichino.[356] La mesa donde daba de comer a los peregrinos San Gregorio. Estatua del Santo por Miguel Ángel.

Enero 17

Biblioteca.[357] Papiros. Cardenales bibliotecarios. Sixto III la formó. Gran salón. Zodíaco. Pinturas. Calendario ruso hecho en el siglo XI. Tejido de [amaranto].[358] Vista de las galerías, al llegar al fondo a uno y otro lado. Entrada del cielo pascual. Instrumentos de martirio encontrados en las catacumbas. Fondos de los vasos de los Agapi. Tremendas sortijas de papas. Retrato de Carlomagno a fresco bien hecho y buena cara. La historia de Mengs.[359] Sala siguiente bellísima. Regalo de Austria. Cosas primitivas de América, Otahití, Amsterdam. Marcas de ladrillos, cálices, tiara. Juan XXII.[360] Muy alegre la biblioteca por estar de blanco.

---

355 Guido Reni, llamado El Guido (1575-1642). Pintor boloñés, célebre por la gracia, expresión, colorido, elegancia y corrección de su dibujo. Obras principales: La aurora y El robo de Helena.

356 El Dominiquino. Domenico Zampieri, también boloñés; el mejor discípulo de los Carracci; dibujante exacto y expresivo, colorista sincero y hábil (1581-1641).

357 Biblioteca del Vaticano. Gabinete de los papiros, decorado bajo Pío VI por Mengs.

358 En el original: «Amto». Posiblemente «amianto» o «amiento», plantas textiles.

359 Rafael Mengs, pintor alemán, nacido en Bohemia, artista hábil, pero frío (1728-1779).

360 Papa desde 1316 hasta 1334. Residió en Aviñón, ciudad que embelleció mucho.

Enero 19

Foro Romano. Júpiter tonante. Doctrina de la sucesión de los monumentos. Así se explica la multitud de edificios del Foro. En tiempo de los emperadores. Doscientos años después de los Scipiones, se permitía a esclavos mezclar sus cenizas con las de los Scipiones. Espíritu del imperio. Templo de la Concordia, delante del Tabulario,[361] para ocultarlo por Augusto. El Tabulario ocupaba el Intermontium.[362] Había una ley que prohibía que los edificios se elevasen a más de 60 pies. La construcción de piedra y ladrillo. Señales de diez columnas. Vía Sacra. Rómulo. Numa.[363] Basalto. Fortuna. Cárcel Mamertina. Yugurta. Conspiración de Catilina y Seyano[364] (muertos).

Bóveda solidísima. Arriaban. Scale gemoniani.[365] Paraza[366] de Yugurta. Segundo piso. Aquí la fuente milagrosa y la Conversión de Martiniano por S. S. Pedro y Paulo. Porrazo de San Pedro en la pared. Espesor de la bóveda cerca de una vara. Deshonor de la prisión Mamertina. Yugurta murió de hambre. Milagrería larga. Pistolas, etc. Treinta pies sobre el suelo.

Arco de Septimio. Paso para el Emperador y para los soldados. Vía Sacra bajo el arco. Clivus capitolinus[367] aquí se dividía en ángulos rectos la vía. Empedrado dejado para el Emperador y piso de mármol para los soldados. Secretarium Senatus.[368] Templo de Saturno.[369] Pasaje del tesorero a César. La barraquita. Aquí el templo de Jano, que se abría, etc. Columna foca[370]

---

361 Tabalarium: archivo en que se guardaban instrumentos públicos.

362 Intermontium (Intermonte): barrio de la Roma antigua situado entre las dos cimas del Capitolio.

363 Algunos arqueólogos creen que estas ruinas son de las tumbas de Rómulo y Numa.

364 Ministro de Tiberio, estrangulado en el 31 por orden de él, por haber aspirado al poder supremo. Sinónimo de ministro cruel y corrompido.

365 Escalera que conducía del Foro romano a las prisiones por donde se arrastraban, con un gancho, los cadáveres de los condenados.

366 Quizá paratio de Yugurta, o sea, preparación o aspiración al trono de Yugurta (Salustio, Jug., 31-8). O parazona: puñal de Yugurta.

367 «La cuesta del Capitolio.»

368 «Cónclave senatorial.»

369 Donde se guardaba el tesoro público.

370 Columna trunca que servía de brasero.

del templo de Júpiter Stator.[371] Otra base descubierta. Basílica Emilia, la más antigua, admirada por Cicerón. El emplacement[372] al lado de Jano. Tiendas. Aquí [fue] donde Virginio fue a buscar el puñal. Aquí había plateros. A izquierda mirando al arco de Septimio. Curia Ostilia a [la] derecha. Al centro[373] tres columnas bellísimas en línea: templo de Cástor y Pólux (en medio del friso cabezas de Dioses). Año 412 a. de J. C. poco antes de las guerras púnicas [votó][374] por la guerra en el Lacio. Grecostasis, los primitivos extranjeros.

Comicio que separaba la Curia Ostilia de la Grecostasis. El templo de Faustina ya fuera del foro. Templo de Giunone Moneba (frisos bellos). Fortaleza del Capitolio en bóveda en frente del templo derecho. (Signori, cuattrini!)[375] Roca Tarpeia. Tarpeia quiso entregar la fortaleza de los Sabinos. Naranjo a distancia, de donde dicen los tiraban.

Aquí están las gentes posesionadas de las calles, como en el manglar. Se peinan, comen, dan de mamar, tienden ropa. Casita de Miguel Angel no concluida, a la derecha del escalerón del Capitolio: abandonada. Bonita arquitectura, nichos en el patio, escalera como la de su casa en Florencia. Saxum munit ipsi suo[376] de Ovidio, hablando del Capitolio.

Teatro de Marcello, modelo para las proporciones del orden dórico y jónico, que es más largo, oval. Bella ruina: en partes descarnadas las columnas y paredes. Todo habitado por pobres. Albeiterías.[377] Fraguas.

Pórtico de Octavia con los antefisi, o remates del techo. Luego las águilas. Columnas magníficas [y] alteración para hacer arco a la entrada de la iglesia... Pescaderías. Sobre los mármoles. Objeto de los pórticos en los antiguos teatros.

---

371 Stator: epíteto dado a Júpiter por Rómulo por haber detenido a los romanos que huían de los sabinos. Stator es el guardián o centinela.
372 «Emplazamiento.»
373 En el original: «—al 0—». Es abreviatura de Luz.
374 Grafía dudosa.
375 «Señores, dinero!»
376 «Se arregló para sí mismo la Roca (Tarpeya).»
377 Donde se hacen labores de veterinaria.

Casa de los Francipani con croisée.[378] Barrio de los Judíos. Se hace la ceremonia de cerrarlos de noche Dos puertas.

Palazzo anticamente Stoppani, adesso[379] de Rafael. La linda arquitectura. Dos columnas sencillas pareadas. Segundo piso. Aquí fue matado César, etc. L'abbate Luigi. Estatua pasquina.[380] Esta noche el sable de Marengo, y la espada de Francisco I, coraza y otros cachivaches. Napoleón el niño. Grupo de Solá.[381]

Enero 20

Cortos restos de las termas de Trajano. Pero quedan los receptáculos junto a la casa áurea. [El] hemiciclo del exedra[382] [tiene] solo techo, como el Templo de la paz. En las de Caracalla no existen los receptáculos. De aquí el agua al Coliseo. Palma al frente. Mosaico antiguo. Muy bien conservado. Empedrado pequeño. Siete salas. Hay doce hoy. Capa calcárea, o zulaque. En bóvedas de 7 pasos de ancho y 50 de largo. Las puertas de arcos se ven en línea oblicua, por haber varias a donde llegaba el acueducto.

Dos columnas y pilastras, etc.

Marte Vengador. Columna de Trajano.

Anfiteatro, que era el sepulcro de Augusto aquí. Los obeliscos, uno de la Plaza del Pueblo. Muro de dos varas y media, muy lindo, y gradas al descubierto a la antigua. Los palcos muy bonitos.

Villa Borghese.[383] Fachada. Relieves antiguos. Magnifico salón. Estatuas. Dos Curtio a caballo. Apolo y Dafne del Bernini, su capo *d'opera*[384] a la edad de 17 años. Eneas y Anchises del mismo. (Gallina y pollos de Peter).[385] Her-

---

378 «Ventana.»
379 «Palacio Stoppani, en tiempos antiguos; ahora, de Rafael.»
380 Torso marmóreo de gladiador donde se fijaban las sátiras (pasquinate) contra papas y aristócratas.
381 Escultor español (muerto 1861). El Gladiador moribundo y Daoiz y Velarde sobresalen por lo bien entendido de las actitudes y por la valentía de la expresión.
382 Lonja o lugar de pórtico abierto y con asientos donde se juntaban filósofos, retóricos y otros sabios en sus conferencias. Sala de tertulias.
383 Quinta con su palacio: Galería de Arte. Don Pepe cita obras allí guardadas.
384 «Obra maestra.»
385 Víctor Peter, escultor francés. Nacido 1840. Obras: Guillermo II de Holanda, monumento a Pasteur, etc.

mafrodita. Mesa de granito egipcio sostenida en tritones. Columnas y jarras orientales (en este cuarto diez columnas). La Zingarella del Bernini.[386]

Esta noche magnífico baile de Torlonia: en cuanto a lo vasto, hermoso y magníficamente puesto del local [es] de lo mejor de Europa. «Hércules y Litas» de Canova.[387] Estatua. Cuadros. Salones. Candelabros. Jarras. Mesas marmóreas. Escalera magnífica. Relieves. «Asamblea de los Dioses» de Camuccini.[388] Techo del cuarto de los helados. Mrs. Bolton. Dupau. Galitzin. H. etc.

Día 23 de enero. Domingo

Y en toda la octava, bendición de caballos y otros animales en la iglesia de San Antonio Abad. Caballos engalanados y aun pintados con florecitas. Montados los más contadinos[389] (que son muy buenos jinetes) en pelo. Coches de a seis caballos manejados por un solo hombre (el del Mariscal príncipe Chigi).[390] Concurso de gente. Chaveaux retifs.[391] Frescos de la iglesia. Vida del Santo. La legión de Diablos que tiene encima, que le atacan con el tridente de Neptuno. Sapos, culebras, escorpiones, tigres; y aun muerto le cae uno a porrazos con una clava hercúlea, y a son de trompa y tambor; el diablo [queda] luego postrado.

Pordiosería de Roma. Hasta en los vicolos,[392] donde uno para, está seguro de que le salgan, como si la tierra los produjera.

Día 27 de enero

Día más frío de Roma. Saqué la capa por primera vez. Temperatura tramontana fuerte. Luna la más clara que he visto desde que salí de La Habana.

---

386 La Gitanilla del Bernini o Bernín, pintor, escultor y arquitecto italiano (1598-1680) que alcanzó justa fama y renombre.

387 Célebre escultor italiano nacido en Possagno, considerado como el restaurador de su arte en Italia (1757-1822).

388 Vicente Camuccini, pintor italiano, inspector general de los museos pontificios. Obras: La muerte de César, La conversión de San Pablo, etc.

389 «Campesinos.» Contadinos es italianización de Luz por contadini.

390 Cargo de mariscal de la Iglesia romana, al que es inherente la vigilancia del Cónclave.

391 «Caballos cerreros o indómitos.»

392 «Callejuelas.» Italianización de Luz por vicoli.

¡Qué cielo! ¡Qué azul! ¡A veces como el nuestro! y aún no he estado en Nápoles.

Habitualmente el termómetro ha estado en diciembre y enero a 10, 12 y aun a 14 grados sobre 0. Algunas veces a 7, 6 y 5 grados. Cuando oigo a varios extranjeros quejarse aún del frío en Italia, por la falta de chimeneas, me acuerdo de los avaros, que cuanto más tienen más quieren. Por más que se calienten en Inglaterra y Alemania, va tanta diferencia de esto a aquello como de comer a tirarse con los platos. El que está en el goce de un gran bien, con que siquiera perturben un instante su posesión, se olvida de cuanto ha gozado, y que para muchos hombres es más una hora de dolor que un siglo de placer.

VI. Diario de Madruga (1846)

Madruga, mayo 20, 846.

Primer paseo matutino y paseo del pensamiento. Mariana, su salud; mi hija, su educación. ¿Por qué estoy en Madruga? Elevación a Dios por mi mujer y mi hija, por lo que más necesita. La familia en cuyo seno estoy —su bondad, su virtud— tantos buenos y virtuosos reunidos. No está tan árido el valle, que parece fecundado por las lágrimas. México. Krause.[393]

Redactaba (in mente se entiende) la 1.ª y formulaba la 2.ª No me gustan los hombres-libros; aunque tengan su aplicación. ¿Qué no la tienen?[394] Desempeño de las comisiones.

Vista de las lomas de Cayajabo. Apacibilidad del aire y lindura de la mañana al levantarse. Siempre alabanzas al Supremo Hacedor: mi vida es un himno.

La ascensión. Aletargamiento mental algunos momentos. Depende casi siempre del estado físico (puede quitarse el casi); pues aunque tenga otra causa remota de otro género, siempre para en un estado físico. Despierto con el espectáculo de la naturaleza. Frescura del aire —amenidad de los campos con las lluvias. La gallina y sus variamente matizados polluelos, emblema de la igualdad en la diversidad. La fila de bibijaguas cargadas de hojas.

Diversidad de la naturaleza en los medios y modos de alimentación; la bibijagua lleva al granero la hoja verde, pudiendo comerla en el árbol.

A caballo a la Nueva Concordia. Aroma —pimpón de África plantado por Chiapi. Remedio para la hidropesía: hoja de frailecillo majada y aceite ½ y ½, 6 u 8 días en ayunas un vaso. Es vomi-purgante diurético dado por Linares.

Lectura. Juicio de Napoleón sobre la revolución. Carta sobre tratamiento en Santa Elena.

A caballo (solo). Por la lluvia. No me acompañó don Mariano.

---

393 Ver Aforismos, números 501, 151 y 152.
394 Ver Aforismos, número 339.

VII. Lágrimas de un padre sobre su hija (1850)

Agosto 9/50.

¡Señor! ¡Señor! Mis aspiraciones se convirtieron en suspiros y mis esperanzas en gemidos.[395]

¿Por qué hiciste, mi Dios, que mi alma[396] gozara tanto y aun esperase más en la hija de mis entrañas?

No trato, Dios mío, de ofenderte sino de penetrarte para ensalzarte más.

Y a la manera que en el frenesí se despeña un torrente de asociaciones y de afectos que carecen de la más leve conexión, así el dolor nos descubre un nuevo mundo de relaciones y realidades en que vive perenne el objeto de nuestros amores.

Su imagen, ella misma, se interpone entre Dios y yo, entre su madre y padre: centro en cuyo rededor se movía, entre mí y cuanto me rodea, entre mi pensamiento y yo[397] mismo.

El día, una mancha negra sin fin para mi alma; la noche, lo mismo que el día.

¡Dios mío, Dios mío, ayúdame a llevar la cruz que descargaste sobre el más flaco de los mortales! Deus in adjutorium meum intende! Domine ad adjuvandum me festina![398]

Cada vez más firme en mi antiguo tema: que los místicos han sido los únicos que se formaron ideas exactas de la humanidad, in hac lacrimarum valle; gementes et flentes[399] probación, tránsito para mejor vida. No hay filosofía más profunda; es la expresión de la Divinidad sobre la humanidad.

He tenido, tengo horas, largas horas en que hasta mi madre ha salido de mi pensamiento, anegado en el dolor de mi hija.

---

395 Como lumbre que prometiendo luz y alegría, se disipa en humo y tinieblas, o como quien súbito cegara en medio del paraíso terrenal: árbol en flor y fruto que el cierzo, con flor y fruto y tronco, hasta el suelo derriba. (N. del A.)

396 «se» tachado en el original.

397 Corregido sobre «mi.»

398 «¡Ven en mi ayuda, Dios mío!» «¡Corre, Señor, en mi ayuda!»

399 «en este valle de lágrimas; gimiendo y llorando.»

¡Dios, [tú] que infundiste este sentimiento insondable, inextinguible, en el alma de los padres, será tu obra! (Los alaridos de la madre interrumpen y embargan. El consuelo del vaquero.)

[Agosto] 13.

Yo sí soy quien ha perdido toda compensación de la vida; pero no hablemos de mis pérdidas.

Ahora cuando gracias a tan largos afanes iba recobrando las fuerzas de un modo que yo mismo me asombraba, me halagaba la esperanza de emplearlas en mi hija.

El torrente, la circulación de nuestras vidas (la de su madre y padre) corría por ese cauce al centro único, al corazón de entrambos —mitad y mitad—; todo este torrente (que para su madre corría aislado —¡ah, dolor!—) se ha detenido de golpe, sumiéndonos en otro de dolores y amarguras.

¡Qué descorazonadas han andado las lenguas respecto a los padres privados de sus hijos! Al hijo sin padres llaman huérfano, a la esposa sin marido viuda. Y a la madre y el padre sin hijos —el dolor de los dolores— ¿cómo se llaman? Por eso tal vez no tienen nombre. Apenas si los ingleses tienen el general y vago de childless.[400]

Agosto 13/50.

Siguen las Lágrimas de un padre sobre su hija.

Quid sum miser tunc dicturus?[401]

La calamidad me vuelve más expansivo, me hace más cristiano. Aunque siempre he procurado serlo de alma y me he preparado para aquélla, como puede verse en el tema continuo de mis Aforismos, de mis pláticas a los niños, y de toda mi vida. Y sin embargo de tanta preparación, la imagen de mi hija, mi única hija, su voz, un[402] movimiento de su rostro, sus miradas tan dulces y expresivas que me traspasan, y antes me solazaban, cualquier recuerdo —¡qué digo recuerdo!—: quien recuerda ha olvidado—, cualquier circunstancia, la más leve, un soplo de su acento angelical. «¡Papaíto, ma-

400 «sin hijo.»
401 «¿Qué es, desgraciado de mí, lo que iba a decir, si no?»
402 Corregido sobre «su».

maíta!» —derriba todo el edificio de mi resignación. ¡Qué será, pues, de su malhadada madre! No queráis saberlo, no es posible que penetréis la insondable amargura de ese corazón lacerado, cuyo lamento arrastra y arranca los pedazos de las entrañas por donde atraviesa. ¡Oídlo!

En el Colegio la amargura de estar con el cuerpo en un lugar, y con el alma en mi hija de mis entrañas, le despedazan. ¡Y dejar en el lecho del desconsuelo a su madre, cuya salud también está amenazada por la acerbidad de la pena y concentración del sentimiento, único en esta mujer única, como ya la llamé desde París, en la[403] dedicatoria de las obras de Manzoni, que le traje como el más adecuado presente de mí a ella![404]

Todos son impotentes para consolar a Mariana. Solo Dios puede hacerlo. ¿Quién será su órgano? Solo él lo sabe.

[Agosto] 14

¡Qué sentimientos al dejar a la madre angustiada! En el Colegio.

¡Ah, Dios mío, cuán grande eres! ¡Cómo no me anonadas de una vez! ¿No soy yo mismo un milagro palpitante en tu mano? ¡Ah, qué extrañeza en los objetos más familiares!, como quien sale de una dilatada enfermedad o de un delirio prolongado; como quien ha sido arrancado de raíz! ¡Oh, Dios mío! No por darme las fuerzas, disminuyas en lo más leve el sentimiento que agita mi pecho por la pérdida de mi adorada hija: haz que este dolor sea una religión para mi espíritu, un móvil para todas las buenas acciones; fac ut istud portare sic valeam, ut consequar tuam gratiam.[405]

---

403 Corregido sobre «mi» primitivamente escrito: la corrección no parece de Luz.

404 En un ejemplar del afamado libro de Manzoni que se titula Storia della Colonna Infame, impreso en París en 1843... el mismo que regaló el señor Luz a su señora, se encuentra una dedicatoria fechada en París, septiembre 19 de 1843, que revela los sentimientos exquisitos de amor conyugal que alimentó siempre en su pecho.. Dice así: «A la mujer de mi elección. Alessandro Manzoni... vincolo che allacia colle piú care e caste rimenbranza i cuori di Marianna e Beppo. E un dí allaciará, io spero, il tenero della nostra Luigia... Le sue opere». En letras doradas aparecen los nombres: «Manzoni, Luisa, Pepe, Nana». Vid. J. Ignacio Rodríguez, *Vida de don José de la Luz y Caballero*, pág. 83, pasaje citado por M. I. Mesa Rodríguez.

405 «Dame valor para sobrellevar esto de tal modo, que alcance tu gracia.»

¡Por su madre te pido, Dios de mi alma! Derrama el bálsamo de tu piedad sobre ese[406] corazón desgarrado. Haz, Dios mío, por tu infinito poder, que esa madre, modelo de sentimiento, tenga, beba una gota si quiera de consuelo: llueve sobre su alma la eficacia de tu gracia, y está vencido el imposible.

Siguen las Lágrimas de un padre sobre su hija

Agosto 15/50.

¿Por dónde empezaré hoy mi clamor? Son tantos los pesares que en uno me aquejan, como decía ayer a nuestro amigo, que realmente no sé cómo exclamar. Pero todos se los absorbe el estado de esa alma inconsolable que no me deja respirar. Cuanto más lo miro, tanto menos veo esta gota suspirada de rocío —¡una gota siquiera, una chispa de tu gracia, Dios de bondad, sobre su corazón! ¡Derrama, oh, Dios mío, derrama y concentra las calamidades en este pecho miserable de tu siervo, que descansa en tu misericordia infinita; pero concede, dispensa un momento de respiro a esa criatura incendiada por ese volcán inextinguible del sentimiento maternal! ¡Vuélvame a mí ella, y a ella yo!

No puedo continuar seguido, por el cansancio que experimentan mis flacos órganos;[407] nunca mi corazón. Así me veo forzado a alternar con las ocupaciones, para tener fuerzas con qué llorar y expresar el dolor.

[Agosto] 15, a las 12.

Nunca hallo el momento de verla: me parece que la empeoro con mi presencia. ¡Es mucho dolor éste!

¿Qué consigo yo, hombre, con todo mi ahínco y auxilios, para superar la montaña de la resignación? Pues ella, aislada, en el lecho del dolor, concentrada, presa exclusiva de su pena, el mundo aniquilado, sí, aniquilado para ella el mundo físico y moral, ¿qué ha de alcanzar la desventurada? Non est dolor sicut dolor meus.[408]

---

406 Tachado: «alma».
407 Tachado: «aunque».
408 «No hay dolor como el mío.»

296

La veo, la toco; y sin embargo de lo preparado que voy, salgo al momento en la más completa agitación.

Paréceme con todo más resignada. ¡Sí, Dios mío, acaso empiezas a oír mis clamores; te ablandas piadoso a tanta desventura! ¡No hagas, no permitas, mi padre de piedad, que esta tierra sea el infierno para esta criatura tuya por elección, pues la dotaste de ese sublime corazón, hijo del de su padre![409] ¡Oh, si viviera! Él sería el único órgano tuyo para esta obra ardua de la consolación de su Mariana.

¡Hija de mis entrañas que en el cielo estás, pide, implora, ángel mío, por la tranquilidad para el alma de tu mamaíta idolatrada, ya que la tuya descansa en paz! Creo que se sufre más con el tiempo que al principio: hoy son 17 días, y no es vivir este torrente de recuerdos e impresiones terribles, que se suceden sin intermisión para el pobre espíritu.

Al principio se sufre más corporalmente; después mentalmente y con el corazón, estremeciéndonos hasta los recuerdos de los primeros momentos de dolor.

Hoy, día de fiesta, más soledad, ¡Providencia divina!, para que llenemos mejor el deber del dolor, para que viva en nosotros la que debe vivir con la fuerza de los afectos en este mundo de las almas, mundo cordial y mental. Si yo no viviera con la memoria de mi hija, muriera o quisiera morir.

Siguen las Lágrimas

Agosto 15/50.

Yo no sé qué tierno refrigerio a[410] mi dolor experimenté esta mañana al volver a orar por primera vez con los niños en el Colegio. ¡Ah, religión augusta! ¡Qué no podrás tú acabar con tu divino poderío! ¡Parecíame que mezclaba mi voz a la de mi hija que la vela y oía en medio de los ángeles! ¿Quién podrá arrancarme esta posesión? ¡Ni la muerte! ¡Cómo me entristece oír y hablar la lengua inglesa, que era la predilecta de mi hija! ¡Hasta al afeitarme, cuando leíamos a Macaulay! En los últimos días, por la mañana, le leía yo y hacia notar las bellezas de la Exposición de Job, de Fray Luis de León. ¡Qué

---

409 Don Tomás Romay, célebre médico cubano, suegro de Luz, a quien llama «el más romano de los habaneros» (Roberto Agramonte).

410 Corregido sobre «en».

297

providencial coincidencia! Ahí le hacía amar al mismo tiempo la noble habla de Castilla, la más grave que han hablado hombres.

¡Qué borrasca tan deshecha, y sin despejar! ¡Ni esperanza!

[Agosto] 16.

¿Cuál será el día de mi vida en que más gracias tendré que dar a la Providencia? ¿Y cómo ocurre esta efusión de alabanza en medio de la amargura del corazón? ¡Y después de un día como el que pasó ayer mi angustiadísima Mariana! ¡Sí, Dios mío; pero dominó en ella la ternura, y me pareció entrever en sus lágrimas y acento profundamente enternecido la aurora de la resignación! ¿Cómo, pues, no he de aplaudir este rayo de luz en la lobreguez de nuestros corazones? Benedic, benedic, anima mea, Domino![411] Y volviendo la vista sobre mí, soy un milagro ambulante de la Divinidad. ¿Cómo, pues, no he de adorar y de glorificar en medio de mis amarguras y combates al autor de tantas maravillas, con el pecho profundamente humillado? Bonum mihi quia humiliasti me.[412]

Funes[413] en la madrugada. ¡Qué episodio tan cruel a mis dolores! Es mucha la excitación que siento: como quien muerto, vuelve a la vida.

Pero la memoria —la presencia— de mi hija no me abandona. Y mi esposa siempre entregada al dolor. (Pero creo no equivocarme. Asoma, asoma. ¡Dios de misericordia! ¡Haces amanecer el día de la resignación!)

En esta santísima misión del sinite parvulos ad me venire,[414] ¡qué inefable consolación hace la misericordia experimentar al alma atribulada!

¡Pero qué lucha, Dios omnipotente! Para luchar nací, tú lo has querido; ¡pues venga la fuerza! Si conviene, tú la darás; si no conviene, siempre resignado, Dios mío; humilde ante tu divino acatamiento, y valeroso sin ostentación ante los acontecimientos; humilde y fuerte: he ahí el escudo y espada del cristianismo: Dios y siempre Dios.

Siguen las Lágrimas, etc.

---

411 «¡Bendice, alma mía, bendice al Señor!»
412 «Me ha sido saludable el que me hayas humillado.»
413 Sobre Funes, amigo entrañable de Luz, Véase Aforismos no. 7. En el momento que escribe Luz, Funes está agonizando (Roberto Agramonte).
414 «dejad que los niños vengan a mí.»

Agosto 16/50.

¡El retorno a casa es cruel! Al desenrollar este pliego de papel en que escribo, cuya operación la hacía ella, se han estremecido mis huesos; y al escribirlo vienen lágrimas a los ojos. ¿Quién no cesará de verterlas? ¡Qué alivio tan indispensable al dolor! Pero solo alivio, desahogo momentáneo. La pena corroe a los hombres cuanto más en silencio lloramos la doble carga de la pena y del esfuerzo en ocultarla.

Ahora que por la misericordia divina tenía yo, su padre, más fuerzas físicas y morales, y más medios que consagrarle, desaparece de mis brazos, me la arrebata la muerte. ¡Sea todo por Dios!

Me volvió a ocupar Funes[415] largamente con J[osé] M[aría], para que éste llenara por mí todos mis deberes hacia él, y aun hacia su memoria, si es que ha finado; pues casi tal me lo pintaban anoche. Proh dolor![416]

La primer cabeza lógica del país[417] y el mas modesto corazón. ¡Y su madre! Padre y madre. No puedo pronunciar estos nombres sin emoción muy honda.[418] (Hoy en una explicación en clases.)

Hago mis propósitos de descansar y los infrinjo con el lápiz en la mano. ¡Oh, espíritu mío!; o mejor, ¡oh, Dios mío! sosiégalo, repósalo, cálmalo para que pueda desempeñar sus deberes hacia muertos y vivos.

[Agosto] 17.

El mal rato de ayer tarde con la fatiga de Mariana, mis temores por la salud de Micaelita.[419] Bien vengas mal (aunque el mío es más fuerte que todos juntos).

Esta madrugada mi hija y solo mi hija ocupó mi fantasía, aunque esta imagen es inseparable de su madre, cuyo dolor intenso me ha hecho a veces borrar hasta su causa. ¡Cuál será ese dolor, hija de mi alma! Bien que tú lo verás mejor que yo desde el Empíreo ¡Ay, mi madre, mi madre!, perdóname,

415 Funes muere el 18 de agosto de 1850.
416 «¡Qué dolor!»
417 Luz desarrolló este concepto sobre Funes en diversos artículos. (Roberto Agramonte.)
418 Porque recuerda a su hija.
419 «su hermana Micaelita»: hermana de Nana. Es Quela, Micaela. Vid. Índice.

si alguna vez sales de mi pensamiento; aunque también estás con ella, así como con su madre. Y lo encantadora que era mi Luisa a los ojos de su Mimia,[420] que admiraba su compostura, su modestia congénita, su dulzura, su juicio y asiento, su mirada, ángel mío, tan casta como penetrante; su acento, su ademán, el obsequio constante de su voluntad a la de su madre. Y mi Monsa,[421] mi hermana (que es como una parte de mí mismo), está tan inconsolable como su madre. Visita de Anita Berrio:[422] todos a porfía adoraban a mi hija.

Esta madrugada, después del rezo con los niños, siempre conmovido, clamé por mi hija, mi hija, mi hija.

Continuando con el Nunc dimittis servum tuum.[423] ¡Ah, qué vida! fuerzas, Dios mío, con mi Domingo Herrera,[424] te pido.

Siguen las Lágrimas, &

Agosto 18/50.

Ayer, aunque decidido a dirigir la palabra a los niños, como acostumbro el sábado,[425] sobre el Evangelio,[426] al acercarse la hora, no pude resolverme, y escribí los cuatro renglones que para leérselos a mi ida entregué a J[osé María]. Aquí están: «La religión es lo que más enternece mi pecho, y así no puedo dirigiros la palabra, estando todavía la herida tan reciente, hijos míos. ¡Qué nombre para un padre que lo fue!»

Bruno,[427] el religioso Bruno, quiere conservar los originales.

---

420 Manuela Teresa Caballero, madre de Luz. Vid. en este tomo págs. 183 y 281: «Mi madre: tu Mimia» de estas Lágrimas.
421 Hermana de don Pepe, de la cual conservarnos cartas. Vid. el Índice.
422 De la familia de los Berrio. Prima del cuñado de don Pepe, casado con María Gertrudis de la Luz y Caballero (M.I.M.R.)
423 «Ahora abandonas a tu siervo.»
424 Domingo Herrera. Vid. el Índice.
425 Pláticas sabatinas que daba Luz, que constituían su verdadera y más esencial docencia, la formadora de la personalidad ética de sus discípulos. Vid. E. Piñeyro, Estudios y Conferencia y Hombres y Glorias de América (Roberto Agramonte).
426 Vid. Aforismos, pág. 16, 247 et passim.
427 Juan Bruno Zayas (M.I.M.R.) Vid. págs. 174, 175 de este tomo.

Y tan abierta todavía, que solo sé decir a Carbonaj[428] (ahora que trataba de ponerle dos palabras en uno de los libros en que leía con su discípula, tembló el corazón y la voz y brotaron las lágrimas de los ojos, que él, oportunamente, enjugó mezclándolas con las suyas, y con el encanto de su conversación.

¡Lo que me hace pensar en su visita dominical! Lo espero como cosa que me es debida. Me enternece más que nadie, y me consuela; es decir, lloramos. Siempre tuve simpatía a este venerable anciano. Ahora es la piedad, y la caridad cristiana —el amor de dos almas unísonas.

«Por donde quiera, mi hija y solo mi hija.» He aquí lo que estampé en una carta de Morrison[429] esta mañana. Hasta en las cartas de Morrison tengo tristes recuerdos de mi María Luisa, a quien las enseñaba para acostumbrarla a leer la letra de los ingleses. Pues ¿qué cosa había en la [vida sobre lo que][430] no quisiera yo enterarla insensiblemente y sin empacharla, ni fastidiarla? Yo había enlazado, identificado tanto a la madre con la hija, que no puedo recorrer las facciones de la madre, no obstante ser tan diversas a las de la hija (que era mi reflejo), sin que me parezca estarla mirando, no diré en medio de nosotros, sino en el mismo rostro de Mariana. Tu dolor, alma mía, es un reloj que da la pena en cada minuto, y la angustia en cada hora. Y para mí, todos los objetos son la repetición que me suena a mi Luisa.

Víspera hoy de su cumpleaños. ¡Ah! que... ¡Nada! Echarse en los brazos del único que dispone de los corazones. Sufragios y buenas obras...

¡No hay los regalos para tu día, ángel de tu padre! Mis conversaciones y las ocasiones aprovechadas, encaminadas siempre a hacerla imparcial y justa para con las personas y las cosas, ¡cuán vivamente se presentan de continuo a mi imaginación! La propensión de la niñez a exagerar, propensión tan natural como providencial, pues así se fortifica el alma de la virtud, esa es la lógica de la naturalidad y el candor.

Mi hija exageraba todos los sentimientos nobles y delicados, y cuando así su madre como yo nos apurábamos por ponerla en el justo medio, solía

---

428 Califica a Carbonaj de «bueno», «venerable», «simpático», «tu digno preceptor», «su maestro», «el buen Carbonaj» (Roberto Agramonte). Vid. la carta de Luz a su hija.
429 Comerciante amigo de Luz. Vid. Índice.
430 Falta en el original.

yo decirle a su madre a solas: «El que ha de ser algo con el tiempo siempre exagera cuando niño».

La Lotería. Jamás ni entró, ni dejó pasar sin observación cuando otros entraban, inclusa su madre. ¿Y no era esto bello y loable? Yo tampoco la juego nunca, ni juego nada.

Siguen las Lágrimas, etc.

Agosto 19/50.

¡Qué día! Cumpleaños de nuestra siempre lamentada hija! Herida incurable que el tiempo la rasga en vez de restañar. Básteme apuntar lo que me pasó hoy de madrugada en el Colegio, pues si fuera a expresar todos los sentimientos que atraviesan mi pobre corazón, ni acabaría nunca, ni lo resistiría la cabeza, ni el papel, que hasta el papel llora por la hija de Pepe. Propúseme estar siquiera hasta las seis en el Colegio para dar varias disposiciones, y, no obstante el estímulo más eficaz de mi alma, el deber, me retiré presuroso al hogar doméstico, concluida la oración con los párvulos; sí, al hogar doméstico, a mezclar mis silenciosos suspiros con el dolorido acento de su madre infeliz; encargando al buen Bruno participara el motivo de mi desaparición a nuestros hijos espirituales, y que rogaran al padre de las misericordias por su difunta hermana. No puedo más. Hoy aún menos que nunca, por estar el cuerpo cansado desde ayer.

Escribir el epitafio de Funes[431] (¡quién me lo dijera!) y admitir de gratuito a su interesante sobrino, como en vida de él me había propuesto, es honrar la memoria de mi hija en su día y sufragar por su alma angelical. He hecho hoy uno y otro. Sit nomen Domini benedictum ex hoc nunc et usque in saeculum.[432]

Su madre, aun mediando este tremendo día, parece más resignada. ¡Ah, Dios de los portentos! ¡[A] esta hora, hija de mis entrañas —pues no he tenido un instante de respiro desde las tres de la mañana—, a esta hora dabas tu lección con el venerable y simpático Carbonaj, tu digno preceptor, virtuosa y púdica criatura! (Me interrumpen los no interrumpidos suspiros de tu madre, ¡tu madre, tu madre!)

431 Vid. Aforismos, pág. 7.
432 «Bendito sea por ello el nombre del Señor ahora y hasta el fin de los siglos.»

[Agosto 19] a la una.

Ya contemplaba yo, hija mía carísima, que había de ser día cruelísimo para tu madre con la ida de María[433] y, efectivamente, ha sido de exaltación, arrebato y lamento desde que descubrió su desaparición. Así el quejido de hoy es el de la inconformidad. La pobre Quela,[434] en tal conflicto, acudió a Pancho Z[ayas][435] y a Lugo Ramos, y algo calmada la he encontrado en proporción, aunque con las señales de la tormenta y el quejido penetrante del desconsuelo e inconformidad. Cualquier circunstancia, no digo la separación de una hermana, estando las tres como identificadas, ha de producir ahora gran estrago; y sin embargo, por entre novedades podrá únicamente alcanzar algún alivio, remedio nunca, a su acerbo dolor. Es forzoso (ley de la humana naturaleza) ir al bien por la senda del daño del mal.

¡Me fatigo, alma mía! ¡Hija mía! ¡Mujer mía!

¡A saludarte, prenda de mis ojos! en el momento que puedo respirar y de preferencia a todo, menos al deber, por el que siempre se ha inmolado tu padre, y que tú con el tiempo hubieras llegado a saber; o por mejor decir, a penetrar hasta qué punto, pues de mis labios nunca lo hubieras sabido, así como se fue tu abuelo a la eternidad sin que yo le hiciera expli[cación].[436]

Siguen las Lágrimas, etc.

Agosto 19/50.

Recuerdo que, acabada de nacer, exclamó su madre, mirándome tan dulce como lánguidamente: «Pepe, ¡hembra!» «¿Y qué, alma mía?» —repuse yo—. «La hemos de querer más que si fuera varón.» Y se cumplió mi profecía. Era esto en la mañana del 19 de agosto de 1834, a las 8 menos 20 minutos. ¡Ni dieciséis años, Dios mío! Pero tú me dirás: ¿Y ese tiempo que gozaste de sus delicias? Sí, Dios mío; tú me la hiciste saborear, pero la amargura de este cáliz de hoy ¿no excederá a la dulzura de todas esas copas bebidas en el espacio de dieciséis años?

433 María Romay, hermana de Nana y Quela. (Ver nota...)
434 Micaela Romay, que quería mucho a María Luisa y Luz la llamaba por su consagración y cariño a ella «su segunda madre».
435 Francisco de Zayas y Jiménez, profesor del Salvador. (M.I.M.R.) [a las] 7.
436 Faltan hojas en el original.

Yo te agradezco, sin embargo, y te adoro en lo más íntimo de mi alma atribulada por esos dieciséis años de delicias paternales; por un solo respiro de esa almita, toda tuya, incontaminada, y, según te plugo formarla, incontaminable por los hálitos mundanales. Yo no cometeré la más ingrata de las blasfemias en increparte de no gozar más por haber gozado. Esa sería la voz de mi amor propio y no la del amor a mi hija.

Yo no hago más que quejarme de mi dolor. Perdóname, manso de los mansos, si te ofenden mis lamentos. Pero no, tú me infundiste por una parte este profundo sentimiento, y por otra me dices: «Venid a mí todos los que sufrís y lleváis una carga, que yo os aliviaré». Yo no hago más que acudir con mi balido a la llamada del Pastor, de aquel buen pastor que da la vida por sus ovejas, para que me alivie y cicatrice en la amargura de mi corazón y de mis ojos: Et in amaritudine animae meae et in amaritudinibus moratur oculus meus.[437] Todo lo ven por el medio lóbrego de las amarguras. Sed tu Domine, usque quo?[438]

¿Es posible que la pobre Nana[439] no haya caído en la cuenta del día que es? ¡Tan grande es el trastorno en que la tiene sumida su dolor! Así parece; será una providencia. ¡Vengan sobre mí solo las cruces, oh Dios mío, que harto tiene ella con su delirio! ¡Cómo descarga el alma la limosna! ¡Cómo sentimos la satisfacción que ella produce! ¡Cómo se dilata nuestro espíritu! ¡Qué fuente inagotable de consolaciones! Ocurrió una en[440] momentos en que mi ánimo estaba como inconforme con la presencia, diré (¡tan viva era la imagen y el dolor!), de mi hija adorada; cuando se aparece, caritativamente para mí, un pobre conocido («El Manquito»), y el pobre es quien me da a mí la limosna de la resignación. ¡Oh, Dios de Israel y de Jacob! ¿Cómo no habré de repetir sin cesar: Bonum mihi quia humiliasti me, ut discam justificationes tuas?[441] ¡Qué medios y para que fines!

Estas lecciones me faltaban: tú y solo tú puedes ser el maestro; un pobre, el instrumento.

---

437 «y en la amargura de mi alma, y en las amarguras, se detienen mis ojos.»
438 «Pero, tú mi Señor, hasta cuándo?»
439 Vid. Cartas 113, 114, 145 y 146.
440 Tachado: «los».
441 «Me has hecho un bien humillándome para que aprenda tus justicias.»

¡Loado seas por los siglos de los siglos!

Providencia grande. Hoy ha estado menos mal que nunca la atribulada madre. Mas natural en su discusión, aunque siempre sobre ella —no es menester decirlo—; mejor física y moralmente. ¡Loado sea por los siglos [de los siglos]!
Siguen las Lágrimas

Agosto 20/50.
Es tanto lo que he batallado desde las tres de la mañana, sin contar el insomnio desde la una, hablando en clase y disponiendo fuera en el Colegio, que me siento fatigado por demás. Pero siempre ha de haber un hueco para mi hija.
Me he ocupado de la suscripción a favor de la pobre madre de Funes. Otra limosna después.
Estoy profundamente triste ¡una tristeza general causada por el vacío inmenso que me ha dejado esa criatura interesantísima sobre todo ahora (a las ocho y media), a las horas del retorno al hogar doméstico. ¡Cómo se ensanchaban sus ideas! ¡Cómo corría su lenguaje con una precisión admirable y una rapidez, que era imposible seguirla! ¡Qué rasgos en el idioma tan parecidos a los míos, pero de vez en cuando, y no copiados sino traídos por la corriente del discurso y el hábito de hablar y oír la majestuosa lengua de Castilla!
Hasta el conductor de la diligencia simpatiza conmigo en el dolor, a nombre de todo el país; y es europeo. Al cabo de 22 días es cuando vengo a hacerme cargo de este sentimiento del país, a pesar de habérmelo antes manifestado y expresado un gran número. ¡Tan absorbente es la fuerza del dolor! ¡Y hoy me impresiona más por boca de un conductor! O altitudo![442]
La desventurada madre, para atormentarse más y más, y remachar el agudo clavo de su dolor, no cesa de recalcitrar y reprenderse por la ciega confianza que tenía en el facultativo. Siempre los mismos argumentos, los mismos cargos, las mismas reconvenciones, a él y a ella, bajo la misma

442 «¡Qué grandeza!»

forma y con la misma excitación. A veces se pasa la infeliz tres horas sin interrupción en este giro continuo alrededor del mismo centro, giro de fuego, infernal para su desgarrado pecho. ¡Ah, lo que se esconde en la noche de la naturaleza! Dudas y dudas por doquiera. ¿Dónde están esas evidencias? Yo no he despegado mis labios, porque estoy muerto por el dolor, sin convicción de ningún lado: con una pena profunda que me roerá y acompañará hasta la tumba.

[Agosto] 21.

Sin embargo, Dios me da fuerzas; no puedo negarlo, o por mejor decir, lo he confesado repetidamente. Estas lágrimas no son más que una confesión reiterada de las dispensaciones de la Providencia y misericordia, dispensaciones por medios directos e indirectos, a veces más eficaces que los primeros.

He de hacer, queriendo Dios, su retrato con esta pluma, así como el de cuerpo entero de Romay, su abuelo, que es un descubierto que tengo con su memoria, la memoria del más «romano» de los habaneros: casi sin querer lo he caracterizado.

Venga el vigor, Dios de virtud, y serán pagadas[443] deudas tan santas.

¡Dios, que con el dolor del padre quieres fecundar el corazón del hombre y resucitar la pluma del escritor, concédeme Señor, por la inmensidad de tu poder, la resignación y el consuelo para el pecho de la desolada madre a fin de que la vida le sea un purgatorio, pero no un infierno! ¡Yo quisiera para ella un paraíso, tú que vives y reinas y puedes por los siglos de los siglos!

La vuelta a casa accablantemente[444] (a las 8).

A la 1; mi hora de estar más con mi hija; hora que saboreaba tanto más cuanto estaba todo el día ausente y ocupado; hasta el dar cuerda al reloj ha de ser acompañado de la imagen de mi María Luisa. «¡Ay papaíto!» Siempre la estoy oyendo, viendo, palpando; sintiendo aquellos besos con que se despedía al acostarse.

La risa no puede volver a morar entre nosotros, entre Nana y Pepe, y ni aun la conversación animada renacerá sino cuando se trate exclusivamente

443 Tachado: «las».
444 Gal.: «oprimidamente».

de María Luisa. Diariamente nos vemos hace 23 días (¡qué cronología!), y todavía no hemos encontrado una palabra que dirigirnos, y pasarán otros 23 y otros muchos 23 sin más resultado. Ni podemos, como con un extraño, divagar (a veces forzados) en el terreno mental de lo indiferente. Por cualquier rumbo que tomemos, siempre vamos a encontrarnos en el mar de nuestra pena sin límites. Las palabras más indiferentes en nuestra boca serán dardos de recuerdos y de tormentos.

¿Y la vista del mundo? ¡Dios mío! ¡El mayor de los tormentos! No la permitas, que a pesar de todo, nuestra más llevadera cruz será el aislamiento y el hogar doméstico, la amistad y la sangre, santos vínculos y consuelos de la afligida humanidad.

Sobre habérseme como impacientado el carácter: culpa en parte de las torpezas, olvidos y descuidos (que todo monta a lo mismo) que me rodean.

Siguen las Lágrimas, etc.

Agosto, 22/50.

¡Hija de mi corazón! Hasta este momento en que ha cesado o calmado el huracán, no he podido consagrarte el tributo de mi pecho, que se ha vuelto la necesidad más imperiosa para el de tu padre. Alegre o triste la naturaleza, encantadora o tremenda, siempre está vestida de luto para mí; eternamente negra y solo aceptable para tu padre en cuanto le refleja algún tierno recuerdo de la adorada de su corazón. ¡Qué día estará pasando tu madre; tu madre, que solo viéndola padecer podrías graduar hasta dónde llegó ese amor, que no tiene rival en ninguno ni en nadie, pues ella es tan única madre como tú nuestra única hija! ¿Es posible, María Luisa, que no me oyes a mí, que no ves a tu madre? Sí, alma de tu padre en vida y en muerte, y tal vez mejor que nos vemos y nos oímos nosotros mismos. Hoy aún no he sentido los acentos lastimeros de tu madre, que ya es el único lenguaje que percibo de su corazón (por haber estado aquí, en el Colegio, permanentemente desde las cinco de la mañana, hasta la una, por el temporal) y al cual estoy ya habituado, cruelmente habituado, pues me parece la única expresión natural de tanto sentimiento. Mariana es la más interesante de las mujeres.

A la 1 y media. Por fin la he visto sin oírla, y he quedado tranquilo, nunca consolado, ni de ella ni de mi hija de mis entrañas; pero muy desasosegado con la pobre Quela, que sufre desde anoche su acerbísimo dolor, sin treguas casi; y a pesar de los socorros que le prodiga el buen Pancho de Z[ayas]. Hace tiempo que me inspira serios temores, y para remate la asistencia a la niña (de quien la llamaba yo segunda madre; no era posible más cariño, más consagración), que no podía haber nada más contrario a la quietud que pide su mal. Añádase la pesadumbre, solo inferior a la de su madre, y sorprenderá que el mal no sea mayor, y no viniera antes.

¡Cómo hasta en las sonrisas forzadas, o sea, maquinales, que excita la marcha natural del trato humano, viene siempre esta repetición del dolor a amargarlas o increparlas[445] o sorprenderlas, o reprimirlas, o suprimirlas! No es posible el placer; podrá serlo la distracción, la ocultación y disimulo del dolor, el desahogo que ofrece este instrumento del espíritu y del corazón Bien, o mal. Esta es mi cruz y éste ha de ser el alimento de mi vida, por larga que fuera, que ya será corta pero todo está en mano del único que sabe la verdad, según la sublime expresión de Rousseau, que coincide con la de San Juan: Dios es la misma verdad. Veinticuatro días van, y esta madrugada se obstinaba el corazón, se resistía, tascaba el freno, sobre todo después que la imaginación acababa de presentármela con tal viveza, que prorrumpía yo ¡pobre corazón! llamándola y acariciándola.

Siguen las Lágrimas, etc.

Agosto 23/50.

Al entrar siento el clamor de su madre, ese clamor que, si bien se modifica, son siempre modulaciones del dolor más íntimo y concentrado; sea a veces de inconformidad, a veces de ternura, a veces un desconsuelo que frisa en la desesperación o, por lo menos, toca con el muro de la realidad; que cuanto más real, menos realizable y llevadero para nuestra alma, que solo le soporta buscando lo que está en el espíritu y en la imaginación. ¡Cosa admirable! Y así resultan las ideas e imágenes más realidades que las cosas mismas: aquellas son el único consuelo posible de las almas sensibles hondamente afectadas; el espíritu y Dios, lo único imperecedero y perdurable.

---

445 Corregido sobre «reprenderlas».

Hasta este momento, hija mía de mis entrañas, no había podido respirar, sofocado con las ocupaciones, pues exhalar mi pecho sobre ti y contigo es el único desahogo de esta alma tan de padre que plugo a Dios darme; sí, lo son más en el alma que en el cuerpo.

Lo único que de ella le queda a su madre soy yo, y de ella a mí. Su madre: he aquí un vínculo de nuevo género. ¡Ah, Providencia!

No hay circunstancia que no me la haga necesaria. Me prestan una gaceta extranjera. ¿Quién me la leía? ¿Quién me la lee? Y mientras me la leen, ¿en quién pienso? y después de leída, ¿en qué pienso más, en el contenido o en mi antigua lectora? Lágrimas, mi bebida; penas, mi alimento

[Agosto] 24.
Me parece que siempre voy a olvidar algo esencial respecto a la hija de mis entrañas. Este es el recelo del amor, pero el corazón está tan henchido y el espíritu tan impresionado, que brotan las lágrimas y los recuerdos por todas partes y todas ocasiones.
Habíala Dios dotado de alma tan buena, que aun aquellas circunstancias que yo en mi amor de perfección para ella, en mi amor de padre, temía la pudiesen inficionar, o no dejarle el carácter tan benigno como se lo había formado naturaleza, no influían absolutamente en su corazón, dejándolo ileso y a veces mejorado. ¡Cuántas veces en la correspondencia con mi madre (toda salpicada de elogios a la modestia, compostura, juicio y discernimiento de mi Luisa) todavía le contestaba yo que aspiraba a más! pues siempre faltan tantas cosas a un padre para sus hijos, y a mí singularmente, a quien siempre pareció que una tierna doncella en nuestros días está[446] metida en una atmósfera deletérea, como una oveja en medio de los lobos
Siguen las Lágrimas

Agosto 24/50.

446 Corregido de «estaba».

Tenía yo la fortuna, ¡oh, Dios mío! que aunque criada mi hija como sus padres en medio de la esclavitud, ni era exigente, ni tenía hábitos mandones, como era natural. Tú me la preservaste ¡oh, Dios! en medio del veneno.

Hasta los veintiséis días, y eso haciendo un gran esfuerzo sobre mi mismo, no he podido dirigir la palabra a mis queridos alumnos; pero [ello] ha sido dos veces; temprano en el oratorio, con motivo de la misa hoy por el alma de su condiscípulo Silva, cuyas virtudes prometí encomiar en pudiendo; y a la hora de costumbre, como sábado, exponiendo el Capítulo 20 de San Mateo: la parábola del padre de familia que toma los jornaleros para su viña; y despidiéndome con la aplicación de ella a las virtudes de Silva y la promesa reiterada de hacer su elogio en cobrando más fuerzas —que mi hija me las quita y Dios me las dará, si conviene, como también manifesté al terminar—.

[Agosto] 25. Domingo.

¡Dios mío! ¡Déjame respirar un momento para que no me sea tan amarga la pérdida de la hija de mi corazón!

¡Pero no! Tú has permitido, para que yo cumpla con la religión del sentimiento (nada más santo para mi), que su madre esté como una fuente perenne, un manantial inagotable, renovando y surtiendo y empapando mi corazón, para que ni el mundo, ni el torbellino de los hediondos negocios, ni la santa misión de la enseñanza, ni ningún poder en lo humano, sean parte a apagar en lo más leve la pena que por mi hija arde en mi pecho.

Ya hoy me remordía la conciencia paternal por no haber empezado hasta las 8.

Siguen las Lágrimas, etc.

Agosto 25/50.

¡Los domingos! ¡Ah, los domingos! ¡Cómo me regateaba ella hasta los minutos, pues —según decía— el domingo era suyo, y todo no había de ser para el Colegio! Yo tengo ahora una santificación más para la fiesta: entregarme[447] de lleno a los ternísimos recuerdos del ídolo de mi corazón, de mi corazón lacerado, y ofrecérselos al Supremo Dispensador en holocausto

---

447 «más», tachado.

En un domingo he de continuar aquel lamento del padre en forma de salmo con que empecé estos apuntes.

Es imposible que se consuele mi Mariana. Cada vez que entro a verla, salgo con una losa en el corazón —la convicción, que es una losa fría y dura, y sin esperanza, que es peor y más duro y helado —y sin esperanzas— ¡casi impío es decirlo, pues impía será la convicción. ¡Perdona, Dios mío! que si en nada ni nadie espero el consuelo para su alma, eso más crece en mí la confianza en ti y solo en ti; la confianza, hija de la fe y madre de esa esperanza inefable que me hace contar con el triunfo por medios tan sencillos como impensados y ocultos tus acostumbrados caminos, quia abscondisti haec a sapientibus et prudentibus, et revelasti ea parvulis.[448]

(Flaquea la cabeza.)

[Agosto] 25.

Y hoy, a las seis de la mañana, aunque algo fresca, no deja de estar cansada con la clase y demás tareas, sin embargo del gusto —si soy capaz de gusto— con que la desempeño, sobre todo en obsequio del buen Martínez.[449]

Mi hija ha venido a ser el asunto principal de mi imaginación y mi entendimiento, de todo mi ser, de mi existencia —mi pobre existencia, dos veces pobre: por falta de salud y por la falta principal tres veces pobre: por la incapacidad, imposibilidad y carencia absoluta de medios para consolar a esa madre de mi hija y madre de dolores. Sí, el asunto principal de mi ser, el punto de partida de mis discursos, el fin y blanco donde se encaminan, y aun donde se descaminan, es mi hija; todo lo demás es accesorio y ocasión próxima de desaguar en ese mar de amor y de dolor —mar por lo inmenso y mar por la amargura.

Laboravi in gemitu meo, lavabo per singulas noctes lectum meum, lacrymis meis stratum meum rigabo.[450] Así paso las noches y los días, inundán-

---

448 «porque ocultaste esto a los sabios y a los prudentes y lo revelaste a los niños.»

449 En el Elenco de 1850 del Salvador no existe este profesor, pero sí Manuel S. Martínez como uno de los cuatro disertantes del curso de Filosofía a cargo de Luz (Roberto Agramonte).

450 «Estoy consumido de tanto gemir; inundo todas las noches mi lecho, riego mi cama con mis lágrimas.» (Salmos, VI, 6).

dome interiormente con las lágrimas de los recuerdos y la meditación (Basta por el momento, pues a nada, y menos a esto, puedo entregarme seguido) Festina lente[451] es el freno que debo tascar.

Es menester escribir las palabras que se profirieron en la hora suprema, así por Mariana como por mí. El buen cura [...] misa [...][452]

Siguen las Lágrimas, etc.

Agosto 27/50.

¿Es posible, Señor y Dios mío, que todavía no llueva, no caiga siquiera una gota de resignación sobre el alma destrozada, justamente destrozada, de esa madre, que es el sentimiento por excelencia? ¡Volcán inextinguible, Dios mío, que cuando parece tranquilo, está solo recogiendo fuerzas para más impetuosas erupciones! ¡Qué excitación de ese cerebro! ¡Qué ideas tan crueles lo atravesaban! ¡Qué dudas! ¡Qué contradicciones! ¡Qué espantables fantasmas para destrozar más el corazón!

El hombre a fuerza de energía viene a ser víctima de su pasión, es decir, débil por fuerte. ¡Ah, condición humana!

Perdona, hija de mis entrañas, si no he comenzado pagándote el tributo de mi corazón; pero tú, dulce y benigna por demás, habrías hecho lo mismo y mejor, siendo para ti sobre todo lo primero del mundo —como lo fue para tu padre, que siempre te dio el ejemplo— la calma y tranquilidad de tu idolatrada madre y mi esposa adorada. Mas no creas, hija de mi alma, que te pierdo un instante de vista, así en el cielo como en el suelo.

[Agosto], 28.

El dolor de cabeza me impidió ayer continuar. ¡Qué día el de ayer para ella y para mi! Cruel de veras. Jamás he estado más inconforme y rebelde con mi desgracia; y Mariana partía el corazón.

El trabajo de suplir clases también me estropea en la estación.

451 «Apresúrate despacio.»
452 Frases ilegibles.

312

Hoy San Agustín. ¡Recuerdo del pobre de Funes en el Oratorio! Con motivo de ser hoy la misa por él, prometí su elogio[453] a mis alumnos,[454] únicos hijos que me quedan.

No más escribir. El cerebro clama por descanso, hija de mis entrañas ¡Dios mío! ¡Resignación, resignación!

[Agosto], 29.

¡Ah, qué tráfago! ¡Qué torbellino de ocupaciones para el desempeño del deber, hija de mis entrañas! ¿Y podrás creer, alma mía, que tu padre te olvida un instante?

Cabalmente al escribir esto se halla el corazón más movido que nunca, y sobre todo al recordar unas palabras que proferiste tú, siendo aún muy tierna, a poco de mi última vuelta de Europa, y a consecuencia de una explicación que te hacía yo sobre la ley del deber: «¡Ay, papaíto, qué duro es el deber; es lo más fuerte de todo, porque, sin embargo de lo que oprime, no se le puede huir!». ¡Cómo estoy yo experimentando esta dureza!

Siguen las Lágrimas, etc.

Agosto 29/50.

Por ti y respecto de ti; pues tantas y tan perentorias ocupaciones como sobre mí gravitan, me impiden consagrarte exclusivamente mi tiempo y mi pluma, que mi alma siempre te lo está, porque no cesa de adorar tu memoria, y no hay nada ni nadie que sea parte a atajar este torrente del corazón y la cabeza. Pues lo único que podría distraerlo sería el estado de tu madre y de ese estado eres tú la inocente causa, hija en quien se personificó la inocencia y el pudor.

A veces se me antoja que un rayo, que una mano asesina me la han arrancado, me la han desaparecido, a la dulce, a la inocente, a esa pudorosa sensitiva, bálsamo y solaz de su padre, compañera inseparable de su madre desde el primer instante de su ser. ¡Ah, Dios! ¡Dios mío! Apóyame, sustén-

---

453 No tenemos ningún elogio necrológico de Funes, excepto su epitafio. Su elogio está en las frases: «uno de los hombres raros en todas partes», «hombre que piensa solo con su cabeza» (D. d. 1. Hab. Ab. 13-1840) (Roberto Agramonte).

454 Tachado: «mis».

tame, pues me quitaste el báculo; dámelo, dámelo. Domine, in adjutorium meum intende.[455] Y luego viene esta falta de fuerzas a quitarme también el desahogo de la pluma, la otra muleta para llevar esta existencia atribulada. Domine, ad adjuvandum me festina.[456]

[Agosto, 29], antes de la 1.

En cuanto tengo un momento de fuerza o de respiro, me parece un delito de leso amor hacer otra cosa que clamar por mi hija, esta hija que vivirá más de lo que yo viva; y mientras yo viva respirará mezclada con mi respiro, palpitando con mi corazón, velando y soñando con mi cerebro ipenetrando e identificándose con toda mi alma, con todos mis pasos y pensamientos, volviendo a ser, siendo mi hija de un modo tan nuevo como verdadero y positivo. ¡Ay querida de mi alma! ¡Si tú hubieras podido sentir todo lo que tu padre te amaba en vida; si pudieras en este momento penetrar hasta lo íntimo de mi máquina; Si pudieras sentir este ósculo caliente que te está dando mi corazón, este abrazo de...; éste beberme tus miradas[457] con los ojos de mi imaginación! ¡Ah, criatura angelical! y yo el más provecto, el más cansado, el más... (pero no puedo continuar) sacudido por las olas del infortunio y enseñado en la escuela del infortunio; el más avezado a la soledad, el aislamiento, a la ausencia, a la distancia allende los mares y las leguas; y quedar en el mundo, y...[458]

Agosto 30/50

...arrebatarme mi paloma, mi preciosa joya, mi amiga, nuestra amiga —de su madre— iyo que contribuyera a estrechar más los lazos entre madre e hija, persuadido a que había de bajar primero que las dos a la tumba, y quedar ahora sin sostén ni apoyo, y presenciando el espectáculo (¡qué día el de ayer!) de ver a su madre en el potro del tormento, sin poderle valer, ni valer para ella nadie en lo humano!

---

455 «Ven, Señor, en mi ayuda.»
456 «Apresúrate, Señor, a ayudarme.»
457 Entre líneas, «ojos» tachado.
458 Interrumpido, pero continúa el día siguiente.

Ayer, ayer hubo un instante (amargo y necesario fruto de la soledad y aislamiento y no variar ni de lugar, ni de postura) en que estuvo como embargada su razón, estática, estupefacta, y lo más del tiempo, anegada en la más honda melancolía.

Apiádate, ¡oh, Dios mío! ¡apiádate de ella, y... de mí, miserable!; pues, si tal estaba ella, ¿Cómo había de estar yo por ella y por mí? ¿Y su hermana Micaelita?[459] Amenazada veo próximamente su existencia. Quis talia fando temperet ab ululatibus.[460]

Por otro lado, ha faltado el eje, el tornillo maestro en la máquina de la familia; ¡y así anda ello!

[Agosto 30], a las 11.

¡Ay, hija de mis entrañas! ¿Es posible que nos hayas dejado? ¿Quién no ha de perder el juicio, siendo padre, con la pérdida de semejante hija? ¿Cómo siendo la muerte tan común como el nacimiento, nos impresiona con esa mezcla de ilusión y de realidad que a ratos nos parece sueño, o por mejor decir, simultáneamente sueño y vigilia? ¡Oh misterio de misterios! Tú eres una realidad que perteneces a otro mundo; eres el principio de otro mundo en éste: del futuro en el presente, como está aquel tiempo en éste.

¿Es posible, hija mía, que tú, que eras la fuente de tantos bienes para nosotros, seas con tu muerte ocasión de tanto mal; tú, la inocente, la inmaculada por esencia, como es sobre todo el estado en que se halla tu madre, que parte más el alma en su actual (como distracción e indiferencia absoluta), que en su anterior exaltación y confluencia de afectos que la destrozaban? Pero al cabo era la vida, y esto es la muerte, o el camino para la muerte moral, acaso —sin acaso— más cruel...[461]

Siguen las Lágrimas

Agosto 31/50.

...que la física. Es un estado de indiferentismo, de inercia absoluta respecto de todo lo criado, que ya probé más de una vez en mi enfermedad del 36;

---

459 Vid. supra nota.
460 «Hablando de esto ¿quién podría reprimir los sollozos?» (Parodia de Virgilio.)
461 Interrumpido, pero continúa al día siguiente.

pero con la conciencia de lo que se hace, aunque en rigor no reina la razón, pues ésta pide imperiosamente la alimentación como un deber que encierra muchos deberes. ¡Dios mío, Dios mío, danos lo que necesitamos! Y digo lo que necesitamos porque tú eres el único juez de lo que necesitamos.

Un recuerdo de Agustín Palma y de Juan Xenes,[462] tan estimados para mí, y ambos de gravedad.

A veces los olvido. ¡Tal es la ocupación de mi fantasía con mi hija y mi mujer! ¿Qué más puede caber en ella?

[Agosto 31], a las 12.

El cuarto de la librería me atrae y me repele. Allí están los libros y manuscritos de mi María Luisa; estos últimos ni aún a tocarlos me he atrevido; los libros, uno que otro para separar uno, que el domingo pasado di en memoria a su maestro el buen Carbonaj, cuya visita de mañana ya estoy esperando.

Siguen las Lágrimas, etc.

Septiembre 1/50.

Si vieras a tu madre ¡oh hija de mis entrañas! no te quedara qué sentir. Dios, Dios nos libre, en su bondad infinita, de que la parte más noble —divina— del hombre sea víctima de su sentimiento. Ostende nobis, Domine, misericordiam tuam;[463] et salutare tuum de nobis.[464] Solo el pensarlo me estremece y me deja a mí mismo espantado y estático ¡Qué día para mí el de ayer! Sin oír su voz, ni su lamento, ni dar, como si dijéramos, señales de vida mental ni moral. ¡Qué estado tan cruel y desolador para nosotros todos, para mi pobre corazón, que no sé ya cómo no cesa, a fuerza de palpitar!

(No puedo ahora.)

[Septiembre 1.º], a las dos.

¡Ah, qué vida!, pero acaso es preferible a veces estar en la escena por destrozadora[465] que sea. Ayer tal vez lo pasé peor lejos de ella. ¡Cómo es el

462 Vid. pág. ...
463 «Y otórganos tu salvación.»
464 «Muéstranos, Señor, tu misericordia.»
465 Corregido sobre «dechirante».

hombre! A veces le mata la realidad y otras le cura, así como a veces le mata la imaginación, y otras le salva. Hoy, al fin, estuvo Nicolás,[466] y pasamos por la amargura —por tantas amarguras— sin poder articular palabra, un llanto convulsivo y silencioso, destrozador; respondiendo a duras penas a nuestras vehementísimas preguntas; con una expresión avizorada y distraída en los ojos, y con señas en vez de palabras. Partía el corazón esta angelical criatura, porque es la más interesante que hay bajo el Sol, ora hable, o llore, o calle, o vele, o duerma.

[Septiembre], 2.

¡Cómo estoy! Más alarmado que ninguno por el estado de tu madre, ¡hija de mis entrañas! —lo primero que invoco clamando a solas. ¡Qué desolación! Averte faciem tuam a peccatis nostris![467] Y al mismo tiempo, haciendo el papel de consolador, y buscando consuelo para todos, reprimiéndome, hablándole, instándole, a ver si se logra el suspirado fin. Cooperación de Gutiérrez, Manolo y Echeverría.[468]

¡Cómo estaba mi corazón ayer tarde, y todo yo! Cooperación constante de nuestra Monsa. (¡No más!)

[Septiembre 1.º], a la 1.

¡Sácala de este estado, Dios y Señor mío! Pero si ha de servir de tránsito a su natural[469] —que de estos letargos suele valerse la naturaleza para elaborar la salud— entonces fiat voluntas tua,[470] Hoy tampoco ha hablado palabra; ahora duerme. Yo estoy también aletargado; ni aliento tengo, ni deseo de escribir. Ni quiso vestirse de limpio, cosa inaudita en el aseo personificado: ¡tal está la infeliz! ¿Qué no daría yo por sacarla de tal estado? No digo mi vida, mi razón; que es más lastimoso y sensible verla a ella sacrificada, que no a mí.

¡Dios mío! ¿Por qué no has hecho que, caso de caer, caiga todo sobre mí y no sobre ella? ¿Por qué no me oyes? Tú sabes que te lo he pedido y te lo

---

466 Nicolás J. Gutiérrez, fundador de la Academia de Ciencias. (M.I.M.R.)
467 «Aparta tus ojos de nuestros pecados.»
468 Sobre Echeverría, vid. cartas en este volumen. Manolo puede ser Manuel Castro Palomino. Sobre Gutiérrez vid. nota 72. (Roberto Agramonte).
469 «enton...» tachado.
470 «hágase tu voluntad.»

pido diariamente en la hora solemne de la oración, con todas las veras de mi alma. ¡Concédemelo! ¡Sálvamela! ¡Ella vale más que yo!

Siguen las Lágrimas

Septiembre 3/50.

Por fin se despejó algún tanto el horizonte de nuestra nueva pena con el mejor semblante de Mariana y estado más normal en todo. Dios oyó mis preces, y mejor las tuyas sin duda, hija de mis entrañas, pues tú no cesarás de hacerlas por quien más las necesita y a quien más querías: por tu madre asolada y amantísima.

Ayer y siempre pido a Dios descargue todos los males sobre mí no más.

Abrazo anoche de Perico,[471] mi amante —mi verdadero— hermano ¡por mi hija, por su padre, por su Serafina.

[Septiembre], 4

¡Cuán abrumado estoy de quehaceres! Bien se conoce en lo poco que te escribo, hijita de mi corazón ¡Si vieras el de tu papaíto cómo ha quedado! Yo soy el verdadero huérfano. ¡Tantos hijos espirituales, y mi sola hija natural y espiritual, la de mis entrañas y de mi vida, porque la mía le pertenecía y yo vivía con la de ella! Solo los deberes y el cansancio me estorbarían estar constantemente derramando mi pecho sobre ti. Tu madre ¡qué pena!; pero ayer habló largamente con Gutiérrez,[472] y su buen —nuestro debo decir— hermano Perico la hizo salir de la cama. A Gutiérrez ya dije que en sus manos estaba la salud de tu madre: él no podrá ser el médico del alma y del cuerpo. Sí, sí, Dios; mi Dios ha oído nuestras preces; las mías han sido ardentísimas, con toda la efusión de mi alma. ¿Quién no ha de ser profundamente religioso? No la religión del temor, sino la del reconocimiento y la del deber santo.

(No puedo más.)

[Septiembre, 4] a la 1 y media.

---

471 Pedro Romay, su buen cuñado Perico, hermano de Nana según se dice más abajo, línea 10.
472 Vid. supra, nota ...

¡Qué excitación la de esta criatura! ¡Y de tres horas, según me dicen! No sé en cuál de los dos estados es más digna de compasión: en el de sumo abatimiento —de que acaba de salir— o el de la suma exaltación; en ambos la abruma un sentimiento[473] que debe hacerle la vida un infierno: el de estar en guerra con el mundo entero, no sentir por nadie simpatía porque a todos halla culpables y abandonados en la pérdida de nuestra joya ¿Podría imaginarse una situación más cruel? ¿En guerra con los más simpáticos para nosotros? ¡Qué cúmulo de circunstancias! ¡Qué coincidencia! Dios mío, en tus manos la pongo, y me pongo ¿Quién puede sondear tus arcanos? Quién... Yo estoy quemado, gastado por otro estilo y por otro motivo.

Siguen las Lágrimas

Septiembre 5/50.

Nunca como hoy, hija de mis entrañas, me ha sucedido llegar al medio día sin dedicarte siquiera un suspiro, aunque no cesa de lanzarlos en silencio mi corazón. Tal es el cúmulo de ocupaciones, que me veo obligado a multiplicarme: tan pronto supliendo una clase por un profesor, como acudiendo a la cama de un enfermo; ora trazando un arreglo, ora haciendo apuntes económicos o encargos o mandando hacer una limpia o vigilando clases y a los vigilantes, etc. ¡Qué tráfago! Él me estorba, no ya pensar en ti —que sería un imposible— pero sí consagrarte estos recuerdos escritos, estos desahogos de mi henchido corazón.

Tu madre, tu madre, hija de mi alma, no se resigna a haberte perdido. Echará antes la culpa hasta a las paredes, pues ya en su dolor sin igual y sin límites, la echa a los ausentes, a los relacionados, a los... No hay forma de resignarse. Solo Dios puede obrar este milagro.

[Septiembre 4], a la 1.

Parece que comienza a obrarlo; nunca la he encontrado tan tranquila y natural —silenciosa empero— como en este momento. ¡Loado sea el Señor! Saeculam et in saeculum saeculi.[474]

473 Corregido de «una idea».
474 Sic. «Por los siglos de los siglos.»

[Septiembre] 6, a las 8.

a...

Siquiera [para] darte el ósculo primero que tú me dabas cabalmente

Septiembre 8/50.

¿Es posible, hija de mis entrañas, vida de tu padre hasta en la muerte, que en el día que te pertenecía, el día de fiesta, hayan dado las dos de la tarde sin haber estampado un suspiro por mi María Luisa? Pero tú sabes que estaba obligado con los profesores del Colegio[475] convocados para tratar hoy sobre sus interioridades y mejoramiento iy luego interrupciones; y después Manolo, mi bueno, mi único Manolo; y después —o primero y siempre primero— los alaridos de tu madre y su inconformidad, materia de nuestra constante meditación y conversación; y luego, vuelta al Colegio y empeño de Chucha Palma, la buena Chucha. La muerte del excelente Agustín; y después de escribir; y en fin consagrarte esta confesión de todos los estorbos, y aún no van todos, alma de mis ojos.

¡Qué coincidencia con el santo de Monsa![476]

[Septiembre] 9

iQué días para tu madre, hija de mi corazón, aun los mejores en comparación de los anteriores, y todavía son un verdadero infierno, particularmente con las ideas que se ha formado acerca de lo que dejó de hacerse en tu enfermedad, tu única enfermedad, hija de mi alma, que me partes el alma, y me la parte ella! Anoche volví a ver al buen Perico,[477] y experimenté cierto refrigerio; y era cabalmente aquél cuya vista más me impresionaba. Discurrimos algo sobre...[478]

Siguen las «lágrimas» harto interrumpidas (es decir, por horas), nunca enjugadas, de este padre malhadado por su sin igual hija dulce solatium ac praesidium meum.[479] Tengo tanto que poner, que solo el pensarlo me excita.

475 El Salvador.
476 Vid. nota 27.
477 Vid. nota 77.
478 Parece que falta una hoja.
479 «Mi dulce consuelo y apoyo.»

Y todavía tengo que dar una clase, y van tres, que no es corta dosis para un inválido.

[Septiembre] 11, a las 11.

Hasta ahora, hija de mi corazón, y con él traspasado de imaginarme cuando ausente a tu madre, y de oírla, cuando presente, como sucede en este instante, no he podido absolutamente consagrarte un suspiro; y ayer apenas, cuando todo yo te pertenezco. Desde las tres y media de la mañana dedicado al Colegio; y hoy con cuatro clases y enfermos, sobre las atenciones ordinarias; y delicado aún José María. ¿Cómo había de hallar el momento? Si pudiera escribir, si la vista me lo permitiera a la luz artificial ¡cuánto espacio no pudiera consagrarte en las insomnes madrugadas que por ti paso, alma de mi vida! Pues mi sueño, ya escaso en tu vida (cuatro horas), con tu muerte, hija mía, cuando más, llega a tres, y muchas veces no pasa de dos. Ahora lanza tu madre un alarido[480] prolongadísimo que penetra hasta la médula de los huesos y que ablanda las piedras.

[Septiembre] 12, a la 1.

Solo para saludarte, alma de mis ojos (bien que ya hablé de ti deshaciéndome, y de tu madre en la carta de hoy a Magín Robert); tomo el lápiz, pues estoy más cansado que nunca, y con el cerebro quemado no solo por el trabajo, sino por las palabras que (al retirarme a casa, [a] aquella hora en que me besabas y era tuya) acabo de oír a tu malhadada madre: ¡de no sentir simpatía por alma viviente porque a todos, e individualmente a muchos, los cree cómplices en tu pérdida —o la nuestra—, hija de mis entrañas! No puedo más.

[Septiembre] 13, a la 1.

A la misma hora, hija mía carísima, en que respiro de las ocupaciones y me ahogo con las palabras y alarido de tu madre. ¡Cómo serán, alma mía! ¡Cuántas penas nos ha traído tu falta, sobre la pena insondable de faltarnos! Déjame descansar, hija de mis entrañas, que ya te consagraré todos los

480 «suspiro prol...» tachado.

momentos disponibles, tan pronto como se halle en mejor salud aquel cuyo puesto lleno, además del mío.

[Septiembre] 14.

¡Ah! dura, dura condición la de un padre que ha perdido su única hija, su consuelo, su apoyo para la vejez, y una hija que cada vez entendía más a su padre! Nuestras almas se penetraban de una mirada ¡y aún no había cumplido dieciséis años!— la edad de las esperanzas por lo mismo que ya se ha cogido algún fruto. Aquel sesgo filosófico que había en su forma mental, doblemente grato para su padre porque era un reflejo del rostro mental de su padre, su fisonomía. ¡Ah, Dios mío! El tiempo, lejos de debilitar, aviva más y más mis recuerdos.

Hoy, que he podido respirar a las 11, he tomado la pluma para ti, hija de mi mente como de mi corazón, para consagrarte mi alma.

[Septiembre] 15, a las 12.

Hoy, a pesar de ser domingo, que te pertenece de derecho, hija cada vez más sentida y amada y extrañada (¡no puedo consolarme!), no he podido hasta este momento escribirte. La caída de tu madre de la cama, por haber perdido el hábito de levantarse, la visita de tu maestro, mi buen Carbonaj, la ida al Colegio, y una grandísima actividad que se me ha desarrollado, así por la necesidad para suplir tantos huecos, como para ahogar la pena de tu pérdida, todo ello junto me ha ocupado sin querer hasta ahora. Que nada más quiero que adorar tu memoria, hija de mis entrañas, que ocuparme de ti y de tu madre exclusivamente. ¡Ah! si no se ponen medios extraordinarios, perece tu madre. (No puede más el cerebro.)

[Septiembre] 16, a id.

Cuando llega la hora, hija de mis entrañas, ya me encuentro cansado; porque sabes que en tu padre siempre fue primero la obligación que la devoción. Otro motivo es que este tema excita demasiado mi corazón; y así, aunque quiera muchas veces, no puedo continuar y me he forzado de pocos días a esta parte, a tomar un libro para reponerme; aunque hace también algunos que el trabajo que cae sobre mí sería [demasiado] hasta para hombres más reforzados. ¿Cómo quieres además que esté quien tiene encima el clamor y la desesperación y la enfermedad de tu madre, este sufrir sin término y sin par y sin paz y sin esperanza, que ni sé cómo vivo, ni hago? ¡En todas partes, como un Dios para mí (y no blasfemo), hija de mis entrañas! ¿A dónde iré que no me acompañes, que no me animes y me desanimes, que no me deleites y me atormentes? Anoche con don J. Ramón de Aguirre, un hombre de sentimiento, de corazón— se le saltaban las lágrimas—, departí largo con él por el derecho del corazón. Nada se escapó al suyo. Yo se lo agradezco.

[Septiembre] 17, a las 8.

¡Siquiera te saludo, oh aurora de mis esperanzas, mucho antes que en los pasados días! ¿Por qué no pasaste de aurora? El Eterno lo sabe.

¿Por qué más esperanzas hasta en tu intacta salud? No para que fuera —aunque así fue— más tremendo el golpe.

[Septiembre 17], a la 1 ½

¡Quisiera no soltar la pluma de la mano diciendo tus loores y mi historia, alma de papaíto! ¡Cómo se sacude el corazón al pensar en este nombre y en el sonido de tu voz! Y al estamparlo, nueva conmoción; y según lo voy estampando, y al compás del clamor periódico y habitual de tu sin igual madre: compás y acompañamiento perenne y sin pausa de mi espíritu y de mi sentimiento. ¡Ah, hija de mi corazón! ¡Un mundo nuevo, cruelmente nuevo, has hecho descubrir al de tu padre!

Siguen las Lágrimas, etc.

Septiembre 18/50, a la 1.

¡Tal estoy de cansado en este momento, hija de mis entrañas, que he tenido que restaurarme bebiendo para tomar la pluma! Experimento, sin embargo, el consuelo, aunque débil, de parecerme tu madre de ayer acá algo menos desesperada —aunque mientras escribo no cesa de lanzar sus periódicos alaridos—; pero todo es relativo en este mundo miserable, y así es providencia que sea para ser llevadero. ¡Bendigamos al Señor! Hoy tiene la molestia de pensar en la mudada por la intimación indirecta del que prestó la casa. ¡Ay, hija y tan hija de tu padre, adiós por hoy, a Dios, a quien rogarás por tu madre, y por... tu padre; que no le falten las fuerzas, o que se haga siempre la voluntad del Padre celestial, sea la que fuere.

Creo que algo cambia y se modifica mi carácter: como que me duele y me apura más el abandono y descuido en los otros. Bien que no pende solo de las penas sino de la repetición de omisiones y olvidos, y la paciencia es virtud que se gasta con el uso o el abandono de parte de los prójimos.

[Septiembre] 19, a las 11.

Hoy te saludo más temprano, hija mía carísima, más cara que mi alma misma. ¡Si vieras cómo se conmueven mis entrañas con solo pensar que de ti escribo! Tanto, que me fuerza a parar en este mundo.

[Septiembre 20], a las 7.

Saludarte, alma de mis ojos, a los que asomaban las lágrimas a las dos de la mañana, acordándome de mi cielo, sintiendo la esterilidad de la vida. Por ahora no puedo más, que voy a hojear un escrito inédito de Funes,[481] sobre quién he de hablar mañana a la hora de plática en el Colegio.

[Septiembre 20], a la 1.

Tu madre más entera, pero siempre en su tema, hija mía; inconsolable por el aspecto bajo el cual mira el modo de tratar tu enfermedad. No puedo menos de volver a este punto porque solo así se formará idea de lo que sufre, de lo inalterable de su padecimiento al cabo de cincuenta días con el primero. ¡Hija de mis entrañas! Tú, tan dulce y apacible, ¿quién te diría que has venido a traernos este combate eterno de sentimientos y de tantas formas en todos nuestros pechos, y señaladamente en el de tu madre, que es el campo donde más lidian y atormentan? ¿Cuándo trazaré tu retrato, hija miísima? Ya creo lo está el material. No puedo verlo todavía. Y eso que no es tan vivo como el que está en mi pecho.

Siguen las Lágrimas

---

481 En nuestro poder: es una tesis sobre la filosofía del derecho de Ahrens, que parece quedó entre los papeles de Luz. (Roberto Agramonte.)

Septiembre 21/50.

Salúdote, hija mía, y ya a las dos de la tarde, porque hoy he tributado el triste deber a Funes, al malogrado Funes, en medio de la familia dominando el recuerdo de ti que me anudaba la garganta, y a que al fin aludí en la peroración.

[Septiembre] 22, domingo.

Hoy sí que eres tú la primera en tiempo, como lo eres en el corazón, hija de este padre desconsolado, que parece conforme y que procura estarlo. ¿Y tu pobre, tu desolada madre? ¡cómo no ha de estar en esa concentración, y con la energía de su carácter! ¡Esta imagen se atraviesa en todos mis pensamientos, mis afectos, mis pasos, mis ocupaciones, mi sueño, mi vigilia en términos de no dejarme pensar tanto ni aun en ti, hija de mis entrañas! ¡Tal es la intensidad e inmensidad de ese dolor! La monotonía lo ceba, la mudanza lo encona, el trato suele exasperarlo, la atmósfera acrecentarlo. ¿Qué haré, qué haré, ¡oh, Dios mío!, en la impotencia en que todos laboramos para aliviarla, para consolarla? Nada, porque nada vale cuanto hago sin un milagro de tu omnipotencia.

[Septiembre] 23.

Ayer mismo ¡qué tremendo ataque de desesperación! ¡qué alaridos! ¡qué movimientos! La pobre Quela puede ser víctima anticipada de lo que presencia: la cogió desayunándose. Hoy ha sido la vuelta de su hermana María;[482] pero lo poco que de ella alcancé (pues era en momento de venir al Colegio) tuvo un carácter de ternura, que aunque siempre me destrozaba, algo me consolaba con la idea de creerla aliviada.

[Septiembre] 24.

¡Qué día, hija mía! la merced para mi madre, tu Mimia, en que más viva se le presenta la imagen de su hija adorada y digna de serlo, de nuestra sin igual Merced,[483] la verdadera mujer fuerte! Cuando te he perdido a ti es

482 María Romay. Vid. supra.
483 María de las Mercedes, hermana de Luz (M.I.M.R.) casada con Francisco Barreto, conde de Casa Barreto. Luz escribió su necrología. Vid. vol. VI de Obras de Luz (B. A. C.) (Rober-

cuando puedo graduar hasta dónde llegará ese dolor, aunque aquélla fuera entre...[484]

Siguen las Lágrimas

Septiembre 25/50.

¡Qué día tan agitado, hija de mi alma, intelectual, cordial y hasta físicamente, con este tiempo inmundo! La pobre Quela nos ha traído a la carrera, y esto ha aumentado mis tareas colegiales por[485] sustituir a Pancho. Tu madre hoy estaba más calmada por la necesidad de ocuparse de su hermana. Día tan lóbrego, que es verdaderamente de luto para su lobreguez. Aun estos rapidísimos renglones que te consagro, criatura de mi corazón, me los interrumpen con la prosa de la vida; que al fin, cuando es por las santas tareas de la educación o de la salud de los enfermos, o el alivio del desvalido, no hay mejor homenaje a tu memoria, aunque no te dirija la palabra siquiera, alma y vida de tu padre aun en la muerte.

[Septiembre] 26.

¡No es posible olvidarte un momento, alma de mis entrañas! Díganlo singularmente las madrugadas y dígalo que en el instante que respiro de las ocupaciones, aunque no me dejen respirar y aunque me traspasan el alma estos renglones, tomo la pluma para hablar de ti y contigo. Este es mi pan nuestro de cada día. Me parecería un pecado, una falta de lealtad a tu memoria, a mi cariño, el no trazar estos breves, sentidos renglones. Ni me consuelo, ni quiero, ni puedo.

Siguen las Lágrimas

Septiembre 27/50.

¡Qué afligido estuve anoche y esta madrugada extrañándote, hija de mi corazón, cuya falta me trae sin sombra! Sobre todo anoche al hablarme José María de intereses, se aumentaba mi amargura, y comprendo por qué tu madre ni quiere tratar de eso: tiene razón. Todo lo queremos para los hijos, y

---

to Agramonte).

484 Sigue una palabra subrayada, ilegible ya por estar borrosa la escritura.

485 «poner a» tachado.

los bienes nos parecen sin objeto ni aplicación cuando hemos tenido hijos y ya no los tenemos. A lo menos así siento yo, y así siente tu madre.

¡Qué sentir el de tu madre! Ese alarido periódico que se le ha hecho habitual, pero a que no podemos habituarnos, es el reloj de nuestro tormento. Como al cabo de dos meses (hoy, en rigor ¡y qué rigurosamente pasados!) nos hallamos como el primer día, y así será mientras vivamos. Ayer tuve la satisfacción (¡mira a dónde va a buscar satisfacciones el corazón de un padre!) de saber que tu madre creía que yo te he sentido sobremanera, hija de mis entrañas, y que me duele infinito su estado, pues dice que me ve descarnado, devorado por la pena, a pesar del empeño en componer mi rostro en su presencia y del profundo silencio que guardo. Ni una sola palabra se ha escapado de este corazón tan henchido y rebosado. ¡Ah! si ella siquiera columbrara los sentimientos que he derramado sobre el papel del 8 de agosto a la fecha— pues antes ni mi pluma podía empuñar— ¡que idea se formaría de él y de mi situación! Ahí está todo.

Septiembre 29.

Hoy sí que te voy a saludar antes que a todo (pues son las dos y media de la mañana), al compás siempre del alarido de tu madre; y hoy el día te pertenece, no solo por domingo, sino por ser el día de su queridísima Tatatata.[486] ¿Te acuerdas, hija de mis entrañas, de todos los nombres que te daba tu padre? Como que eras todo para él: su mundo, su descanso, su refrigerio, mi chiquitica, la mujercíta, mi hijita, mi...

---

486 Uno de «todos los nombres que te daba tu padre», según dice seguidamente.

VIII. Addenda

ACOSTA. Quizás el general colombiano Joaquín Acosta, que combatió junto a Bolívar y fue además distinguido diplomático e historiador que residió en París (R. B. N.)

ALFONSO Y SOLER. Tío de José Luis Alfonso. m. Habana 1870. De ideas liberales, fue amigo constante de José de la Luz y de Saco. De él dijo J. I. Rodríguez: «Fue uno de esos hombres, que por la integridad de su espíritu y sencillez de costumbres se hacen respetar del que le trata». Y Saco lo consideró como «uno de los hombres más dignos que ha producido el suelo cubano» (J. A. F. C)

ALFONSO Y GARCÍA, JOSÉ LUIS. N. Matanzas 1808. Murió a fines del siglo. Sobrino de Gonzalo. Hacendado y literato, fue educado bajo la dirección de su tío Silvestre, de quien heredó fortuna y relaciones escogidas. En su juventud fue amigo de la libertad. En 1838 sometía a Saco un proyecto antiesclavista. Fiel amigo de Saco, lo auxilió económicamente en todo momento (J. A. F. C.) Su correspondencia con Luz, Saco y Del Monte constituye una preciosa fuente para el estudio de esta época.

AGUIRRE, JOSÉ R. DE, DON. Debió ser persona de suposición y muy allegado de Luz cuando entre las comisiones designadas para llevar las borlas del féretro, le toca el tramo comprendido entre la Quinta de Fernandina y la Esquina de Tejas, en compañía de José Podbielski, Domingo Aldama y Font y Emilio Romay, según consta en la obra de Luz y Duarte, pág. 23.

ANGULO Y HEREDIA, ANTONIO. N. en Matanzas el 4 de agosto de 1836. Era hijo de José Miguel Angulo y Heredia y de doña Ignacia Heredia y Heredia, hermana predilecta del cantor del Niágara. Fue dignísimo discípulo de Luz, y encendido en sus prácticas y doctrinas éticas. Defendió apasionadamente al maestro del Salvador en el Ateneo de Madrid ante los ataques de católicos recalcitrantes que negaron el valor de sus enseñanzas. En las conferencias sobre Goethe y Schiller, elogiadas por Emil Ludwig, pronunciadas en el Ateneo de Madrid, rindió férvido homenaje a su maestro.

BERNARD, GENERAL. Militar francés al servicio de España (J. A. F. C.)

CABALLERO, MANUELA TERESA. Manuela Teresa Caballero y González de la Torre, madre de Luz, quien la llamó «la madre por excelencia», «la madre de las madres» y «la más vehemente de las madres». Casó con Antonio de la Luz y Poveda, el 19 de octubre de 1789. Este fue regidor perpetuo y murió el 4 de diciembre de 1807. Tuvieron los siguientes hijos: María Luisa (¿Maisa?) que murió el 2 de enero de 1800, Rosa, que casó el 15 de enero de 1830 con Salvador de la Luz y Díaz Berrio; Bárbara, que casó con Ignacio Zequeira, María de las Mercedes (Merced), que casó con Francisco Barreto, conde de Casa Barreto, María de Monserrate (Monsa), María Gertrudis, José Cipriano (Pepe), que nació el 11 de junio de 1800; Francisco (Pancho), bautizado el 23 de agosto de 1803 y Antonio (Noño). Salvo lo consignado por José Ignacio Rodríguez, estas cartas que publicamos constituyen casi lo único para conocer la recia figura de esa mulierem fortem que fue la madre de Don Pepe. Murió octogenaria.

CASAS, ANTONIO. El «benemérito e infatigable Casas», como le llama Luz, fue fundador del Colegio Carraguao, del que éste fue designado director de la sección de Letras en 1833.

CHAUVITEAU. Medio habanero y medio parisiense. Se dedicaba al comercio y era el banquero de Luz (J. I. R.)

GARCÍA, FRANCISCO DE LA O. Era buen amigo de Luz. Parece que ocultó en sus haciendas a José María Heredia cuando vino de México y que como éste, tenía ideas republicanas. En época inmediata ocultó a don José de la Luz y Caballero, «cuyos principios de igualdad son públicos», y «sostenidos por un hombre que a su talento excepcionado, reúne un fondo de conocimientos extraordinarios» —según declaración de Plácido (F. G. del Valle, La conspiración de 1844, pág. 70).

GÁLVEZ, JESÚS BENIGNO. N. en 1838. Fue alumno eminente del Salvador. Don Pepe le profesó gran afecto y le llamó «mi hijo espiritual». Don Pepe delegó en él para que pronunciase uno de los mejores discursos oídos en el Colegio. Emigrado en New York residió en casa de Juan José Peoli en Brooklyn. Escribió censurando los sucesos del teatro de Villanueva. Fue catedrático de la Universidad dominicana de O'Reilly. La carta última de este volumen, escrita por Don Pepe unos dos meses antes de morir, fue donada a la Universidad por el doctor Julián J. Silveira.

HEIDEMSTAM. El mayor Heidemstam, edecán del rey de Suecia, políglota y compañero de viaje de Luz y de José Luis Alfonso (R. B. N.)

HERRERA, DOMINGO. Buen amigo de Luz. Tenía un cargo en el cabildo y trabajaba en el giro de azúcar.

HERRERA, JOSÉ DE JESÚS. Compañero de viaje de Luz, hijo de un opulento habanero, el marqués de Villalta. «Hacía ostentación de su fortuna en todas partes». (E. Guiteras.) (R. B. N.)

MERLIN, CONDESA DE. Fue muy admirada por Luz. En 1840 fue defendida por éste ante dos artículos en los que Félix Tanco la zahería. En la obra La Havanne, París, 1844, tomo III, elogia a Luz. Este aspecto será tratado en el volumen de Escritos Literarios de Luz de la B. A. C. Vid. Piñeyro, Hombres y glorias de América, 1903, pág. 207, c.p. R. B. N.

ORFILA, MATEO JOSÉ BUENAVENTURA. Célebre químico y decano de la Facultad de Medicina de París (1787-1853) (R. B. N.)

ROMAY DE FORTÚN, MICAELA. QUELA, MICAELITA. Luz llama a esa cuñada suya, hermana de Nana, «esa segunda madre de nuestra hija, porque le son notorios [a su esposa] mis sentimientos para con ella» (cláusula 13 del testamento de Luz, original en el Archivo Nacional).

SILVERA, JOSÉ CECILIO. Don Chila, Chileno, Chilita, como amicalmente le llamaba Luz a su compañero de estudios y de juventud, era —en la correspondencia— «el representante de todos los amigos» de La Habana. La publicación de las cartas de Silvera a Luz esclarecerá otro aspecto importante de la vida del maestro: el de su juventud y sus primeras luchas y afanes.

TERRILES, DOCTOR ANDRÉS. Era médico de Luz en su juventud, según consta en el certificado que acompaña F. G. del Valle en Don José de la Luz Caballero y los católicos españoles, pág. 17.

TRENTOWSKI, FERNANDO BRONISLAO. Filósofo polonés. n. Varsovia 1809. m. en Brigovia 1869. Tomó las armas en defensa de la independencia nacional. Fue desterrado y regresó en 1843, expatriándose definitivamente en 1848. Se naturalizó en Alemania. Escribió sus Vorstudien zur Wissenschalf t der Natur (1839-1840). Su filosofía es un ideal-realismo, influido por las doctrinas alemanas de su época, así por Hegel, y por Krasinski —citado por Luz en sus cartas— y todo el grupo romántico e idealista de su país. Su filosofía conciliaba tres criterios: la experiencia, la razón y la intuición. Propugnó una nueva filosofía basada en el aspecto educativo y en una metafísica nacionalista, según refiere el propio Trentowski a Luz en una carta que le dirige en polonés. Fue su ideario de alta penetración filosófica y valor humano.

VON FELLEMBERG, PHILIP EMANUEL. Luz visita el establecimiento de este célebre educador suizo (1771-1844). Consagrose al mejoramiento social e intelectual del campesinado. Adquirió el condado de Hofwyl y estableció en él con notorio éxito una institución docente para niños pobres y una escuela normal. Los alumnos trabajaban en el agro o en el taller y cubrían sus gastos con el producto de su labor. La institución de von Fellemberg tuvo tanto éxito, que atrajo la atención de gobiernos extranjeros. Subsiste aún, pero reformada.

WOOD. Propugnador del método explicativo (explanatory system) del cual Luz considera el método intuitivo de Pestalozzi como una ramificación.

Testamento de don José de la Luz

En el nombre de Dios todopoderoso amén: yo Don José de la Luz y Caballero, natural y vecino de esta capital, hijo legítimo del Teniente Coronel, Don Antonio de la Luz y Doña Manuela Teresa Caballero, difuntos, naturales que también fueron de ella, hallándome enfermo y en mi entero juicio, creyendo y confesando en el último y en todos los misterios y sacramentos que cree y confiesa nuestra Santa Madre la Iglesia católica, apostólica y romana, convencido de que tan natural y preciso es morir a toda criatura humana como incierta la hora, para estar prevenido con disposición testamentaria cuando llegue la mía y no tener cuidado temporal que me obste pedir a Dios de todas veras la remisión que espero de mis pecados, tomando por mi intercesora y protectora a la siempre virgen e inmaculada Reina de los Ángeles, María Santísima Madre de Dios y Señora nuestra, al Santo Ángel mi custodio y demás de la Corte celestial, para que impetren de nuestro Señor Jesucristo que por los infinitos méritos de su preciosísima vida, pasión y muerte, me perdone todas mis culpas y lleve mi alma a gozar de su presencia: otorgo, hago y ordeno mi testamento en la forma siguiente.

1.º Encomiendo mi alma a Dios nuestro Señor que de la nada la crió y mando el cuerpo a la tierra de que fue formado, el cual hecho cadáver quiero se amortaje con ropa de mi uso y que mis albaceas dispongan mi entierro, sin pompa ni aparato de ostentación.

2.º Item. Ordeno se me digan las misas del alma, y los tres pesos de la manda pía patriótica se paguen, así como dos reales a cada una de las mandas forzosas.

3.º Item. Declaro que me hallo casado legítimamente con Doña Mariana Romay, en cuyo matrimonio hemos tenido una hija que falleció sin dejar sucesión, y por cuya razón no reconozco en el día otros hijos que los espirituales mis discípulos.

4.º Declaro que he vivido agradecido a los Señores Don Gonzalo Alfonso, Don José Luis Alfonso su sobrino, Don José Cecilio Silveira, Don Domingo Herrera Conde de Gibacoa difunto, el Doctor Don Nicolás José Gutiérrez, Don Rafael de Castro Palomino, y el Doctor Don Nicolás Manuel Escobedo y otros, a quienes hago la más afectuosa expresión de gratitud por haberme servido espontáneamente dándome pruebas de particular estimación.

5.º Item. Declaro que de las cantidades aportadas a mi matrimonio heredadas de mis padres, tengo veintiun mil pesos asegurados en el ferro-carril de Güines, la parte que me corresponde en los plazos pendientes del Ingenio «La Luisa» incluso el que ha vencido el año pasado de 1861, y lo que alcanzo a la sociedad del Colegio del Cerro del cual soy director, por virtud de suplementos que he hecho para su conservación.

6.º Item. Declaro que además existen otros bienes en la sociedad conyugal que han sido adquiridos durante ella, los cuales constan a mi consorte.

7.º Lego y dono la libertad a los esclavos Dolores, Joaquín y Julio bajo la precisa condición de permanecer al abrigo de mi consorte hasta que cumplan veinticinco años los que sean menores; y además que se den seis onzas de oro españolas a cada uno de los dos primeros.

8.º Item. Lego también la libertad a la esclava Juliana, que ha sido vendida hace poco según consta a Don Antonio Peña, para lo cual se separe lo necesario de mis bienes. Y también la lego al asiático Narciso, si fuere posible, según las disposiciones vigentes, y si así no fuere que se le duplique su salario.

9.º Item. Habiendo repugnado siempre a mis principios apropiarme el trabajo ajeno, y después de haberme ocupado del modo más justo de proceder, para que no forme parte de mi haber materno lo que pudiera haberme correspondido por valor de esclavos, señalo tres mil pesos para que se liberten los que se puedan de los que formaron parte de la dotación del ingenio «La Luisa» en la época de su enajenación, nombrando para cumplir este encargo en primer lugar a mi amigo don Gonzalo Alfonso y en segundo a Don José Ricardo O'Farrill, quienes procurarán rescatar el mayor número posible.

10.º Item. Lego y dono una obra de mi biblioteca, como prueba especial de cariño a Don José Antonio Saco, otra a Don José Antonio Echeverría, otra a Don Gaspar Betancourt, otra a Don Nicolás José Gutiérrez y otra a don Antonio Angulo y Heredia, pudiendo cada uno elegir por sí o por medio de otra persona la obra que más le agradare.

11.º Item. El resto de mi librería lo lego y dono a la Biblioteca pública establecida en la Real Sociedad Económica de La Habana, después de separar el Colegio un estante de las obras que escogiere, y quedará en él como memoria mía, y respetando la preferencia dada a los individuos designados en la cláusula anterior; cuyos libros se entregarán a la Biblioteca pública cuando tenga lugar a propósito para colocarlos, a juicio de mis albaceas.

12.º Item. A mi amigo Don Manuel de Castro Palomino, por sus inquebrantables principios morales, lego y dono treinta onzas de oro españolas, como prueba del afecto de su amigo, aunque sé que, como él, desprecia el dinero.

13.º Item. No hago a mi consorte especial recomendación de su hermana Micaela, esa segunda madre de nuestra hija, porque le son notorios mis sentimientos para con ella, y ya está enterada de mis deseos, así como con respecto a Don Ramón Ramos y Romay por sus circunstancias aflictivas.

14.º Item. Declaro que tengo celebrado un contrato con la sociedad que formé para el fomento del Colegio de El Salvador, que he fundado y que dirijo, y es mi voluntad que se cobran al Establecimiento las cantidades que por cualquier concepto alcanzare y realmente alcanzo contra sus fondos, con el fin de dar mas probabilidades de educación, así como una prueba de amor hacia el instituto que ha sido el objeto de toda mi predilección, y por cuya estabilidad hago votos que tal vez mis compatriotas y amigos se encargarán de realizar algún día en pro de la educación, y en memoria de lo que por ella he suspirado.

15.º Item. Como desde primero de enero de mil ochocientos sesenta se hizo cargo Don José María Zayas de la administración del citado Colegio y en este tiempo me ha entregado cantidades de las cuales no tiene comprobante alguno, quiero que en sus cuentas así como en las que diere Don Antonio Peña, mayordomo del mismo Colegio, se esté a su dicho; y por él sean aprobadas sin mas averiguación ni prueba, abonándose a Don Antonio Peña lo que resultare a su favor.

16.º Item. Es mi voluntad que Don José María Zayas y Don Antonio Bachiller y Morales se hagan cargo de todos mis papeles, manuscritos e impresos, para que dispongan la impresión de los que consideren que pueda ser útil que vean la luz pública, pudiendo servirse para este encargo de las noticias que poseen Don José Bruzón (hijo) y Don Jesús Benigno Gálvez.

17.º Item. Y del remanente de mis bienes, deudas, derechos y acciones, instituyo por mi única y universal heredera a mi esposa Doña Mariana Romay, entendiéndose que tendrá la calidad de usufructuaria respecto del capital heredado de mis padres, que conservo y que refiero la cláusula quinta, cuyos bienes al fallecimiento de mi citada esposa, pasarán por iguales partes en plena propiedad a mis sobrinos hijos de mi difunto hermano Don Antonio y los de mi hermana Doña Bárbara, sin distinción de sexos, que existieren vivos en la época del fallecimiento de mi consorte. En los demás bienes tendrá mi esposa la propiedad y el usufructo para que pueda disponer libremente de ellos en vida o muerte.

18.º Item. Y para que lo referido tenga efecto nombro por mis albaceas a mi consorte Doña Mariana Romay y al Licenciado Don José Valdés Fauli para que mancomunada y solidariamente procedan al desempeño de su encargo, cuya comisión les durará el año legal y el más tiempo que necesitaren que les prorrogo.

19.º Item. Y revoco y anulo otro cualesquiera testamentos, codicilos o disposiciones testamentarias, pues solo quiero que este tenga valor como mi última final voluntad. Barrio del Cerro y junio 2 de 1862. Nota: y es mi voluntad legar a Don Jesús Gálvez en remuneración del afecto que le he merecido las obras de Arango: también lego dieciocho onzas de oro a mi amigo Don Rafael de Castro Palomino, cuya cantidad se pondrá a su disposición en el punto donde residiere. Finalmente nombro por mi albacea mancomunado con mi esposa y el Licenciado Don José Valdés Fauli al Señor Don José Morales Lemus mi amigo y consultor. Fecha ut supra.

José de la Luz. Codicilo

En el barrio de San Salvador del Cerro extramuros de la siempre fidelísima ciudad de La Habana a tres de junio de mil ochocientos sesenta y dos, ante mí el escribano público y testigos que se nominarán, compareció en la casa de su morada sita en la Calzada Real de dicho barrio, n.º 797, el Señor Don José de la Luz y Caballero, natural de esta ciudad, hijo legítimo y de legítimo matrimonio, del Teniente Coronel Don Antonio de la Luz y de la Señora Doña Manuela Teresa Caballero, a quien doy fé conozco y dijo; que el día de ayer y por ante mí ha otorgado su testamento escrito, y que ahora por vía de codicilo o en la forma que más haya lugar por derecho dispone lo siguiente:

1.º Que deseando dar una prueba de aprecio a Don Juan Bautista Hevia, y en atención a sus raras cualidades en el puesto que ha ocupado en el Colegio de El Salvador, quiere encabezar una suscripción a su favor con cuatro onzas de oro, y suplica a sus albaceas que empeñen a los profesores y a los protectores del Colegio para que se le unan a esta manifestación y pueda obtenerse para el interesado un buen resultado.

2.º Item. Aunque ya tiene recomendado a su consorte en su testamento a Don Ramon Ramos y Romay, aprovecha esta ocasion para recomendarlo también con el mayor encarecimiento a sus comprofesores y a los profesores y a los protectores del Colegio para que nunca se vea abandonado un hombre, que por tanto tiempo se ha dedicado a la enseñanza, y se halla en tan precaria condición de salud y de bienes y cargado de familia.

3.º Item. También desea que a don Enrique Piñeyro, a su regreso de Europa, se le vuelvan a dar sus clases en el Colegio de El Salvador, y si después de algún tiempo tratase de realizar su viaje a Italia, como complemento de su educación, se le den treinta y cuatro pesos mensuales durante un año para ayuda de costos: cumpliendo de esta manera la promesa que había hecho de auxiliarle para ese caso; y suplica a los demás interesados en el Colegio cooperen con el fin de reunirle hasta cinco onzas de oro mensuales, extendiéndose el declarante hasta tres si fuere necesario.

4.º Item. Hace la más afectuosa expresión de gratitud a Don Antonio Peña y a Don Eugenio Pitón por el esmero y cariño con que le han asistido durante sus enfermedades, y particularmente en la actual. Todo lo cual, con lo demás que contiene el dicho su testamento, manda se guarde, cumpla y ejecute, en cuanto no se oponga a este codicilo. El Señor otorgante que al parecer está en su entero juicio y cabal memoria, así lo dijo, otorgó y firmó, siendo testigos Don Juan Clemente Zenea, Don Luis Felipe Mantilla y Don Pedro José Aragón vecinos y presentes.—José de la Luz.—Luis Felipe Mantilla.—Juan Clemente Zenea.— Pedro J. Aragón.—B. Gaspar Villate.

Partida de defunción

Don Cristóbal Suárez Caballero, Cura beneficiado por S. M. de esta Iglesia de ingreso del Salvador del Cerro.

Certifico: que en el libro tercero de entierros de españoles que obra en este archivo de mi cargo a fojas dieciocho, se halla una partida número ochenta y cinco del tenor siguiente: —En veintitrés de junio de mil ochocientos sesenta y dos años, se enterró en uno de los nichos del cementerio general de La Habana, el cadáver del Señor Don José de la Luz y Caballero, natural de La Habana, de sesenta y dos años de edad, de estado casado con la Señora Doña Mariana Romay, hijo legítimo del Teniente Coronel Don Antonio de la Luz y de la Señora Doña Teresa Manuela Caballero: otorgó testamento cerrado según el parte dado a este curato, recibió el Santo Sacramento de la Penitencia, y lo firmé— Cristóbal Suárez Caballero.

Es conforme a su original.

Libros a la carta

A la carta es un servicio especializado para

empresas,

librerías,

bibliotecas,

editoriales

y centros de enseñanza;

y permite confeccionar libros que, por su formato y concepción, sirven a los propósitos más específicos de estas instituciones.

Las empresas nos encargan ediciones personalizadas para marketing editorial o para regalos institucionales. Y los interesados solicitan, a título personal, ediciones antiguas, o no disponibles en el mercado; y las acompañan con notas y comentarios críticos.

Las ediciones tienen como apoyo un libro de estilo con todo tipo de referencias sobre los criterios de tratamiento tipográfico aplicados a nuestros libros que puede ser consultado en Linkgua-ediciones.com.

Linkgua edita por encargo diferentes versiones de una misma obra con distintos tratamientos ortotipográficos (actualizaciones de carácter divulgativo de un clásico, o versiones estrictamente fieles a la edición original de referencia).

Este servicio de ediciones a la carta le permitirá, si usted se dedica a la enseñanza, tener una forma de hacer pública su interpretación de un texto y, sobre una versión digitalizada «base», usted podrá introducir interpretaciones del texto fuente. Es un tópico que los profesores denuncien en clase los desmanes de una edición, o vayan comentando errores de interpretación de un texto y esta es una solución útil a esa necesidad del mundo académico.

Asimismo publicamos de manera sistemática, en un mismo catálogo, tesis doctorales y actas de congresos académicos, que son distribuidas a través de nuestra Web.

El servicio de «libros a la carta» funciona de dos formas.

1. Tenemos un fondo de libros digitalizados que usted puede personalizar en tiradas de al menos cinco ejemplares. Estas personalizaciones pueden ser de todo tipo: añadir notas de clase para uso de un grupo de estudiantes,

introducir logos corporativos para uso con fines de marketing empresarial, etc. etc.

2. Buscamos libros descatalogados de otras editoriales y los reeditamos en tiradas cortas a petición de un cliente.

www.ingramcontent.com/pod-product-compliance
Lightning Source LLC
Chambersburg PA
CBHW031153050726
47495CB00019B/1656